대통령을 만드는 사람들

대통령을 만드는 사람들

이준구 지음

초판 1쇄 인쇄 · 2010. 3. 5.
초판 1쇄 발행 · 2010. 3. 10.

발행인 · 이상용 이성훈
발행처 · 청아출판사

출판등록 · 1979. 11. 13. 제9-84호

경기도 파주시 교하읍 문발리 출판문화정보산업단지 507-7
대표전화 · 031-955-6031 편집부 · 031-955-6032 팩시밀리 · 031-955-6036

Copyright ⓒ 2010 by 이준구
저자의 동의없이 사진과 내용의 일부를 인용하거나 발췌하는 것을 금합니다.

ISBN 978-89-368-0406-0   03340

홈페이지 · www.chungabook.co.kr
E-mail · chunga@chungabook.co.kr

＊ 값은 뒤표지에 있습니다.
＊ 잘못된 책은 구입한 서점에서 바꾸어 드립니다.

대통령을 만드는 사람들

선거의 귀재, 정치 컨설턴트

King
Maker

이준구 지음

청아출판사

한국 사람 대부분은 대통령이 노력에 의하기보다 하늘이 만드는 것이라고 생각한다. 이는 대통령 당선자에 대한 불만과 체념에 따른 자기합리화가 아닐까 생각한다. 그러나 현대 사회에서 대통령은 선거 전략가들의 치밀한 전략과 전술에 의하여 만들어진다. 이들이 바로 정치 컨설턴트다.

역사상 최고의 역전 드라마는 한나라를 건설하고 한고조가 된 유방과 항우의 싸움일 것이다. 비교도 안 될 정도의 열세였던 유방은 강적 항우를 어떻게 이겼을까? 유방은 자신의 전략가와 참모들, 즉 장량, 소하, 한신의 지혜에 따라 움직인 반면 항우는 자신의 전략가인 범증의 충고를 무시한 것을 그 원인으로 본다. 《삼국지》의 유비 역시 자신의 기반이 될 만한 영토도 없고 당대 다른 영웅들에 비해 그 세가 심히 미약했지만, 결국 전략가인 제갈공명을 등용하여 천하를 삼분하는 데 성공했다.

현대의 대통령 선거에서 승리가 분명한 후보가 의외로 패배하는 경우와 열세를 극복하고 승리의 기적을 만드는 경우를 종종 볼 수 있다. 이러한 이변의 발생은 선거 전략가의 능력에 따른 것이라고 볼 수 있다.

모든 선거는 다르다.
그러나 모든 선거는 똑같다.

대통령 선거는 각국의 국민성, 정치 환경, 제도적 특성에 따라 다르다. 그러나 승리를 위한 전략의 수립과 실천은 모든 선거가 같다. 1987년 한국의 대통령 선거 당시 미국의 정치 컨설턴트 에드워드 J. 롤린스 Edward J. Rollins는 노태우 후보의 선거 자문을 위해 한국을 방문한 적이 있다. 또한 이 책에 등장하는 대부분의 정치 컨설턴트들이 미국 내의 선거에만 관여하는 것이 아니라 프랑스, 베네수엘라, 이탈리아 등 국경을 초월하여 선거의 승리 비법을 전파하고 있다.

선거는 후보자, 메시지, 선거 조직이라는 삼박자가 맞아야 승리할 수 있다. 미국 오바마 대통령의 경우, 그는 4년 전 민주당 대통령 지명 전당대회에서 주요 연사로 혜성같이 등장하여 국민들에게 깊은 인상을 주는 데는 성공했다. 하지만 흑인에다 정치 경력이 초선인 연방 상원의원이고, 시카고 지역에서만 이름이 알려져 있던 일개 무명 정치인일 뿐이었다.

그러나 오바마의 곁에는 오랫동안 동지로 지낸 정치 컨설턴트 데이비드 액설로드 David Axelrod와 그를 지지하는 풀뿌리 조직이 있었다. 또한

페이스북닷컴Facebook.com의 이사 크리스 휴즈를 영입하여 온라인 선거운동 조직을 만들어 수백만 명의 열렬한 지지자와 모금운동을 전개할 수 있었다. 오바마는 기존의 워싱턴 정치에 환멸을 느끼고 있는 국민들에게 변화에 대한 기대감 "Yes, We can."을 충족시킬 수 있는 인물로 급부상하며 미국 대통령이 되었다.

끝으로 존경하는 스승 윤태림 박사님, 김명회 박사님, 이극찬 교수님, 그리고 아버님께 살아 생전에 제대로 모시지 못한 것을 깊이 후회하고 죄스럽게 생각하며 이 책을 바친다.

또한 추천사를 써주신 이만섭 전 국회의장님, 양승함 연세대 사회과학대학장님께 깊은 감사의 말씀을 드린다. 친구들과 신배님들, 최해성, 김세환, 신태용, 전홍규, 박병두, 염영환, 이요섭, 이양환 씨의 많은 격려에도 감사드린다. 그리고 지금까지 나를 지탱해주고 용기를 주는 어머님과 아내, 세 아들 존, 케네스, 로버트, 그리고 동생들에게도 이 기회를 빌어 감사의 말을 전하고 싶다. 40여 년 이상 격려해주시고 이 책을 출판해주신 청아출판사 이상용 사장님과 편집부에도 심심한 감사의 말을 전한다.

2010년 3월

이준구

《대통령을 만드는 사람들》의 원고를 읽고 나는 1963년에 실시된 대통령 선거를 떠올렸다. 당시 〈동아일보〉 정치부 기자였던 나는 누가 대통령이 되는 것이 국가와 국민을 위하는 길인지 깊이 고민했다. 그리고 1963년 추석, 기자생활을 청산하고 정치인으로서 나라를 위해 일하기로 결심하고 박정희 후보의 선거유세에 합류했다. 많은 난관을 극복하고 박빙의 승부로 박정희 후보가 제5대 대통령으로 당선되었다. 선거가 끝난 후 박정희 후보는 만나는 사람들에게 "선거 때 이만섭이 가장 고생을 많이 했다."라고 이야기했고, 비로소 나는 대통령을 만드는 사람으로서의 자부심을 가지게 되었다.

이후 나는 6대 국회의원을 시작으로 반세기 동안 수많은 선거를 겪으며 8선을 하고 국회의장을 두 번 역임했다. 나의 정치인생은 내가 직접 출마하지는 않았으나 '대통령 만드는 일'과 내가 직접 출마한 국회의원 선거가 대부분을 차지했으며, 선거에 항상 정정당당하게 임해 승리

했다.

선거에서 승리하는 데는 후보자 개인의 역량과 능력도 중요하지만, 유능한 참모들의 역할이 승패를 좌우한다고 할 수 있다. 정치 컨설턴트라는 용어가 다소 생소하기는 하지만, 선거에서 승리하기 위한 전략을 짜고 전술을 수립하는 유능한 참모들이 바로 요즘 말하는 정치 컨설턴트인 것이다.

미국의 대통령 선거를 보면 클린턴 대통령에게는 제임스 카빌, 조지 W. 부시 대통령에게는 칼 로브, 오바마 대통령에게는 데이비드 액설로드라는 걸출한 정치 컨설턴트가 존재했다.

앞으로 우리나라는 계속해서 선거를 치르게 된다. 2010년 6월의 지방자치단체장 선거를 비롯해 2012년까지 제19대 국회의원 선거와 제18대 대통령 선거가 있다.

매번 선거를 할 때마다 느끼는 것이지만 후보자가 뛰어나서 당선되든, 주변의 참모들이 뛰어나서 당선되든 정치인들은 초심을 잃기 쉽다. 특히 대선때 득표전략으로 실행불가능한 공약을 남발함으로서 당선 후 국민의 믿음을 상실하는 경우가 많다. 따라서 정치 컨설턴트들은 단순히 선거철에만 개입하는 '저격수'가 아니라 정치인들의 옆에서 선거 전부터 당선 후까지 여러 정치적 조언을 해주는 정치인의 오른팔이 되어야 한다. 그래서 앞으로는 선거의 승패에 정치 컨설턴트의 역할이 더욱 중요해질 것이라는 생각이 든다.

도덕적으로 깨끗하고 능력은 있으나 세력이 없는 사람, 모든 것을 다 갖추고도 조직화된 시스템이 없는 사람, 탁월한 능력을 갖추고도 국민들의 인지도가 약한 사람 등 선거에 참여하는 후보자들에게는 선거 전

략가인 정치 컨설턴트의 역할이 절실히 필요하다. 이들이 우리나라에서도 많이 등장한다면 한국의 정치는 한 단계 더 발전할 수 있고, 국가 발전에도 많은 기여를 할 수 있을 것이다.

이 책은 미국의 대통령들을 만든 유명한 정치 컨설턴트와 그들이 사용한 전략과 전술을 자세히 소개하고 있다. 선거에 직접 관여하는 정치인, 정당인은 물론 이 분야에 관심 있는 연구자와 학생들, 나라를 적정하는 일반인들에게 필독의 책이라 여겨진다. 이 책이 많은 사람들에게 선거에서 현명한 판단을 내리는 데 결정적인 조언을 할 수 있게 되기를 바란다. 이준구 후배의 노고를 치하하며 앞으로도 계속 발전이 있기를 기원하는 바이다.

2010년 3월

이만섭(전 국회의장)

무릇 선거는 민주주의의 꽃이라고 한다. 국민이 자신을 대신하여 일정 기간 법 테두리 안에서 권력을 행사할 지도자를 선출하는 국민주권의 행사이기 때문이다. 그러나 현대 선거에서는 과연 국민이 진정으로 원하는 올바른 지도자를 선출할 수 있는가 하는 의문이 제기되고 있다. 과학기술의 발전에 따라 정교해진 의사소통 방법과 홍보 기술 등으로 인해 실제 인물보다는 이미지에 의해 지도자를 선택하는 경우가 발생하고 있기 때문이다.

《대통령을 만드는 사람들》은 바로 이러한 문제제기에 대해 현실적인 심각성을 더해준다. 소위 정치 컨설턴트라는 직업은 자신을 고용한 후보자를 위해 수단 방법을 가리지 않고 선거에서의 승리를 위해 온갖 선거 전략과 전술을 전개하므로 왕왕 그 후보자나 경쟁자의 진실된 면모를 왜곡시키기 때문이다. 이제 선거에서, 특히 대통령 선거와 같은 큰 선거에서 정치 컨설턴트의 전문적 도움 없이는 승리를 장담할 수 없는

지경에 이르렀다. 경우에 따라서는 정치 지도자가 정치 컨설턴트에 의해 조정되는 꼭두각시로 전락할 수도 있다. 만일 정치 컨설턴트가 선거의 승패를 좌우한다면 선거는 더 이상 민주주의를 담보한다고 할 수 없을 것이다.

다행스럽게도 《대통령을 만드는 사람들》은 정치 컨설턴트들의 역할이 매우 중요하지만 항상 승패를 좌우하는 것은 아니라고 한다. 가끔 선거의 기적을 만들기는 하나 자주 일어나는 것은 아니라고 한다. 정치 컨설턴트는 선거운동의 기본 전략, 선거 이슈 창출, 선거 홍보, 후보자의 발언과 행동 자문, 상대 후보 조사, 모금운동, 이미지 관리, 선거 조직 관리 등 선거운동과 관련하여 광범위한 역할을 수행한다. 이때 후보자와의 관계 및 다른 정치 컨설턴트들과의 관계에 따라 역할과 기능이 다양해진다. 정치 컨설턴트는 후보자와 유권자가 소통하는 방법을 개발하고 유권자가 후보자를 올바르게 판단하는 데 기여하기도 하지만, 한편으로는 네거티브 캠페인 등으로 상황을 조작하기도 하여 선거 조작자, 이미지 조작자 등으로 혹평을 받기도 한다.

본격적인 정치 컨설팅 비즈니스는 1930년대 미국 캘리포니아의 휘태커와 박스터가 설립한 캠페인 사가 처음이라고 한다. 1950년대에 들어 거대한 광고회사들이 경쟁적으로 선거운동에 참여했고 선거운동을 전담하는 전문가들이 등장했으며 1960년대에 들어 정치 컨설턴트에 의한 선거운동이 보편화되었고 1970년대에는 필수적인 요소가 되었다. 이때의 정치 컨설턴트들은 일반 선거운동뿐만 아니라 주민발의, 주민투표 등의 분야에도 적극 참여했고 외국의 선거운동에도 가담했다. 1980년대에는 독립적인 정치 컨설팅 회사가 많이 설립되었고 거의 모든 공직

출마자들이 정치 컨설턴트를 고용해 선거운동을 했다.

2000년대에는 디지털 혁명과 함께 고도의 전문성을 가진 정치 컨설턴트들이 등장하여 선거운동에 새로운 변화가 일어났다. 힐러리 클린턴에게 지고 있던 오바마는 25세의 인터넷 전문가인 크리스 휴즈를 영입하여 온라인 조직의 책임자로 임명했다. 휴즈는 마이보로 알려진 Mybarackobama.com 사이트를 개설하여 선거운동 사상 최초로 페이스북처럼 회원들이 개인 페이지를 만들고, 그룹을 형성하면서 정보와 사진을 주고받으며 선거 캠페인에 참여하게 했다. 웹 기반을 통한 네트워크로 지지자들이 조직을 만들고 이벤트를 계획하고, 모금활동을 하고, 선거운동 도구를 다운받을 수 있도록 서로를 연결했다. 마이보는 지역, 직업, 취미 등에 따라 3만 5,000개의 소그룹으로 이루어진 1,500만 명의 회원을 가지고 있었고 15만 번 이상의 캠페인 이벤트를 열어 6억 3,900만 달러라는 거액을 모금했다. 마이보 사이트는 저렴한 비용으로 효과적으로 유권자들과 접촉하고 100달러 이하의 모금 후원자들을 통해 5억 달러 이상의 선거 자금을 모았다. 이것이 오바마 승리에 결정적인 역할을 했음은 물론이다.

오바마를 대통령으로 만드는 데 큰 기여를 한 정치 컨설턴트들의 순기능이 있는가 하면 이에 못지않게 민주주의에 역행하는 정치 컨설턴트들도 있다. 선거에서의 승리만을 위해 윤리적, 법적 기준을 무시하는 정치 컨설턴트들도 있다. 조지 H. W. 부시 대통령 후보의 정치 컨설턴트였던 애트워터는 매사추세츠 주지사인 듀카키스 후보가 시행한 재소자 휴가 프로그램에 대해 네거티브 공격의 기회를 잡았다. 윌리 호튼이라는 살인자가 휴가 중 부녀자를 강간살해한 사건을 듀카키스의 정책

때문인 것처럼 TV 광고를 낸 것이다. 실제 매사추세츠는 그 정책 덕분에 범죄가 13퍼센트 이상 감소했고 살인 범죄 발생률도 낮은 편이었으나 애트워터의 네거티브 전략으로 듀카키스의 지지율이 크게 하락되었다. 정치 컨설턴트는 일종의 용병으로 승리를 위해 네거티브 캠페인을 추구하곤 한다. 그러나 이것은 정치 문화의 수준을 낮출 뿐만 아니라 지나친 정치 조작과 부정으로 인해 많은 유권자들이 정치를 냉소적으로 대할 뿐만 아니라 정치 참여를 낮추는 정치적 무관심을 조장하기도 한다.

《대통령을 만드는 사람들》은 미국의 주요 정치 컨설턴트에 대해서 열전 형식으로 망라하여 기록하고 있다. 이들의 인간성, 도덕성, 윤리성과 함께 미국 역대 대통령 선거에서의 역할과 기능을 구체적으로 적나라하게 묘사하고 있다. 정치 컨설턴트의 역할은 승리를 원하는 인간의 본성 때문에, 그리고 보다 복잡해지고 정교해지는 선거운동의 효율적 운영을 위해 확대될 것이라고 전망하면서도 민주적 선거제도의 발전에 대한 문제를 조심스럽게 제기하고 있다.

양승함
(연세대 정치외교학과 교수
전 사회과학대학장 겸 행정대학원장
전 한국정치학회장)

CONTENTS

정치라는 쇼 비즈니스

1966년의 어느 날 아침. 캘리포니아 주지사에 당선된 로널드 레이건 Ronald Wilson Reagan과 그의 컨설턴트 스튜어트 스펜서Stuart Spencer는 사무실에서 모닝커피를 즐기고 있었다.

정치 신인이던 레이건은 지난 8개월 동안 현 주지사인 팻 브라운Pat Brown에 맞서 캘리포니아 전 지역을 돌며 선거운동을 했다. 그는 수많은 유권자들을 만나 악수하고, 연설을 했다. 스펜서는 레이건의 옆에서 그의 선거 전략과 전술을 검토하고, 연설의 논점을 정리했으며, 제스처 하나까지 세밀하게 지시했다.

커피를 마시던 레이건이 중얼거렸다.

"정치도 쇼 비즈니스 같군. 서막opening으로 시작해 정점climax을 향해 달리다 결론을 내리니 말일세."

"듣고 보니 그럴 수도 있겠군."

정치 신인인 레이건이 알아차린 선거의 핵심을 정치 컨설턴트들은

1980년대가 지나서야 활용하기 시작했다. 후보자의 이미지를 구축하고, 홍보하기 위해 인쇄매체와 TV를 활용하기 시작한 것이다.

현대의 선거전은 정치 컨설턴트의 전문적 전략 없이는 승리를 장담할 수 없다. 그들은 여론조사, 인터넷 네트워크, 컴퓨터 활용 등에 능숙해야 함은 물론 선거운동 전략을 수립하고, 선거라는 쇼의 무대를 만들어내고, 캠페인을 개발하며, 후보자와 언론의 관계를 조율한다. 즉 정치라는 쇼 비즈니스의 총연출자가 바로 정치 컨설턴트다.

이들은 여론조사를 통해 유권자의 마음을 시시각각 모니터링하면서 그들의 마음을 얻기 위해 총성 없는 전투를 치르는 군사 전략가이자 유권자들의 감정과 선입관을 섬세하게 조율하는 오케스트라의 지휘자다.

1

정계를 움직이는 권력 위의 권력자들

선거는 한 편이 이기면 다른 편은 질 수밖에 없다.
정치 컨설팅 분야에서의 성공 여부는 후보자의 승리에 의해 결정된다.
따라서 정치 컨설턴트들은 승률을 중시할 수밖에 없다. 승률이 높아야만 더 많은
고객을 확보할 수 있기 때문이다. 휘태커와 나폴리탄은 약 85퍼센트 이상의
승률을 자랑하며 전설적인 명성과 부를 창출했다.

| 현대 정치의 키워드 |

선거는 민주주의 사회에서 시민들이 정치가의 능력을 평가하는 가장 중요한 행사 중 하나다. 현대의 선거는 후보자의 발언, 행동 등을 미리 짜맞추어 두고 관리하는 전문 정치 컨설턴트들에 의해 좌우된다. 이들이 제공하는 전략과 관리력은 선거의 질과 민주주의의 성격에 근본적으로 영향을 미친다. 선거운동은 시대를 거쳐오면서 보다 전문화, 분업화되고, 발전하는 기술을 이용하며 진화해왔다. 이 요소들이 모여 총체적으로 한 진영의 선거운동을 만들어낸다.

민주주의 초기에도 정당 안팎에 자원봉사 요원이나 조언자들은 존재했다. 이들은 후보자 토론대회에 대해 논의하고, 홍보 인쇄물을 배포하

며, 찬조연설과 GOTV^{Get Out The Vote, 유권자 투표 독려}캠페인 등의 활동을 했다. 그러나 선거운동을 직업으로 삼은 전문 정치 컨설턴트가 등장한 것은 1930년대부터다.

1950년대와 1960년대에 선거는 대부분 정당을 중심으로 진행됐지만, 현대에는 정치 컨설턴트가 그 조종석을 차지하고 있다. 선거운동의 자금과 기술 변화가 선거 컨설팅 비즈니스를 급성장시켰기 때문이다. 정치 컨설턴트는 후보자, 유권자, 선거 결과뿐 아니라 최종적으로 정계와 공공정책에 막대한 영향을 미친다.

그렇다면 정치 컨설턴트란 과연 누구이며, 이들은 무엇으로 움직이는가? 이들의 존재가 실제로 선거의 승리를 결정짓는 것일까? 이들은 민주주의에 득이 되는 존재일까, 해가 되는 존재일까?

정치 컨설턴트들은 기존 정당의 역할을 재정립하고, 후보자와 유권자의 커뮤니케이션 방법을 개발하며, 유권자가 후보자를 판단하는 데 결정적인 역할을 한다. 미국 정치 컨설팅 학자 댄 니모^{Dan Nimmo}는 "앞으로의 선거운동은 후보자 간의 싸움이 아니라 거물 정치 컨설턴트 간의 싸움이 될 것"이라고 말했다.

현대에 들어 정당이 아닌 후보자 중심의 선거운동이 전개되면서 정당의 역할은 줄어들고 비용은 치솟았다. 정치 컨설턴트들이 후보자의 이미지를 조정하여 경쟁력을 높이고 선

정치 컨설턴트의 업무

- 선거운동 관리
- 이슈 개발
- 선거 전략 개발 및 보완
- 언론 홍보자료 작성
- 인터넷 여론 형성
- 웹사이트, 뉴스레터, 블로그 운영
- 선거 캠페인의 토론대회 진행, 연설문 작성
- 광고 전략 수립
- 이벤트 기획
- 상대 후보 조사
- 캠페인 시 발생하는 위기 상황 조율
- 자금 모금
- 언론 관계 컨설팅
- 후보자의 웹사이트 구축 및 온라인 모금운동
- 이미지 관리
- 선거운동 본부의 인적 관리

대통령을 만드는 사람들

거를 승리로 이끄는 데 막대한 자금을 사용했기 때문이다. 이들의 존재
는 현대 정치를 이해하는 데 매우 중요하다.

1950년대 중반, 정치 컨설턴트들은 정보와 커뮤니케이션 부분의 전
문가인 광고 에이전트들이 대다수를 차지했다. 1960년대에는 업무가
세분화됨에 따라 선거운동의 기법과 커뮤니케이션의 전문성뿐 아니라
가용 자원의 효과적인 분배 능력이 중요시되었다. 선거운동에 있어 전
략 개발뿐 아니라 시간과 자금을 합리적이고 효과적으로 할당하는 경
영 능력이 중요해졌기 때문이다.

| 정치 컨설턴트의 등장 |

2000년대에 들어서면서 정치 컨설팅 사업은 수십억 달러의 시장으로
발전했다. 과거 어느 때보다 선거 출마자들은 선거 전문가의 서비스에
의존하고 있다. 이에 따라 전문 컨설턴트의 수요도 계속 증가하고 있으
며, 이들은 주민투표, 선거 이슈 개발, 기업 및 비영리단체 고객, 심지어
외국의 선거나 캠페인에도 관여하고 있다.

1980년대 초, 버지니아 대학의 래리 사바토Larry Sabato 교수는 정치 컨설
팅 사업의 주요 요소를 선거 전략, 기술, 인간성이라고 정의했다. 그러
나 그 후 정치 컨설팅 사업은 폭발적으로 성장했고, 지금은 20년 전에
는 상상하지 못했던 정교한 서비스를 제공하고 있다.

정치 컨설팅의 효시는 1828년 제7대 미국 대통령 선거에서 후보자인
존 퀸시 애덤스John Quincy Adams와 앤드류 잭슨Andrew Jackson이 정치 컨설턴트

의 협조를 받은 것이다. 초기의 선거 전문가들은 현대적 의미의 정치 컨설턴트라기보다는 단순한 전략가였다.

정치 컨설턴트가 전문 직업이 되기 전에는 대개 변호사들이 선거운동을 관리, 지휘했다. 변호사는 선거운동을 하는 데 필요한 시간을 융통성 있게 사용할 수 있고, 재정 상태도 안정적이었으며, 지역 주민과 많은 접촉을 할 수 있었기 때문이다. 지역 사정에 밝은 신문기자들도 효과적인 역할을 했다. 그러나 변호사나 신문기자들의 역할은 정치적 영향력을 가지고 있는 정당 지도자와 조직 단체장에 비하면 그저 보조적인 수준에 불과했다.

비즈니스 분야에서 홍보 기술이 발전하면서 정치에서도 홍보의 중요성이 대두되었다. 이에 따라 홍보 전문가가 선거운동에서 점차 중요한 역할을 하게 되었다. 이들은 이미지 메이킹을 통해 후보자에게 비판적인 여론을 역전시키기도 했다. 정부 역시 이들을 고용해 대국민 정책을 홍보했으며, 오늘날에는 주정부, 지방정부, 자선단체, 종교단체, 대학 등 거의 모든 분야에서 홍보 캠페인을 흔히 볼 수 있게 되었다.

현대적인 의미의 정치 컨설턴트가 등장하여 선거에 막대한 영향을 미친 것은 1933년 캘리포니아 주의 주민발의투표부터다. 캘리포니아 주의회가 센트럴밸리 프로젝트Central Vally Project, 1940년대 미 연방 국토개발국이 센트럴밸리의 관개용수량을 늘리기 위해 시행한 정책를 통과시키자, 이에 반대하는 퍼시픽 가스전기회사PG&E, Pacific Gas and Electric Company가 이 법안을 저지하기 위해 주민발의투표를 시작했다. 이 프로젝트의 지지자들은 PG&E의 주민발의투표에 대항하기 위해 새크라멘토 시 출신의 언론인 클렘 휘태커Clem Whitaker와 홍보 전문가인 레온 박스터Leon Baxter를 고용했다. 휘태커와 박스터는 라디오

와 신문광고를 효율적으로 사용해 거대 기업인 PG&E를 물리치고 센트럴밸리 프로젝트를 살려냈다. 그들이 사용한 비용은 불과 3만 9,000달러였다. 이후 PG&E는 컨설턴트의 영향력을 믿게 되었고, 휘태커와 박스터를 홍보 자문으로 선임했다. 얼마 지나지 않아 두 사람은 미국 역사상 최초의 정치 컨설턴트 회사인 캠페인Campaigns, Inc 사를 설립했다. 그러나 휘태커와 박스터의 영향력은 1950년 중반에 이르러 경쟁자인 공화당계의 스튜어트 K. 스펜서Stuart K. Spencer, 빌 로버츠와 민주당계의 단 브래들리, 조셉 세릴 등의 정치 컨설턴트 등이 등장하면서 점점 줄어들었다.

선거에서 정치 컨설턴트들의 역할이 점차 부각되면서, 선거가 후보자들 간의 싸움이 아니라 거대 홍보회사들의 경쟁이 될 것이라는 우려가 나타났다. 실제로 1957년에 공화당은 18개 주, 민주당은 15개 주의 선거운동을 홍보회사와 계약을 맺고 전개했다. 그리고 1950년대 중반에는 홍보업계에서 선거운동을 전담할 새로운 전문가들이 등장했다. 1957년 알렉산더 허드는 41개의 홍보회사를 규합해 퍼블릭 릴레이션Public Relation 사를 설립하여 선거운동을 지원했고, 데이비드 L. 로젠블룸은 선거운동을 전담할 전문가 40여 명을 확보하기도 했다.

1960년대에 들어 정치 컨설턴트에 의한 선거운동은 더욱 보편화되었다. 특히 대통령 선거, 주지사 선거 및 연방 상원의원 선거에서 이들은 필수적인 존재가 되었다. 현직 연방 하원의원들이 전문 선거운동 관리자를 고용하기도 했다. 1960년도에 연방 상·하원의원 선거 중 전문 선거운동 관리자를 고용한 선거는 188건이었다. 이어서 1968년에는 650건으로 크게 증가했고, 1970년에는 900건이 넘었다.

그러나 1960년대까지는 전문 서비스를 제공하는 사람들조차 '엄밀히' 전문가는 아니었다. 선거운동에 참여해본 약간의 경험과 전문성을 가지고 월급쟁이로 고용된 사람들이 대부분이었다. 그런 의미에서 당시의 전문 선거 관리자들은 정치 컨설턴트로 인정되지 않으며, 단순한 선거 관리요원으로 취급된다.

1970년대에는 정치 컨설턴트가 선거운동의 필수 요소가 되었다. 대통령, 주지사, 연방 상·하원의원 선거 등의 대규모 선거뿐만 아니라 지방 시장, 판사 선거에까지 관여했다. 1972년 주정부 선거에 출마한 208명 후보자 중 168명이 정치 컨설턴트를 고용했다. 특히 연방 상원의원 후보자 67명 중 61명, 주지사 후보자 42명 중 38명 등이 정치 컨설턴트의 도움을 받았다. 정치 컨설턴트는 일반 선거운동뿐만 아니라 주민발의, 주민투표 등의 분야에 적극적으로 참여했고, 외국의 선거운동에도 전문 기술을 제공했다.

1980년 중반이 되자 전국 정당, 즉 공화당과 민주당이 맞서는 선거에 참여했던 회사나 기관의 직원들이 독립하면서 많은 정치 컨설팅 회사가 설립되었다. 이렇게 설립된 회사들은 대부분 광고와 여론조사회사들이었다. 1980년 후반에는 거의 모든 공직 출마자들이 정치 컨설턴트를 고용해 선거운동을 했으며, 심지어 주의원, 시장, 시 회계관, 시의원, 읍장과 교육위원 선거에도 관여하게 되었다.

정치학자 폴 헤슨Paul Hessen은 1992년의 연방 하원의원 선거에서 특히 현직 의원들의 선거운동이 대단히 전문적이었다고 분석했다. 재선을 원하는 상·하원의원들은 광고와 여론조사 전문가인 유급 선거운동원과 정치 컨설턴트를 고용해 선거운동을 할 수 있다는 커다란 이점이 있

었기 때문이다. 한 조사에 의하면, 현직 의원 120명 중 75퍼센트 이상이 선거 때 전문 여론조사 컨설턴트를 고용했고, 그중 76퍼센트는 광고 컨설턴트를 고용한 것으로 나타났다.

1990년대 중반에는 많은 정치 컨설팅 회사가 주 또는 상·하원의원 선거보다 작은 규모의 선거에 관여했다. 예를 들어 홍콩과 런던에 지사를 둔 공화당계의 여론조사회사인 워들린 월드와이드Wirthlin Worldwide는 로널드 레이건 대통령, 영국의 마거릿 대처 수상의 선거운동뿐만 아니라 샬럿 시와 플로리다 주 팜비치 시의 경찰서장 선거운동에도 관여했다. 현재에는 수백 명의 주 단위 상·하원의원 선거, 법원 직책 및 주·지방의 주민발의안에 대한 투표 등에서도 전문 컨설턴트를 고용하는 것이 보편화되었다.

| 정치 컨설턴트는 누구인가 |

모든 정치 컨설턴트가 같은 역할을 하는 것은 아니며, 선거운동에 똑같은 효과를 내는 서비스란 존재하지 않는다. 대부분의 정치학자들이 정치 컨설턴트의 능력과 분야에 대해 구체적으로 분류하기보다 컨설턴트의 역할과 효과에 대해서만 논의하여 단순하고 비현실적인 결론을 내리는 경우가 많다. 정치 컨설팅 비즈니스는 전략가, 전문가, 상품 판매자의 세 가지로 분류할 수 있다.

전 략 가

전략가는 우리가 흔히 생각하는 정치 컨설턴트를 말한다. 이들은 선거운동을 하는 동안 선거 메시지를 개발하고, 유권자와의 커뮤니케이션 전략에 관한 자문을 하는 등 여러 가지 역할을 한다. 규모가 크고 자금이 풍부한 큰 선거에서 전략가는 전반적인 컨설턴트, 선거운동 본부장, 미디어 컨설턴트, 여론조사가 등을 모두 포함한다.

이들은 유기적으로 소통하면서 후보자를 위해 세련되고 정확한 선거 메시지와 전략을 개발한다. 작은 규모의 선거에서는 대부분 선거운동 관리나 여론조사를 담당한다.

전략가
- **전반적 컨설턴트 :** 전체 선거운동의 관장 및 협조
- **선거운동 본부 관리자 :** 선거운동요원 관리 및 운용
- **여론조사 :** 여론조사, 포커스 그룹, 전략적 자문
- **미디어 :** 미디어를 통한 커뮤니케이션 전략과 메시지 개발
- **우편 :** 유권자에게 우편물 발송 및 선거 메시지 개발

전 문 가

전략적 컨설팅과 단순 선거운동의 중간에 위치하는 각종 전문가들은 기본적인 주요 선거운동 서비스를 제공한다. 모금운동, 상대 후보 조사, 광고매체 구매, 유권자 접촉 및 방문, 연설문 작성 및 주민발의와 투표, 청원과 서명운동 등이 그것이다. 이러한 전문 지식과 기술은 선거에서 매우 중요하지만 이들은 선거 전략 등 핵심 분야에는 관여하지 않는다.

선거운동에서 가장 중요한 것은 자금이다. 따라서 각 후보자 진영의 자금 모집 능력에 선거의 승패가 결정되기도 하며, 이 분야 전문가의 역할은 매우 크다.

조사 전문가는 유권자의 투표 형태, 공공서비스 및 후보자의 경력 등에 관한 모든 정보를 조사해서 선거운동에 활용할 수 있는 정보와 올바른 방향을 제시하는 역할을 한다. 그러나 조사 전문가는 선거운동에서 주요 결정권을 가진 '전략가'와 다르다. 주민발의투표의 경우 전문적인 유권자 서명운동가와 TV 광고 제작자들을 고용해서 목표 대상의 유권자와 시간을 확보해야만 승리를 거둘 수 있다. 때문에 전문가들의 도움을 받아야만 한다.

> **전문가**
> * 조사 팀 : 상대 후보 조사 및 여론조사
> * 텔레마케팅 팀 : 전화를 통한 여론조사 및 홍보활동
> * 모금운동 팀 : 선거 자금 모금
> * 광고매체 구매 : 광고매체 시간 확보 및 구매
> * 연설문 작성 : 각종 연설문, 발언문 작성

상 품 판 매 자

선거운동에 관한 물품 및 서비스를 제공하기만 하는 사람들도 있다. 이들은 웹사이트 제작, 유권자 정보와 주소, 선거운동 소프트웨어와 컴퓨터 서비스, 광고, 언론 보도 분석 및 기타 선거와 관련된 사업을 한다.

대부분의 전략가나 전문들이 특정 후보를 위해 활동하지만 이들의 기술과 서비스는 후보나 정당과 독립적인 것으로 누구에게나 제공될 수 있다. 소식지나 잡지를 발행하는 비즈니스도 있는데 유명한 것으로는 콩그레셔널 쿼터리Congressional Quarterly 사에서 발행하는 《선거와 캠페인 Campaign&Election》이 있다.

이들은 모두 정치 컨설턴트로 통칭되지만, 각자가 지닌 전문적 기술과 능력의 깊이, 실행 업무들은 천차만별이다. 스테픈 K. 메드빅은 "정치 컨설턴트는 선거운동 자원의 집합체로 취급되어야 한다."라고 주장한다.

그러면 정말 위대한 정치 컨설턴트의 존재가 선거의 승리를 보장할 수 있을까? 이는 매우 대답하기 곤란한 문제다. 폴 헤슨은 정치 컨설턴트의 역할이 매우 중요하지만, 의회 선거에서는 뚜렷한 효과가 없다고 말한다. 그러나 현재의 주 단위 및 상·하원의원 선거운동에는 정교한 커뮤니케이션을 위한 기술적 전문성이 요구된다. 이러한 큰 선거에서 정치 컨설턴트의 도움이 없는 선거운동은 거의 경쟁력이 없다. 흔하지 않지만, 이들은 가끔 기적을 만들기도 한다. 그러나 한쪽의 선거 컨설턴트가 선거의 기적을 만들었다면, 다른 쪽의 컨설턴트는 비참한 패배를 맛보았다는 이야기가 된다.

1991년, 펜실베이니아 주 연방 상원의원 보궐선거에서 정치 컨설턴트 제임스 카빌James Carville은 당시 열세였던 민주당 후보 해리스 워포드 Harris Worford를 당선시켰다. 반면 공화당 후보 리처드 손버그는 그때까지 여론조사에서 워포드에 대해 44퍼센트 이상의 우위를 점하고 있었으나 이를 지키지 못했다. 1996년, 공화당 대통령 후보 밥 돌Bob Dole은 정치 컨설턴트들이 일관성 있는 메시지를 개발하는 데 실패하자 이들을 계속해서 교체했다. 1988년, 민주당 대통령 후보인 마이클 듀카키스의 정치 컨설턴트들은 공화당 후보인 조지 H. W. 부시의 네거티브 선거운동 전략에 적절히 대응하지 못해 패배했다.

| 정치 컨설팅 비즈니스 |

정치 컨설팅 비즈니스는 1930년대에 캘리포니아의 휘태커와 박스터에 의해 설립된 캠페인 사를 필두로 시작되었다. 정치 컨설팅 비즈니스가 널리 확산되면서 그들은 자신의 개인적인 명성을 유지하려고 노력했다. 성공한 정치 컨설턴트들은 대부분 자신의 명성을 이용해 정치 전문가로 변신했고, TV 프로그램에 출연하거나 때로는 언론의 스타가 되기도 했다.

일각에서는 후보자보다 자신의 이익을 앞세워 언론 플레이를 하는 정치 컨설턴트가 많다고 비난하기도 한다. 선거운동보다 자신의 재정적 이익에 더 많은 관심을 가지고, 자신의 명성을 유지하는 데만 신경 쓴다는 것이다.

이처럼 정치 컨설턴트들은 현대 선거운동의 병폐와 문제점들과 직접 관여되어 있으며, 특히 TV 광고를 담당하는 미디어 컨설턴트는 방송국으로부터 커미션을 받기도 한다. 어떤 정치 컨설턴트들은 선거마다 특별한 성격이 있음을 무시한 채, '붕어빵 만들 듯Cookie Cutter Campaign' 과거의 선거 전략과 이슈 등을 거의 똑같이 사용한다.

전문적인 선거운동 서비스를 제공하는 정치 컨설팅 회사는 미국 내 약 3,000개 정도가 존재하며 보통 2~3명의 전문가인 공동 대표와 10명 미만의 상근 직원으로 운영되면서 이벤트 계획, 여론조사, 모금운동, 광고매체 구매 등의 일을 진행한다. 이 일에 부가적으로 필요한 인원들은 선거 때마다 일시적으로 외부 업체의 도움을 얻거나 임시 직원들을 고용한다. 클린턴이 대통령으로 출마한 선거에서 최측근 정치 자문 역을

정계를 움직이는 권력 위의 권력자들

담당한 제임스 카빌과 폴 베갈라Paul Begala는 ('박쥐동굴'이라고 불리는) 자신의 아파트를 선거운동 컨설팅 본부로 삼았을 정도로 작은 조직으로 운영하면서 연간 수십억 달러의 수익을 올렸다.

이들이 선거기간에 진행하는 광고 비용 역시 막대하다. 1996년 대통령 선거에서 지·간접적으로 사용된 TV 광고비용은 약 24억 달러이며, 다이렉트 메일 발송 비용은 7억 5,000만 달러였다. 정치광고 비용은 일반 비즈니스 업계 전체 총액 혹은 특정 다국적 기업이 지출하는 광고비용의 1~3퍼센트 수준이다. 그렇지만 일반적인 비즈니스 광고를 집행하는 기업들의 규모가 다국적 대기업들인 것을 감안하면, 소상인 수준의 정치 관련 회사들이 이런 수준의 매출액을 달성한다는 것은 매우 놀라운 일이다.

정치 컨설팅 회사의 수익은 전적으로 선거 주기에 창출된다. 따라서 자금 순환이 들쑥날쑥하여 자금 안정성이 거의 없다. 또한 어떤 회사들은 선거 기간 중 마지막 몇 주일은 밤낮없이 대기하면서 언제 닥칠지 모르는 위기 상황을 위해 비상 운영체제에 돌입하는 등 업무 상황도 불규칙하다. 때문에 회사 운영도 쉽지 않다. 선거가 없는 해에도 직원들의 보수를 지불해야 하기 때문에 다음 선거가 돌아올 때까지 상근 직원을 어떻게 관리해야 하는지 등의 문제도 발생한다.

그래서 이들은 대규모 선거가 없는 해에는 소도시의 작은 선거(시장선거, 지방의회 선거, 심지어 경찰청장 선거까지)에 참여하기도 하고, 다른 회사나 고객을 확보하기도 한다. 1972년에 실시한 조사에 의하면 360개 선거운동 관리회사들 중 58퍼센트가 전체 업무 중 선거운동에 관련된 일은 50퍼센트 미만이었다고 답했다. 1980년대에는 많은 회사들과

전문적인 컨설턴트들이 입법 로비와 이슈 관리 분야 등으로 업무의 방향을 바꿨다.

정치 컨설팅 비즈니스 사업은 비교적 진입하기 쉽다. 때문에 선거가 시작되면 수십 개의 새로운 회사가 설립된다. 전국 정당의 정치 조직에서는 인사에 대해 상당한 거래가 이루어지며, 이에 야심 있는 선거 전문가는 여론조사, 모금활동 및 기타 전문 분야에서 자신의 회사를 직접 차리기도 한다. 또한 기존의 명망 있는 컨설팅 회사에서 독립한 젊은이들이 회사를 차리는 경우도 많다. 유명한 컨설팅 회사들이 파트너 간의 불화로 회사를 분리하거나 고객을 나누는 경우도 있다.

| 승리의 비즈니스 |

선거는 한 편이 이기면 다른 편은 질 수밖에 없다. 정치 컨설팅 분야에서의 성공 여부는 후보자의 승리에 의해 결정된다. 따라서 정치 컨설턴트들은 승률을 중시할 수밖에 없다. 승률이 높아야만 더 많은 고객을 확보할 수 있기 때문이다. 휘태커와 나폴리탄은 약 85퍼센트 이상의 승률을 자랑하며 전설적인 명성과 부를 창출했다.

그렇다면 승률을 어떻게 높일 수 있을 것인가? 누구도 정확한 해답을 줄 수 없다. 그러나 가장 좋은 방법은 이길 수 있는 후보의 선거를 관장하는 것이다. 막강한 후보를 선택하면 승률이 높아지는 것은 당연하다.

유명한 정치 컨설턴트도 항상 승리만 할 수 없으며 패배의 고통을 경험하는 경우는 비일비재하다. 최고 수준의 컨설팅 회사도 사소한 실수,

정치 환경의 변화에 의해 패배하는 경우도 있다. 이처럼 정치 컨설팅 회사는 안정적이지 않다.

또한 열세에 처한 변방의 후보를 돕는 경우 제때 보수를 받지 못하는 일도 종종 발생한다. 약정된 금액의 일부만 받거나 혹은 전혀 받지 못하는 경우도 생긴다. 어떤 컨설턴트들은 회사를 운영할 만한 수완이 없거나 인내심이 없어 파산하기도 하고, 동업자와의 불화로 회사를 폐쇄하는 경우도 있다. 많은 정치 컨설턴트들이 기업경영보다는 정치에 관심이 많기 때문이다.

미국에서는 매년 공직자 선출을 위한 선거가 5만 번 이상 실시된다. 이 외에 단체, 학교, 회사 및 지방 및 주 단위의 주민투표, 주민발의 등을 포함하면 50만 번의 선거가 치러지며, 대통령 선거에는 약 10억 달러 이상의 경비가 소요되는 것으로 추정된다.

불안정한 사업 기반과 수많은 폐해들에도 불구하고 이 비즈니스는 더욱 성장할 것으로 전망된다. 현대 정치는 정치 컨설팅과 따로 떼어놓고 생각할 수 없으며, 이들을 이해하는 것이 현대 정치를 이해하는 바탕이 된다.

미국 정치 컨설턴트 협회

AAPC, American Association of Political Consultant

Tip

정치 컨설팅이 전문 직업으로 인식된 것은 1967년에 설립된 미국 정치 컨설턴트 협회와 1968년에 국제 조직인 국제 정치 컨설턴트 협회(IAPC, International Association of Political Consultant)가 설립되면서부터다. 1980년 초에는 50명 정도가 미국 정치 컨설턴트 협회 회원이었으나 1990년도에는 700명 이상으로 증가했고, 국제 정치 컨설턴트 협회는 400명 이상의 회원을 확보했다.

미국 정치 컨설턴트 협회는 1967년 창립된 전문 정치 컨설턴트들의 초당파적인 조직이다. 협회 회원은 정치 컨설턴트, 미디어 컨설턴트, 여론조사자, 캠페인 매니저, 홍보 책임자, 교수, 모금 전문가, 로비스트, 의회 스텝, 선거운동에 필요한 상품 판매자 등 지방 정치에서 대통령 선거까지 정치에 관여하는 모든 인물들로 구성된다. 회원들은 비록 선거 때는 경쟁자지만 서로를 소속 정당을 초월해 정치 컨설팅 비즈니스 분야의 동업자로 여긴다.

정계를 움직이는 권력 위의 권력자들

2

정치 컨설턴트의 탄생

1950년대까지 휘태커와 박스터는
미국 내에서 유일한 정치 컨설턴트였다. 이들은
미국 정치에 새로운 바람을 일으켰고,
캠페인 사는 정당 중심의 정치와 로비스트 정치를
무용지물로 만드는 새로운 조직 운용 방법을 창안했다.
이 두 사람이 1934년 캘리포니아 주지사 선거에서
개발한 선거운동 방식은 훗날 선거운동의 바이블이 되었다.

| 최초의 정치 컨설턴트 |

클렘 휘태커와 레온 박스터 부부는 정치 컨설팅 분야에서 가장 저명한 인물들이다. 이들은 신문기자 출신으로 미국 최초로 정치 컨설팅 사업을 시작했으며, 캘리포니아에 기반을 두고 주로 공화당의 정치적 문제에 관여했다.

20세기 초, 캘리포니아의 정당들은 정치개혁주의자들의 영향으로 크게 약화되어 자체적으로 효과적인 선거운동을 하지 못했다. 정당들은 선거 메시지 개발이나 홍보조차도 수행하지 못할 정도였다. 이에 따라 대중의 지지를 확보하기 위해 정치 컨설팅 회사가 탄생하게 되었다.

휘태커는 애리조나 주에서 태어나 캘리포니아 윌릿에서 자랐다. 그

는 열여덟 살 때부터 새크라멘토의 일간지 〈유니언Union〉에서 일하면서 주정부를 취재했다. 그 후 정치 뉴스 전문 통신사인 캐피털 뉴스 뷰로 Capital News Bureau를 창립했다.

원래 정치에 관심이 없던 그는 단골 이발사가 소속된 이발사협회가 제안한 법안이 의회에서 통과되기 어렵다는 이야기를 듣고 정치에 관심을 가지게 되었다. 그는 이발사협회에서 4,000달러를 보수로 받고 의회를 압박해 법안을 통과시켰고, 이발사협회를 새로운 로비 단체로 조직했다. 그 후 그는 선거운동에 뛰어들기로 결심했다.

그의 첫 번째 고객은 레드 블러프 지역의 존 B. 매콜이었다. 그는 매콜을 주 상원의원으로 당선시켰다. 1933년에 매콜은 '샌트럴밸리 프로젝트' 법안을 통과시키고, 관개공사와 발전소 건설 계획에 대해 1억 7,000만 달러의 공채 발행을 허가받았다.

그러나 이 법안은 PG&E 사가 캘리포니아에서 누리던 독점적인 위치를 위협하는 것이었다. PG&E는 주민투표를 통해 이 법안을 저지하고자 했다. 끝없이 자금을 쏟아 붓는 PG&E와 3만 9,000달러의 자금을 가지고 맞서는 휘태커의 싸움은 마치 골리앗과 다윗의 싸움만큼이나 무모해 보였다.

이때 셰리든 다우니Sheridan Downey가 휘태커에게 캘리포니아 레딩 시의 상공회의소에서 일하던 레온 박스터를 소개했다. 휘태커는 박스터를 직원으로 채용했다. 두 사람은 언론을 통해 유권자들과 직접 접촉을 시도하는 새로운 선거운동법을 개발했다. 직접 카피를 작성하여 캘리포니아의 지역신문과 라디오 방송에 지속적으로 광고를 내보냈고, 그 결과 휘태커와 박스터는 주민투표에서 PG&E에 3만 3,000표 차이로 승리

했다.

이들은 표면상으로 고객을 가리지 않았지만 실제로는 작은 정부를 지향하는 보수주의를 견지한 채 뉴딜 정책을 방해했다. 이들이 영향력을 발휘한 캠페인 중 하나는 루스벨트와 트루먼의 전미 건강보험 법안에 대한 미국의사협회의 반대운동이었다. 그들은 전국적인 건강보험제도의 도입이 사회주의를 향한 첫걸음이라고 여겼다.

휘태커와 박스터가 선거운동에서 중시한 것은 속도와 관리, 주기적인 반복이었다. 이들은 자원봉사자들의 역할을 대단치 않게 여겼다. 이들에게 자원봉사자들은 스스로 주도적으로 일하는 사람들이 아니라 지시된 방향에 따라 움직이는 선거운동 조직의 일부분일 뿐이었다. 때문에 사용 가능한 자원을 배분하는 방법에 대한 정책적인 판단과 고용된 현장요원들이 직접 지역 사무소를 관리하는 것을 중요하게 생각했다.

두 사람은 정치에 무관심한 유권자들의 마음에 파고들기 위한 전략과 각본에 대해서는 타의 추종을 불허했다. 이런 방법은 모두 할리우드에서 배운 것들이었다. 휘태커와 박스터는 도를 넘어선 자신들의 전략을 이렇게 정당화했다.

"보통의 미국인들은 교육을 싫어한다. 자기계발을 위해 노력하지도 않으며, 좋은 시민이 되려는 생각은 더더욱 없다. 그러나 재미있는 오락에는 관심을 갖는다. 영화, 추리소설, 불꽃놀이, 축제에 열광한다. 이런 대중에게 정치적 관심을 갖게 하려면 치열한 싸움이나 볼 만한 쇼를 제공해야 한다."

이러한 논리 아래 두 사람은 비조직적이고 감성적이던 당시까지의 선거운동을 홍보와 광고라는 새로운 방식을 이용한 현대적인 선거운동

41

으로 변모시켰다.

특히 휘태커와 박스터는 선거 자금 모금에 뛰어난 능력을 발휘했다. 이들은 캘리포니아에 기업, 소수민족, 이익단체 등을 망라한 광범위한 조직망을 구축했고, 효과적인 선거운동 자금 모금과 사용 방법도 개발했다. 1954년 캘리포니아 주지사 선거에서와 같이 선거 초기에 막대한 자금을 사용하여 상대방이 스스로 포기하게 만들기도 하고, 유권자들이 선거에 관심을 보이는 선거의 마지막 3주 동안 자금의 75퍼센트 이상을 사용하기도 했다.

| 세기의 선거전 – 1934년 캘리포니아 주지사 선거 |

1934년 11월의 캘리포니아 주지사 선거는 미국 주지사 선거 역사상 가장 큰 논쟁거리 중 하나다. 현직 주지사가 사망하고 나서 그 직책을 이어받은 공화당의 프랭크 F. 미리엄Frank Finley Meriam 현 주지사와 민주당 후보 업턴 싱클레어Upton Sinclair, 제3당 후보인 진보주의적 변호사 레이몬드 헤이트Raymond Haight 사이에 치열한 3파전이 벌어졌다.

민주당 후보 업턴 싱클레어는 시카고의 식품 유통회사의 끔직한 근무 조건과 위생 상태를 고발한 소설 《정글The Jungle》의 저자로 유명했다. 그는 1934년 캘리포니아 주지사 선거에 참가하기 위해 사회당을 탈당하고 민주당에 입당했다. 싱클레어는 자신의 소설 《나와 캘리포니아 주지사, 그리고 가난을 물리치는 방법I, Governor of California, and How I Ended Poverty》의 내용을 선거운동의 기본 의제로 삼았다. 그리고 '캘리포니아의 빈곤 척

결^{EPIC, End Poverty in California}'을 주장했다. 또한 EPIC의 핵심은 '실제로 사용할 생필품 생산'이며, 이를 위해 캘리포니아에 사회주의적 생산방식을 도입할 것을 제안했다.

수많은 실직자와 임시직 근로자들은 싱클레어를 적극적으로 지지했지만, 공화당 후보 미리엄은 이것이 공산주의로 가는 과정이라고 주장했다. 싱클레어는 캘리포니아 남부 지역에서 EPIC 지지자들을 단체로 조직했고, 이 조직을 기반으로 주지사 선거를 준비했다. 그는 루스벨트의 뉴딜 정책을 옹호했다. 그러나 루스벨트는 싱클레어를 공개적으로 지지하는 것은 캘리포니아뿐만 아니라 뉴딜 정책에도 위험하다고 판단했다. 결국 그는 싱클레어를 지지하지도 반대하지도 않으면서, 캘리포니아 주지사 선거에 관여하지 않으려 했다.

당시 현직 주지사 미리엄은 공화당을 지지하는 언론과 할리우드 영화산업 관계자들의 지원을 받고 있었다. 영화배우나 작가들은 민주당을 지지하거나 사회주의자 혹은 공산주의자가 많았지만, 영화사 대표나 투자자, 제작자들은 공화당을 지지하는 이들이 대부분이었다. 이들은 캘리포니아에서 민주당인 싱클레어가 주지사에 당선되는 것을 우려했다. 몇몇은 "만약 싱클레어가 주지사로 당선된다면 스튜디오를 뉴욕으로 옮기겠다."라고 위협하며 미리엄에게 선거 자금을 제공하기도 했다.

재계 역시 싱클레어의 당선을 적극적으로 저지하고자 했다. 농산물 유통업계의 거물 C. C. 티그^{C. C. Teague}는 캘리포니아에 영향력 있는 기업인들을 대거 끌어들이고, 수백만 달러를 투자하여 캘리포니아 연합을 만들었다. 이들은 싱클레어를 중상모략하는 홍보물을 집집마다 돌리는

정치 컨설턴트의 탄생

등 미국 정치사상 처음으로 대규모 우편 선거 캠페인을 시도했다. 캘리포니아 북부 지역에서도 '반싱클레어 캘리포니아 연맹CLAS, California League Against Sinclair' 이 조직되어 남부 지역에서와 같이 대량의 홍보물을 배포했다. 특히 MGM 스튜디오는 자사 영화관에서 5분짜리 주지사 선거 뉴스를 상영해 싱클레어를 공격하는 등 최신 정치 선동기법을 동원했다.

휘태커는 처음에 공화당 주지사 후보인 미리엄과 일하는 것을 탐탁하게 생각하지 않았다. 그는 미리엄이 주지사가 될 자격이 없는 멍청이라고 생각했고, 다른 사람의 명령에 따라 일하는 것은 더더욱 바라지 않았다. 그가 원하는 것은 선거 '쇼' 의 주관이었다. 그렇지 않으면 다른 후보를 찾거나 선거운동에 관여하지 않을 생각이었다.

한편 휘태커에게 싱클레어는 숙부의 친구였지만 그는 사회주의자를 위해 선거운동을 할 생각이 전혀 없었다. 게다가 싱클레어의 EPIC 정책이 미국의 제도를 위협한다고 생각했다. 또한 싱클레어의 러닝메이트인 부지사 후보 셰리든 다우니는 휘태커의 가까운 친구였지만 역시 정치적으로는 적대적인 관계였다.

따라서 그는 공화당 선거운동 본부에 들어갔다. 이는 휘태커가 처음으로 맡게 된 주 전체를 대상으로 한 큰 선거였다. 게다가 그는 바로 전해 미국 역사상 최초의 정치 컨설팅 회사인 캠페인 사를 설립했고, 정치 분야에서 새로운 시장을 만들었다는 자부심에 가득 차 있었다. 그는 이 세상에 자신과 경쟁할 상대는 없다고 자신했다.

휘태커는 이 선거에서 미국 정치 역사상 최초로 '풀 서비스 선거운동 관리Full Service Campaign Management' 를 제안했다. 선거운동의 모든 영역을 정치 컨설턴트 한 명이 관할하는 방식이었다. 효율적인 예산 책정, 선거 전

략의 청사진 작성, 캠페인 이슈 개발과 슬로건 채택, 후보자의 일정, 라디오 연설 계획, 연설문 작성, 광고 등을 모두 자신이 관장하겠다는 것이었다.

당시에는 유권자의 지지 호소, 가가호호 방문, 유권자 매수 등 모든 선거운동을 정당 조직이 관장하고 있었다. 여기에서는 당의 규율이 모든 것을 지배했다. 후보자와 유권자는 정당을 통해 소통했으며, 이는 대부분 면대면 커뮤니케이션으로 이루어졌다. 운동원들은 주로 지역 내에서 가능한 한 많은 유권자와 개인적인 친분 관계를 쌓았고, 대부분의 유권자들은 정당을 보고 투표했다. 때문에 지지 정당을 결정하지 못한 유권자의 숫자가 적었고, 이런 시스템에서는 정치광고가 그다지 중요하지 않았다.

신문사들 역시 지지하는 정당이 확실했으므로 광고 게재는 불필요한 것이었다. 어떤 후보자들은 신문광고를 하기보다 아예 신문사를 사들이는 것이 낫다고 생각하기도 했다. 이런 상황에서 휘태커는 정당과 관계없는 독립적인 회사를 만들어 광고 진행을 비롯한 선거운동의 전 분야를 총괄한다는 새로운 발상을 한 것이다.

샌프란시스코 출신의 변호사이자 정치 신인 조지 해트필드George Hatfield는 1934년 부지사 선거에서 상대인 다우니를 물리치기 위해 휘태커에게 협조를 요청했고, 기꺼이 그의 실험 대상이 되었다. 당시 공화당의 주지사 후보인 미리엄과 부지사 후보인 해트필드는 러닝메이트였다. 그런데 캘리포니아에서는 주지사와 부지사를 각기 다른 용지에 투표했기 때문에 주지사와 부지사가 한 당에서 같이 선출되는 것은 쉬운 일이 아니었다.

휘태커는 해트필드가 미리엄에 비해 사려 깊고 지적인 정치가라고 판단했다. 그러나 해트필드의 상대인 다우니는 민주당 주지사 후보인 싱클레어와는 달리 논쟁거리가 없는 생활을 하는 정치가였다. 유권자들은 미리엄을 주지사로 선출할 경우 건전하고 양식 있는 다우니를 부지사로 선출해 미리엄을 견제힐 수 있었다. 반내도 급신적인 싱글네어가 선출된다면, 해트필드를 부지사로 선출해 싱클레어를 견제하도록 할 수도 있었다. 때문에 해트필드는 미리엄과 적당한 거리를 유지하고, 휘태커에게 선거운동을 맡겼다.

휘태커의 신념은 "방어적인 선거운동으로는 승리할 수 없다." 였다. 공화당은 휘태커에게 샌프란시스코 지역에 '반싱클레어 연맹' 이라는 초당적 전위조직을 만들 것을 제안하고 적지 않은 금액을 제공했다. 최신 광고기법과 홍보 전략을 사용할 기회였다. 휘태커에게 선거운동에서 '공격' 이란 상대방을 있는 그대로 표현하는 것이 아니라 정치적 상황에 맞추어 이미지화하는 것이었다.

선거일이 두 달이 채 남지 않은 시점에서 휘태커는 여론을 전환할 필요가 있다고 생각했다. 그는 싱클레어의 약점을 곧 싱클레어 자신이라고 판단했다. 싱클레어는 이미 수십 권의 책과 홍보물 등을 통해 자신의 생각을 거침없이 내보였던 것이다. 휘태커는 싱클레어가 쓴 책과 홍보물 등의 자료 수십 종을 모아 박스터와 함께 조용한 곳에 틀어박혔다. 그들은 싱클레어가 수십 년 전에 쓴 책과 홍보물의 문장까지 샅샅이 분석하여 그를 격파할 전략을 구상했다. 이 자료는 남은 8주 동안 민주당 주지사 후보인 싱클레어를 집요하게 괴롭히게 될 것이었다.

게다가 싱클레어를 추문에 휩싸이게 할 휘태커의 전략을 방해할 만

대통령을 만드는 사람들

한 집단은 거의 존재하지 않았다. 싱클레어는 항상 드러내놓고 재향군인회, 보이스카우트, 기독교, 과학자, 침례교도, 캘리포니아 주립대학, 샌프란시스코 시 전체를 비판해왔기 때문이다. 싱클레어가 쓴 글들은 그 자체로도 충분히 비난받을 여지가 있었지만, 휘태커는 인용문을 재편집하거나 내용을 단순화하고 비틀어 해석해 그의 글들이 선동적으로 보이도록 했다.

특히 싱클레어가 쓴 소설 속의 등장인물들이 나눈 대화를 공격적인 말로 변형시켰다. 싱클레어는 실제로 급진적인 혁명과 자유연애를 지지하지 않았으나 그의 1910년 작 《사랑의 순례》에 등장하는 인물들의 편지 구절에는 이와 관련된 내용이 담겨 있었다. 휘태커는 여기서 몇 구절을 발췌해 편집했다.

"오래전에는 결혼의 성스러움과 고결함에 대한 믿음을 가지고 있었다. 그러나 지금은 아니다."

이 문장을 읽은 사람들은 이 내용이 소설의 일부일 뿐 싱클레어의 생각이 아니라는 것을 구별하지 못했다. 물론 휘태커 부부 역시 이 방법이 적절하지 않다는 것은 알고 있었다. 그러나 정치 컨설턴트로서 그들의 목표는 싱클레어를 낙선시키는 것이었다. 싱클레어의 실제 성품은 그들의 관심거리가 아니었다. 이 선거를 통해 휘태커는 자기 후보의 긍정적인 측면이 대중에게 어필하지 못할 때는 상대 후보의 부정적인 측면을 강조해 주목을 끌어야 한다는 것을 깨달았다.

그러나 그의 가장 중요한 정치 전략은 일반 대중의 무관심을 깨기 위해 공격적으로 광고를 집행한 것이다. 휘태커는 규모는 작지만 영향력 있는 주간지를 발행하는 700개 이상의 신문 발행인들과 긴밀한 관계를

유지했다. 그는 캠페인 사 외에 광고회사도 운영했는데, 이 두 조직은 상호 보완적으로 운영되었다. 그는 신문사들이 광고비를 받기 위해 기사와 광고를 함께 묶어 사용한다는 사실을 파악하고, 광고 게재에 따른 많은 무료 기사들을 게재함으로써 놀랄 만한 효과를 얻었다.

11월 6일, 주지사 선거일 며칠 전 여론조사 결과 싱클레어 120만 표, 미리엄 90만 표, 헤이트가 30만 표의 지지를 받고 있었다. 전문가들은 모두 싱클레어와 미리엄의 접전이 되리라고 예측했고, 로스앤젤레스에서만 10대 8로 미리엄이 싱클레어를 앞설 것이라고 예측했다. 선거 결과 미리엄 114만 표, 싱클레어 88만 표, 헤이트 30만 표를 얻어 미리엄이 재선에 성공했다.

휘태커와 박스터는 반싱클레어 연맹의 활약에 힘입은 미리엄의 재선과 해트필드의 부지사 당선, 두 가지 승리를 거뒀다. 그러나 싱클레어와 다우니만 패배했을 뿐 다른 EPIC 후보자들은 좋은 결과를 얻었다. 이에 대해서는 휘태커와 박스터가 싱클레어와 다우니를 집중 공격하고 나머지 EPIC 후보를 방관했기 때문이라고 보는 관점도 있다. 몇 년 후 EPIC 세력은 셰리든 다우니를 연방 상원의원으로 당선시켰다.

1939년, 캘리포니아 주지사로 당선된 컬버트 올슨Culbert Olson은 5년 전 싱클레어가 주장한 정책을 집행했으나 미숙한 행정력으로 주민들의 신뢰와 인기를 잃었고, 1942년 주지사 선거에서 주 검찰총장인 공화당의 얼 워렌Earl Warren에게 대패했다. 워렌 선거운동 본부에는 휘태커와 박스터가 있었다. 〈타임〉은 이들이 "대중 앞에서 미소 짓는 법부터 워렌의 화목한 가정생활을 보여 주는 것 등 대중 설득에 효과적인 방법들을 모두 관리했다."라고 보도했다.

| 정치를 쇼 비즈니스로 만들다 |

휘태커, 박스터 부부는 약 25년 동안 선거운동과 주민투표의 야전사령관으로 활약하면서 90퍼센트 이상 승리를 거두었다. 캘리포니아에서는 선거운동에 대해 논할 때 먼저 휘태커와 박스터가 어느 진영이냐고 묻게 되었다.

1950년대까지 휘태커와 박스터는 미국 내에서 유일한 정치 컨설턴트였다. 이들은 미국 정치에 새로운 바람을 일으켰고, 캠페인 사는 정치인 중심의 정치와 로비스트 정치를 무용지물로 만드는 새로운 선거운동 조직 운용 방법을 창안했다. 이 두 사람이 1934년 캘리포니아 주지사 선거에서 개발한 선거운동 방식은 훗날 모든 정치 선거운동의 바이블이 되었다.

휘태커와 박스터의 선거 전략은 이렇다.

• 선거운동은 방어적으로 하지 마라. 오직 눈에 띄는 공격만이 필요하다.
• 단순한 홍보가 아니라 진짜 뉴스거리를 만들어라.
• 보통 사람들은 연예, 오락, 영화, 축제 등의 오락거리를 좋아한다. 승리하고 싶다면 정치도 '쇼'로 만들어라.

1940년대 말, 트루먼은 전국 건강보험 프로그램 개혁안을 의회에 제출했다. 미국의사협회AMA는 이에 대항하기 위해 휘태커와 박스터에게 35만 달러를 지불하고 컨설팅을 의뢰했다(휘태커와 박스터는 캘리포니아에서 이와 유사한 워렌의 개혁안을 저지한 적이 있었다). 이들은 트루먼의

법안을 사회주의적인 정책이라고 규정했다. 1억 장 이상의 홍보물을 배포했으며, 1950년에는 2주에 걸쳐 110만 달러를 사용해 집중적으로 광고를 방영했다. 결국 의회는 트루먼의 개혁안을 통과시키지 않았고, 이 의료정책은 40년이 지나서야 세상에 빛을 보게 되었다.

수십 년간 신서 선탁가로 높은 명성을 누린 휘태커와 박스터는 1956년 예비 대통령 선거에서 그들이 지지하던 굿윈 나이트가 패배하면서 무대에서 사라졌다. 1961년 클렘 휘태커가 사망하고 몇 년 후 박스터는 아들인 클렘 휘태커 주니어에게 사업을 넘겼다. 휘태커 주니어는 회사를 선거운동 회사가 아닌 홍보 전문회사로 바꾸었다.

1959년 작가 어윈 로스는 이렇게 말했다.

"장차 미국의 선거운동은 짧고 간결한 30초 광고를 통한 텔레비전 연설과 인위적으로 조직된 정치적 집회가 지배할 것이다. 이러한 방법을 개발한 휘태커와 박스터는 미국 선거 역사에 길이 남게 될 것이다."

1934년의 선거운동이 미국인 개인들이나 사회 전체에 미친 영향을 가늠하기란 어려운 일이다. 그러나 당시의 선거운동은 대중에게 여러 진보적인 사상이 등장했음을 알림과 동시에 급진적인 세력이 미국 정치체제에 위협적임을 인식시키는 계기가 되었다.

아서 슐레진져 주니어Arthur Schleginger Jr.는 이 선거를 미국 역사상 최초의 전면적인 홍보 기습작전이었다고 규정했다. 이 선거는 영화, 라디오, 다이렉트 메일 등 새로운 선거운동법을 탄생시켰고, 선거운동 방식을 영원히 바꾸었다. 1934년 선거는 정치 컨설턴트라는 직업이 탄생한 일종의 전환점이었다. 또한 휘태커가 표방한 풀 서비스 선거운동 관리기법은 이후 모든 정치 컨설팅의 표본이 되었다.

나폴리탄의 승리는 세밀하고 집중적으로
상대 후보에 대한 조사를 마치고 전략 수립을 끝낸 후
냉정하고 빈틈없이 전략을 수행한 결과였다. 이러한 그의 전략은
매일매일 성과를 원하는 후보자들을 초조하게 만들곤 했다.
그러나 그에게 가장 중요한 날은 선거 당일이었다.
투표일에 유권자가 자신의 후보에게 투표하도록 하는 것,
이것이 그의 목표였다.

| 최고의 전략가 |

1956년부터 정치 컨설턴트로 활약한 조셉 나폴리탄Joseph Napolitan은 이 분야의 선구자 중 한 사람이다. 선거운동의 전략과 전술을 수립하기 위해 고용된 외부 인사를 칭하는 말로, 정치적 직업을 의미하는 '정치 컨설턴트' 라는 용어는 그가 만든 것이다. 또한 미국 정치 컨설턴트 협회와 국제 정치 컨설턴트 협회의 창설자로 두 협회의 초대 회장을 역임했으며, 매사추세츠 주 스프링필드에 있는 조셉 나폴리탄 사의 대표이기도 하다. 이 회사는 미국 내 선거운동뿐 아니라 외국의 선거 및 공공정책을 다루고 있다.

나폴리탄은 매사추세츠 스프링필드에서 태어났다. 지방 신문기자를

거쳐 정치 컨설팅 업계에 뛰어든 그는 1960년 존 F. 케네디John F. Kennedy 대통령 선거에서 두각을 나타냈다. 케네디의 '비밀병기'라고 불리며 뉴햄프셔 주, 위스콘신 주, 웨스트버지니아 주 등의 예비선거에서 승리를 주도하며 스타로 떠올랐고, '케네디 맨Kennedy Man'이라 불리며 로버트 F. 케네디Robert F. Kennedy와 에드워드 M. 케네디Edward M. Kennedy를 연방 상원의원에 당선시키기도 했다. 또한 린든 B. 존슨의 대통령 선거운동에서 참모로 활약했고, 1968년 대통령 선거에서는 휴버트 험프리Hubert Humphrey의 홍보 책임자로도 활동했다. 그는 미국 내에서 상·하원의원, 주지사, 시장 선거 등 모두 200회 이상의 선거운동을 주도했다.

그는 또한 정치 컨설팅 분야에서 명실상부한 최고 지휘자로 전 세계의 수많은 대통령, 수상, 왕들의 자문도 맡았다. 프랑스의 지스카르 데스탱 대통령, 베네수엘라의 하이메 루신치 대통령, 카를로스 안드레스 페레즈 대통령, 수단의 가파 나미에리 대통령, 모리셔스의 랑구람 수상, 코스타리카의 오스카르 아리아스 산체스 대통령 등 외국 정치가들의 개인 컨설턴트로도 일했다. 1986년의 코스타리카 대통령 선거에서는 산체스 후보의 선거 캠페인 콘셉트로 '평화'를 사용함으로써 승리를 쟁취했고, 나아가 1988년 노벨 평화상까지 수상할 수 있게 했다.

나폴리탄이 1972년에 발간한 《선거 게임The Election Game and How to win it》은 정치 선거운동의 운영과 전략에 관한 교과서가 되었다.

그는 미국 내 선거에서는 반드시 민주당 후보의 선거에만 관여했다. 특정 정당에 대한 개인적인 지지 때문이 아니라 신뢰성을 중시했기 때문이다. 만일 연방 상원의원 선거에서 일리노이 주의 공화당 후보와 인디애나 주의 민주당 후보를 동시에 관리하는 경우, 한 지역에서는 현

정부를 칭찬하고 다른 지역에서는 비난하는 경우가 생길 수 있다. 이는 곧 정치 컨설턴트의 생명인 신뢰성에 치명적일 수 있기 때문에 반드시 한 정당만을 선택해 일해야 한다고 생각했다. 그러나 선거 전략 수립과 관계없는 여론조사, 텔레마케팅, 다이렉트 메일 관리 등 일반적인 기술이 제공되는 분야에서는 정당을 구분하지 않고 일했다.

그는 정치 컨설턴트란 정치적 커뮤니케이션의 전문가로 결코 마키아벨리식 권모술수를 부려서는 안 된다고 여겼다. 또한 정치인들은 항상 자신을 드러내기를 좋아하는 성향이 있기 때문에 최고의 컨설턴트는 항상 무대 뒤에 숨어 승리의 공로를 후보자에게 돌릴 줄 알아야 한다고 생각했다.

나폴리탄이 주장한 선거 승리의 공식 3단계는 다음과 같다.

첫째, 유권자들이 후보자에 대해 생각하는 방식과 행동 방향을 조사한다.
둘째, 조사 결과를 토대로 후보자가 원하는 대로 유권자를 유도할 방향을 결정한다.
셋째, 결정이 되면 즉시 실행한다.

나폴리탄은 200회 이상의 선거운동에서 170번이 넘는 승리를 거두며 85퍼센트 이상의 승률이라는 경이적인 기록을 세웠다.

선거운동이 시작되면 나폴리탄은 유권자의 생생한 목소리를 듣기 위해 제일 먼저 여론조사를 실시한다. 그의 여론조사의 특징은 질문에 대해 '예/아니오'를 묻는 것이 아니라 유권자의 마음을 열어 허심탄회하게 이야기하도록 하는 대화 형식이다. 이를 통해 유권자가 원하는 것과

불만을 파악해 선거의 이슈를 개발한다.

나폴리탄은 스프링필드의 지역신문 〈이브닝 유니언Springfield Evening Union〉의 정치 담당기자와 유럽 특파원을 지낸 후 1957년 광고회사를 설립했다. 이때 우연히 스프링필드 시장 선거에 출마한 톰 오코너Tom O'Connor를 만났다.

오코너의 상대는 여섯 번째 시장을 연임하고 있는 현직 시장으로 언론은 오코너의 승리가 거의 불가능하다고 전망했다. 하지만 이러한 상황은 묘하게 그의 마음을 흔들었다. 나폴리탄의 첫 정치 컨설팅 고객이된 오코너는 자금이 넉넉하지 않았다. 나폴리탄은 비용 절약을 위해 스스로 연구해 여론조사를 실시했다. 그 결과 현직 시장 후보가 난공불락임은 분명하지만 유권자들은 그가 지나치게 오래 시장 자리에 있다고 생각한다는 것을 알아냈다. 그러나 오코너를 알고 있는 유권자는 거의 없었다.

텔레비전의 힘을 이해하고 있던 나폴리탄은 지방 TV 방송에 10초짜리 광고를 정기적으로 내보냈다. 오코너의 지명도는 차츰 상승했고, 결국 새 시장으로 당선되었다. 그러나 아이러니하게도 나폴리탄은 4년 후 다른 시장 후보의 선거운동을 맡으면서 오코너를 무참히 쓰러뜨리기도 했다.

| 전설이 된 데이지 광고 |

나폴리탄은 기자생활을 통해 얻은 지식을 활용하고, 특정 부분은 관

련 전문가에게 위임하는 방식을 이용했다. 그는 뉴스, 대담, 토론 등을 활용해 선거 이벤트의 효과를 극대화하는 방식을 주로 사용했다. 그리고 유권자의 마음과 지지를 얻어내기 위해 주로 광고를 이용했다. 그는 항상 해당 분야의 최고 전문가를 고용했는데, 특히 당시 최고의 광고감독이던 토니 슈워츠Tony Schwartz와 대통령 선거 외에도 100회 이상의 선거를 함께 했다. 약 2만여 개의 라디오와 텔레비전 광고를 제작한 슈워츠는 1964년 민주당 대통령 후보 린든 B. 존슨Lyndon Baines Johnson의 광고를 통해 전설이 되었다. 어린 소녀가 데이지 꽃잎을 하나씩 따는 장면으로 시작하는 이 광고는 꽃잎을 다 따면 원자탄이 폭발하는 장면을 통해 전쟁의 참혹성을 사람들에게 일깨웠고, 결국 공화당의 베리 골드워터Barry Goldwater를 물리치고 현직 대통령 존슨을 재선시키는 데 크게 기여했다.

나폴리탄은 모든 선거에서 TV 광고를 사용했다. 자신의 후보가 잘 알려지지 않았거나 지지율이 지나치게 낮은 때에는 선거 캠페인이 시작되자마자 광고를 집행했다. 여론조사에서 우위를 차지하고 있는 상대 후보를 이기기 위해 선거 전날까지 광고를 계속했고, 특히 선거 10여 일 전부터는 기습공격을 퍼붓는 것이 그의 방식이었다. 그리고 기습적인 TV 광고 전에 라디오 광고를 먼저 이용하는 것도 잊지 않았다.

나폴리탄은 절대로 비즈니스를 찾아다니지 않고 의뢰가 오기를 기다리는 것으로도 유명했다. 그는 국내외를 가리지 않았지만, 주 단위 이상의 선거에만 관여했다. 그에게 의뢰하는 후보자는 대부분 상황이 좋지 않은 경우가 많았다. 나폴리탄은 언제나 일을 시작하기 전에 고객에게 선거운동 방향과 여론조사 비용, TV 광고 제작 비용 등을 설명하고 동의를 구했다. 그는 자신이 선거운동을 완벽히 관리할 것이며, 고객인

후보자는 나폴리탄이 자신보다 선거운동에 대해 전문가라는 것을 인정해야만 했다. 그러고 나면 선금으로 계약 금액의 절반을 요구했다. 어떤 후보자는 낙선했다는 이유로 약속한 금액을 지불하지 않는 경우도 있었다. 또 서너 번에 나누어 지불하는 컨설팅 비용의 지불날짜를 미루는 후보지도 있었다. 그럴 때면 그는 이렇게 물었다.

"지금 당장 선거운동을 중지할까요? 제가 신뢰할 수 없는 사람을 어떻게 수십만 명의 유권자에게 믿고 투표하라고 권유하겠습니까?"

나폴리탄 선거 전략의 특징은 선거운동의 리듬을 천천히 높여가다가 마지막 단계에서 예상 외의 기습공격을 하는 것이었다. 선거는 두뇌싸움으로 상대방을 예상하고 전망하는 것에 달려 있다는 것이 그의 지론이었다. 그는 먼저 상대 후보가 유리한 영향력과 위치를 차지하도록 방관했다. 당시까지는 후보자가 순조롭게 선두를 유지해 선거일에 이기는 것이 일반적인 선거 전략이었다. 그러나 선두는 늘 집중적인 견제를 빈고 강력한 비판에 노출된다. 나폴리탄은 자금과 노력을 초기부터 낭비하거나 상대방에게 자신의 전략을 분석하여 대비할 기회를 주지 않았다.

이런 전략에 따른 나폴리탄의 승리에 대해 언론과 다른 컨설턴트들은 그저 예상 밖의 승리라고 표현했다. 그러나 나폴리탄의 승리는 세밀하고 집중적으로 상대 후보에 대한 조사를 마치고 전략 수립을 끝낸 후 냉정하고 빈틈없이 전략을 수행한 결과였다. 이러한 그의 전략은 매일매일 성과를 원하는 후보자들을 초조하게 만들곤 했다. 그러나 그에게 가장 중요한 날은 선거 당일이었다. 투표일에 유권자가 자신의 후보에게 투표하도록 하는 것, 이것이 그의 목표였다.

그는 당시 선거 조작자, 선거 로비스트, 투표 거래자, 이미지 조작자 등으로 혹평을 받고 있던 모든 정치 컨설턴트에게 전략가로서의 자부심을 안겨준 인물이었다.

패배할 뻔한 닉슨 – 1968년 대통령 선거

1968년, 미국의 대학가는 베트남 전쟁을 반대하는 데모가 한창이었다. 흑인 인권운동 지도자 마틴 루터 킹Martin Luther King Jr. 목사 암살, 민주당 대통령 예비선거의 유력 후보였던 로버트 케네디 암살로 이어지는 미국 역사상 가장 암울한 시기이기도 했다.

케네디가 암살되고 대통령직을 승계한 존슨은 1964년 대통령 선거에서 공화당의 골드워터에게 승리한 후 '위대한 사회Great Society'라는 슬로건으로 행정부의 입법활동을 했다. 그리고 다양한 빈곤 퇴치 정책과 인권 관련 법안들을 통과시켜 흑인 및 소수 민족의 지위를 향상시키는 데 기여했다.

그러나 베트남 전쟁이 확전되면서 존슨의 인기는 계속 추락했다. 존슨은 1968년 3월 말 TV 연설을 통해 베트남 전쟁을 평화적으로 해결할 것과 대통령 재선을 포기한다고 선언했다. 그리고 1968년, 법과 질서를 공약으로 내세운 공화당의 리처드 닉슨Richard Milhous Nixon이 민주당의 휴버트 험프리를 근소한 차이로 물리치고 극적으로 당선되었다.

당시 닉슨은 선거인단 투표에서 301명 대 191명으로 우세를 보였다. 그러나 전체 득표율에서는 43.4퍼센트 대 42.7퍼센트로 불과 0.7퍼센트

정치 컨설턴트의 탄생

차이를 보였다. 9월 초까지만 해도 여론조사에서 닉슨은 험프리를 16 퍼센트 이상 앞지르고 있었다. 험프리가 이 상황을 역전시킬 수 있는 시간은 겨우 8주뿐이었다. 그리고 험프리가 넘어야 할 장애물은 세 가지였다.

첫째, 지명도를 높이는 것은 물론 예비선거에서 유권자들의 신뢰를 얻어야 한다.
둘째, 당선 가능성이 높고 자금이 풍부하다는 것을 언론에 보여줘야 한다.
셋째, 당 지도부의 전폭적인 협조를 획득해야 한다.

나폴리탄이 험프리 진영에 합류한 것은 래리 오브라이언Larry O' Brien의 초청으로 민주당 전당대회에 참석하면서부터였다. 오브라이언은 1968년 선거에서 처음에는 존슨을, 두 번째로는 케네디의 선거운동을 관장하기로 했으나 존슨의 재선 포기와 케네디의 암살로 인해 험프리의 선거운동 본부장을 맡은 인물이었다. 나폴리탄은 이 전당대회 이후 험프리 선거운동 본부의 홍보 책임자로 임명되어 선거 전략을 기획하고 광고와 홍보를 전담했다.

8월 말, 나폴리탄은 미국에서 가장 유명한 광고회사 DDB^{Doyle Dane Bernbach}와 미팅을 했다. DDB는 공화당을 상징하는 코끼리를 사용해 닉슨을 비난하는 등 여러 편의 TV 광고를 제작한 곳이다. 이 광고에는 5만 7,000달러의 비용이 책정되어 있었고, 이는 나폴리탄 선거운동 본부의 예상액수의 10배가 넘는 비용이었다. 몇 차례 회의 끝에 나폴리탄은 DDB가 정치광고에 대한 이해 없이 일반적인 광고를 제작할 뿐이라 판

단하고, 선거 8주 전 광고회사를 교체했다.

나폴리탄은 미디어 전략을 짜고 각 분야의 최고 전문가인 토니 슈워츠, 찰스 구겐하임Charles Guggenheim, 셸비 스토크Shelby Stork 등을 불러모았다. 구겐하임과 스토크는 험프리에 대한 5분에서 30분 분량의 다큐멘터리 형식 TV 광고를 제작했고, 슈워츠는 캠페인 이슈 중심의 TV와 라디오 광고를 담당했다.

공화당 후보 닉슨은 '새로운 닉슨' 캠페인을 전개하며 베트남 전쟁의 조기 종결과 '법과 질서'에 따른 새로운 미국 건설을 강조했고, 자금 모금에서도 큰 우위를 보였다. 반면 험프리는 존슨의 부통령이라는 이미지를 벗지 못하고, 존슨의 실정을 그대로 떠안음과 동시에 자금 부족에도 시달렸다.

나폴리탄은 선거일 몇 주 전에 집중적으로 광고를 내보내기 위해 자금을 최대한으로 아껴야 했다. 9월 중순 험프리의 지지율은 계속 하락했고, 여론조사회사는 돈을 지불하지 않으면 조사를 중단하겠다고 통보했다. 이러한 상황에서 나폴리탄은 현재의 상황이 지속되면 선거에서 반드시 패배할 것을 강조하면서 대담한 계획을 제안했다.

첫째, 존슨 대통령과의 관계를 단절해야 한다.

둘째, 유권자의 지지를 획득할 수 있도록 베트남 전쟁의 종결에 대한 험프리만의 독자적인 방법을 제시해야만 한다.

셋째, 연방 예산의 사용을 약속하고 미국인의 양심과 감정에 호소해 닉슨과 차별화된 '법과 질서' 정책을 제시해야 한다.

그러나 존슨을 두려워한 험프리는 존슨의 정책에 반하는 강력한 정책을 제시하지 못했다. 존슨이 측근을 통해 험프리에게 "험프리를 대통령에 당선시킬 수는 없지만 그가 대통령에 당선되는 것을 막을 수 있는 능력은 있다."고 경고했기 때문이다.

10일 중순 나폴리탄은 스토크에게 TV 광고로 내보낼 험프리의 자전적 다큐멘터리를 제작하게 했다. 이 다큐멘터리는 두 가지 전략을 중심으로 만들어졌다. 닉슨의 냉정한 효율성에 반대되는 따뜻하고 인정 많은 험프리의 모습을 보여주고, 험프리의 의회활동을 부각시켜 유권자의 인식을 바꿀 수 있도록 하는 것이다.

스토크의 광고는 미국 전역에 걸쳐 1,400번 이상 방송되었고, 예상대로 홈런을 쳤다. 닉슨 선거운동 본부는 컴퓨터를 사용한 타깃target 우편 발송과 자료 수집, 전화 데이터뱅크 활용, 전략적 홍보물 등 최신 선거 기법들을 동원했다. 그러나 나폴리탄의 기습공격에 대한 대응에는 소홀했다.

험프리는 닉슨에게 공개 정책토론을 제의했으나 거절당했다. 이에 따라 선거 마지막 주에 나폴리탄은 험프리에 반대하는 젊은 층의 다소 도발적인 질문에 대해 험프리가 답변하는 형식의 30분짜리 질의응답 프로그램을 제작했다. 반전론자, 흑인, 공화당 소속 젊은이들은 험프리를 강하게 비난했고, 험프리는 여기에 공격적으로 자신의 입장을 방어했다.

나폴리탄은 이 방송을 세심하게 편집해 미국 전역에 TV 광고로 방송했다. 그리고 압도적 우위를 차지했던 닉슨과의 표 차이는 선거 당일 험프리 42.7퍼센트, 닉슨 43.4퍼센트로 0.7퍼센트의 근소한 차이를 만

들어냈다. 총 득표수에서도 50만 표 차이가 났을 뿐이다. 이는 20세기 대통령 선거 역사상 두 번째로 근소한 득표 차이였다.

이 선거에서 한정된 자금을 보다 효율적으로 사용하고, 특히 캘리포니아나 일리노이의 TV 광고매체를 보다 현명하게 선택했다면 험프리가 승리할 수 있었다고 생각된다. 특히 험프리가 존슨과의 관계에 명확하게 선을 긋고 그와 다른 노선을 걷고 있음을 분명히 했더라면 선거 결과는 달라졌을 수도 있다. 관계자들은 선거 기간이 2~3주만 더 주어졌다면 험프리가 4퍼센트 이상의 차이로 승리했을 것이라고도 말한다.

비록 패배하기는 했으나 나폴리탄의 험프리 선거운동은 대통령 선거 운동 방식의 큰 변화를 가져왔다. 이후 대통령 선거에서 예측적 여론조사와 미디어 광고, 전문 정치 컨설턴트가 중요한 요소로 등장한 것이다. 그리고 대통령 선거에서 정치 컨설턴트의 여론 조작 기술이 중요한 승패 요인으로 자리 잡게 되었다.

스펜서는 전형적인 스트리트 파이터 타입의 컨설턴트였다.
식감을 중시한 그는 조사자료 역시
자신의 판단이 옳다는 것을 증명해주는 증거물로 여겼다.
그리고 선거운동은 기술일 뿐 과학은 아니라고 주장했다. 이런 관점에서
그는 여론조사 결과가 나오기도 전에 캠페인 이슈를 개발하곤 했다.

| 지역 밀착형 정치 컨설턴트 |

스튜어트 K. 스펜서는 공화당의 정치 컨설턴트로 스펜서-로버츠
Spencer-Roberts&Associates, Inc. 사의 설립자이다.

그는 1945년과 1946년 미 해군에서 복무한 후 1951년 로스앤젤레스
의 캘리포니아 주립대학에서 사회학을 공부했다. 그는 1961년 TV 광고
영업자던 빌 로버츠Bill Roberts와 함께 정치 컨설턴트 전문회사인 스펜서-
로버츠를 세워 정부 정책과 선거 컨설팅 사업을 시작했다. 스튜어트 스
펜서는 1961년 이후 미국 내의 거의 모든 선거에 관여했으며, 딸 카렌
스펜서Karen Spencer는 워싱턴 D.C.의 연방 로비스트로 활약하며 거의 모든
정부기관에 로비를 하고 있다.

스펜서-로버츠의 주요 업무는 캘리포니아의 입법활동과 행정활동 등에 관한 자문이었다. 세계 6위를 자랑하는 경제력과 3,600만 명의 인구를 자랑하는 캘리포니아는 다양한 환경을 지니고 있었다. 따라서 정치 상황도 복잡하고 변화도 많았지만, 사업에 성공했을 경우 그만큼 큰 수익을 올릴 수 있는 곳이었다.

스펜서는 선거운동만이 아니라 캘리포니아의 변화하는 정치, 입법, 행정 및 환경 규제 등 주지사와 주의원의 다양한 활동에 관여하고 다양한 사회 네트워크를 구축하는 등의 일을 함으로써 오랫동안 캘리포니아 주의회와 긴밀한 관계를 맺고 있다.

두 사람은 1990년까지 대통령 선거, 주지사 선거, 상·하원의원 선거 및 지방선거 등에 참여하여 전국적으로 많은 후보자를 당선시켰다. 대표적인 것으로 1962년 캘리포니아 연방 상원의원 선거에서 톰 쿠첼Tom Kuchel의 선거운동, 1964년 넬슨 록펠러Nelson Rockefeller의 대통령 예비선거 등이 있고 특히 로널드 레이건의 1966년 캘리포니아 주지사 선거운동과 1970년의 재선운동, 1980년과 1984년의 대통령 선거에서 활동한 것으로 유명하다.

그는 1976년 대통령 선거에 출마한 제럴드 포드Gerald Ford의 선거운동 본부장을 맡으면서도 레이건과 긴밀한 관계를 유지했다. 그는 포드가 대통령 선거에서 승리하지 못할 것이라고 레이건에게 조언했다. 1980년, 레이건의 선거운동 본부장으로 활약할 당시에는 부통령 후보로 조지 H. W. 부시를 선택할 것을 제안하기도 했다. 레이건은 이 선택을 달가워하지 않았지만, 승리를 위해 부시를 부통령 후보로 지명했다.

| 선거는 무조건 이겨야 한다 |

스튜어트 스펜서는 영화배우 조합장이던 로널드 레이건을 캘리포니아 주지사를 거쳐 미국 대통령으로 당선시킨 인물이다. 그는 워터게이브 사건으로 사임한 닉슨을 사면한 제럴드 포드의 선거운동을 맡아 거의 패배가 확실했던 그의 지지율을 당선 직전까지 끌어올리기도 했다. 또한 1978년 텍사스 주에서 100년 만에 처음으로 공화당 출신의 빌 클레멘츠^{Bill Clements}를 주지사로 당선시킨 전설적인 정치 컨설턴트이다.

정치 컨설턴트가 되기 위한 방법 중 한 가지는 통계, 회계, 언론 등을 공부하여 정치와 선거 과정에 대한 지식을 쌓는 것이다. 다른 한 가지는 정치적 경험을 통해 배짱과 기술을 기르는 것으로, 이는 가가호호 방문부터 거물 정치인들까지 거리낌 없이 맞대면하기 위함이다. 후자 때문에 정치 컨설턴트는 종종 '스트리트 파이터'라고도 불린다.

스트리터 파이터 유형의 정치 컨설턴트들은 유권자와 면대면 커뮤니케이션을 통해 후보자의 지지율을 높이는 방법을 사용한다. 이들 역시 여론조사와 각종 매체의 광고를 제작하지만 자원봉사자 모집, 전화 데이터뱅크^{Telephone bank, 자원봉사자들이 모금과 지지를 호소하는 전화를 하기 위해 마련한 일종의 전화번호부}, 가가호호 방문에 더 많은 노력과 자금을 사용한다.

스펜서는 전형적인 스트리트 파이터 타입의 컨설턴트였다. 직감을 중시한 그는 조사자료 역시 자신의 판단이 옳다는 것을 증명해주는 증거물로 여겼다. 그리고 선거운동은 기술일 뿐 과학은 아니라고 주장했다. 이런 관점에서 그는 여론조사 결과가 나오기도 전에 캠페인 이슈를 개발하곤 했다. 선거운동은 75퍼센트 이상 감정에 호소하는 것이라고

생각했기 때문에 가능한 일이었다. 그는 대부분의 유권자들이 사실이나 자료보다 TV에서 본 것, 감정을 바탕으로 가치판단을 한다고 생각했다. 때문에 후보자에 대한 느낌을 어떻게 감지하고 파악하는가가 선거운동의 요체이며, 유권자의 최종 감정이 선거의 승패를 결정한다고 보았다.

스펜서는 단일한 이슈가 폭발적인 효과가 있다고 보았다. 4년마다 마지못해 투표하는 이들에게는 단일 이슈로 감동을 주어 투표를 하도록 유도해야 한다는 것이었다. 사실 선거에서 유권자들 대부분은 편견을 지니고 투표를 한다. 많은 유권자들이 무엇을 지지하기보다는 무엇을 반대하기 때문에 투표를 한다. 특정 후보를 지지한다기보다 그중 그나마 나은 사람에게 투표하는 것이다. 때문에 일상의 편견이 선거운동에 거의 그대로 반영되게 마련이다.

정당들이 주관하는 선거운동은 대체로 유사한 방법으로 진행된다. 당선에 필요한 유권자의 수를 확보할 합리적인 방안을 마련하는 것이다. 이를 위해 과거의 투표 행태에서 지역적 특성을 분석하여 자신의 지역에 합당한 선거 이슈를 개발하는 것이 일반적인 방식이었다. 스펜서는 이런 지역적 이슈를 개발하는 데 탁월한 재능을 지니고 있었다. 각 지역에는 지역 주민들이 관심을 보이는 이슈가 항상 있게 마련이다. 그가 면대면 커뮤니케이션을 선호한 이유도 직접 대화를 통해 지역민들의 최우선 관심사를 실제로 파악하고자 했기 때문이다.

정치 컨설턴트로 막 입문했을 당시 스펜서는 휘태커와 박스터 아래에서 일했다. 그는 휘태커와 박스터의 방식을 '구식'이라고 규정했다.

"휘태커와 박스터는 그저 단순한 여론 선동가들이었다. 그들의 방법

은 30년대와 40년대에는 효과를 발휘했지만 통신 수단이 바뀐 50년대에는 위력을 상실했다. 또한 그들이 당시 잘 사용하던 언론 이용은 지금은 불가능한 일이다."

스펜서는 빌 로버츠와 함께 일하면서 휘태커와 박스터에게서 배운 유권자 분석, 시의 특성 분석 및 전략적 방법을 활용했다. 이들은 공화당 후보의 선거운동만 관여했고, 200회 이상의 선거운동에서 75퍼센트 이상의 승률을 자랑하면서 유명 정치 컨설턴트가 되었다. 그는 이슈에 대해 이렇게 말했다.

"항상 변하지 않는 이슈는 실업, 세금, 경제 문제입니다. 다만 지역과 때에 따라 우선순위가 바뀔 뿐이지요. 그 외는 국방 정책, 에너지 정책, 치안 문제 정도를 꼽을 수 있습니다."

예를 들어 세금을 납부하는 기간에는 세금이 최우선의 관심사지만 그 시기가 지나면 관심 밖으로 밀려난다. 추운 지방에서는 겨울에 에너지 문제가 최우선이지만 날씨가 따뜻해지면 우선순위에서 멀어지는 것과 같다.

1970년 스펜서는 처음으로 정치 선거운동에 추적조사 방법Tracking Research을 도입했다. 이것은 상품에 대한 광고와 판매 효과를 측정하는 방법으로 이미 마케팅 분야에서는 오래전부터 사용되어 오던 것이었다. 그는 이 방법으로 정치적 이벤트의 효과나 특정 유권자들을 겨냥한 정치광고에 대한 반응을 측정했다. 그리고 이를 미디어 전략을 수정하는 데 참고했다.

당시 정치 컨설턴트에 대한 평가는 열악했다. 언론은 정치 컨설턴트를 미국의 정치제도를 오염시키는 비열한 사기꾼들이라고 비난했고,

유권자들은 이들이 상대방 후보에 대한 중상모략 등 선거를 정정당당하게 이끌지 않는다고 생각했다. 그러나 스펜서는 이에 대해 '선거는 전쟁터'라며 반박했다.

"제가 선거운동에 관여하는 것은 돈 때문이 아닙니다. 선거운동 자체의 매력 때문이지요. 모든 인적 자원과 물적 자원을 동원해 승리를 이끌 때의 짜릿함에 끌리기 때문입니다. 미국의 선거운동은 전쟁이며, 나는 사령관으로서 전쟁터의 모든 순간을 사랑합니다."

스펜서는 선거운동은 살아 있는 유기체와 같다고 말했다. 선거에 관련된 사람들과 같이 모든 선거운동은 제각기 다른 특성을 지니고 있다고 보았다.

정치 컨설턴트에게 가장 편한 후보는 처음 출마한 사람이다. 한 번이라도 당선이 된 정치인은 다루기 힘든 존재다. 선거에서 승리한 경험을 토대로 자신이 선거운동의 전문가가 되었다고 생각하기 때문이다. 스펜서 역시 레이건의 두 번째 캘리포니아 주지사 선거를 치르면서 이런 점을 느꼈다고 말했다.

"레이건이 처음으로 캘리포니아 주지사에 입후보했을 때는 의사전달 체계가 확실했고 저의 선거운동 능력을 신뢰하고 전략을 충실히 따랐지요. 특히 레이건은 배우 출신이라 어떻게 방향을 잡아야 하는지를 잘 파악하고 있었습니다.

당시 과제는 두 가지였습니다. 극우파 배우로 인식되어온 레이건의 이미지를 온화하게 만드는 것, 그리고 배우가 아닌 총명하고 독립적인 정치인으로서의 이미지 구축이었지요. 저는 그에게 제가 쓴 원고를 자신 있고 당당하게 연설할 것을 주문했고, 그는 배우로써 그것을 연기했

지요."

결국 그는 TV를 통해 의도한 이미지를 구축하는 데 성공했고, 레이건은 캘리포니아 주지사에 당선되었다.

"그러나 1970년 레이건의 재선운동에서는 이미 선거 전문가가 된 레이건과 그의 참모들 때문에 논쟁으로 많은 시간을 허비해야 했습니다. 어찌 되었든 레이건은 주지사 재선에 성공했지만 사이가 멀어지고 말았지요."

1976년 공화당 대통령 예비선거에서 포드의 전략가로 활약한 스펜서는 도전자 레이건의 약점을 잘 알고 있었고, 쉽게 이길 수 있었다. 그리고 그다음 1980년 대통령 선거에서 스펜서는 레이건을 당선시키는 데 막중한 역할을 했다.

리즈는 늘 "호랑이를 잡으려면 호랑이 굴에 들어가라."고 말하면서
유권자 설득을 중요하게 생각했다. 그는 유권자를
두 부류로 분류했다. 첫 번째는 자신의 후보자를 지지하도록
설득 가능한 유권자, 두 번째는 자신의 후보자를 지지하고 있지만
선거일에 투표소에 가도록 재촉을 해야만 하는 유권자다.

| 매트 리즈 |

매트 리즈Matt Reese는 풀뿌리 조직운동과 과학적인 여론조사 기법을 발
전시키고 이슈 중심의 선거 전략을 구축하는 데 선구적인 역할을 한 인
물이다. 리즈는 30년 이상 미국 내외에서 450회 이상의 선거운동을 주
도하며 직업적 정치 컨설턴트의 창시자이자 대부라고도 불린다.

그의 주요 고객은 에드워드 M. 케네디, 로버트 F. 케네디, 러셀 롱
Russell Long, 찰스 S. 로브Charles S. Robb, 존 글렌John Glenn 연방 상원의원들을 비롯
해 하원의장이던 토마스 팁 오닐 주니어Thomas P. "Tip" O'Neill Jr. 등과 그 외 많
은 주지사와 지방의원들이다.

리즈가 선거 참모로서 전국적으로 명성을 얻게 된 것은 1960년 웨스

트버지니아의 민주당 대통령 예비선거에서 존 F. 케네디 상원의원의 선거 자원봉사 조직을 만들면서부터다. 그는 웨스트버지니아 찰스턴 시의 카나와 호텔에서 케네디 대통령 후보의 참모들과 매일 18시간 이상 풀뿌리 조직을 구축할 계획을 강구했다. 그리고 웨스트버지니아의 선거에서 승리함으로써 케네디를 대통령으로 당선시켰다.

케네디가 당선된 후 리즈는 민주당 전국위원회의 유권자 등록 부서의 책임자로 일하면서 1964년 대통령 선거에서 400만 명 이상의 유권자를 새롭게 투표 등록시켰다. 1966년 리즈는 민주당 전국위원회에서 사직하고 매트 리즈 어소시에이츠Matt Reese&Associates 훗날 리즈 커뮤니케이션Reese Communications Companies, Inc.를 설립했다.

리즈는 늘 "호랑이를 잡으려면 호랑이 굴에 들어가라."고 말하면서 유권자 설득을 중요하게 생각했다. 그는 유권자를 두 부류로 분류했다. 첫 번째는 자신의 후보자를 지지하도록 설득 가능한 유권자, 두 번째는 자신의 후보자를 지지하고 있지만 선거일에 투표소에 가도록 재촉을 해야만 하는 유권자다.

1980년 초, 민주당 전국위원회 의장 찰스 T. 마내트Charles T. Manatt, Jr.는 정치활동을 시작할 무렵 리즈와 함께 풀뿌리 조직을 만드는 일에 적극적으로 참여했다. 그는 리즈가 매우 꼼꼼하고 정확한 선거 기획가라고 평했다.

리즈는 또한 특정한 이슈에 대한 이해관계가 있는 유권자 집단을 찾기 위해 여론조사와 인구분포 자료를 컴퓨터로 처리하기 시작한 인물 중 하나다. 이 기법은 1978년 미주리 주에서 유니언 숍Union Shop, 사용자가 종업원을 고용하는 것은 자유지만 일단 채용하면 반드시 노동조합에 가입해야 하고, 조합으로부터 제명·탈퇴당한 자는 회

사가 해고해야만 한다는 것을 정한 노동협약상의 조항을 위법으로 규정하는 주법 개정을 촉구하기 위한 주민투표에서 효과적으로 사용되었다.

리즈는 레이건이 대통령이 된 후 1982년 민주당 전국위원회 의장을 지내면서 민주당의 영향력을 늘리기 위한 기반을 구축했다. 1980년대와 90년대 민주당의 승리는 리즈의 조직력에 의한 것이다.

1980년 초 리즈는 AT&T, 블루 크로스 블루 실드, 셰브런, 씨티 그룹, 조지아 파워, 맥도널드 더글라스, 유나이티드 에어라인 등 대기업들의 기업 컨설팅을 했다. 1986년에 회사를 매각한 후에도 컨설팅 활동을 계속했다.

리즈는 1993년 〈워싱턴 포스트〉와의 인터뷰에서 자신의 정치 컨설팅 활동에 대해 이렇게 정리했다.

"정치 컨설팅을 시작한 초기 11번의 선거운동에서 저는 모두 승리했습니다. 이때 저는 제가 최고라고 생각했습니다. 그 후 저는 지고, 이기고, 지고를 반복했지요. 생각해보면 제가 이끈 선거는 승리와 패배의 반복이었습니다.

저는 유권자들과 소통하는 데 유용한 방법을 많이 개발했습니다. 물론 젊었을 때는 네거티브 선거운동 방법을 남용하는 실수도 저질렀지요. 네거티브 방식은 TV의 영향력이 커짐에 따라 유권자의 냉소주의를 가져왔습니다."

정치 컨설턴트의 탄생

| 린 노프지거 |

린 노프지거^{Lyn Nofziger}는 언론인이자 작가인 정치 컨설턴트다. 그는 레이건이 캘리포니아 주지사일 때 공보 담당 비서를 지냈고, 닉슨과 레이건 행정부에서 백악관 자문 역을 맡았다.

노프지거는 1924년 캘리포니아 베이커스필드에서 태어났고, 〈코플리〉와 〈뉴스 서비스〉 등에서 16년 동안 기자, 편집인, 워싱턴 특파원 등을 지냈다. 선거 참모로 두각을 드러낸 것은 1966년 캘리포니아 주지사 선거에서 레이건의 공보 담당 비서를 하면서부터다.

1968년에는 닉슨 행정부에서 의회를 담당하는 대통령 부보좌관, 공화당 전국위원회의 언론 담당 부보좌관을 지냈다. 1972년 닉슨의 재선 운동에서는 캘리포니아 지역 담당 책임자로 활동했다. 그러다가 레이건 주지사가 1976년 공화당 대통령 예비선거에 출마하자 홍보 담당 비서, 선거집회 책임자, 캘리포니아 지역 선거운동 책임자로서 선거운동을 주도했다. 그러나 포드가 공화당 대통령 후보 예비선거에서 레이건을 누르고 대통령 후보가 된 후, 노프지거는 민주당의 카터와 먼데일을 상대로 포드-돌 공화당 후보의 선거운동을 진행했다.

노프지거는 1976년에 레이건을 지지하는 정치행동위원회^{PAC, Political Action Committee}와 공화당을 지지하는 시민연합의 상임 부회장을 맡아 1980년 레이건의 대통령 선거 사전 작업을 시작했다. 1979년에는 레이건 지지단체의 재정 담당 부회장을 맡기도 했다. 그리고 1980년 레이건은 카터의 재선을 저지하고 대통령에 당선되었다. 이후 백악관 정치 담당 대통령 보좌관으로 1년간 근무했다. 그의 주요 업무 중 하나는 연방정부

대통령을 만드는 사람들

에서 민주당 인물들을 몰아내고 공화당 인물들을 임명하는 것이었다. 이즈음 그는 에드워드 롤린스와 리 애트워터Lee Atwater를 발탁했다.

1984년에는 레이건-부시의 대통령 재선운동에서 선임 컨설턴트로 활약했으며, 1985년 대통령 취임위원회의 한 사람이 되었다. 백악관을 떠난 후에는 정치 컨설팅과 로비 활동을 하는 회사를 설립했다.

노프지거는 레이건에 대한 무한한 충성심을 지닌 보수주의자이자 원칙을 고수하는 공화당원이었다. 정장 대신 스포츠 재킷을 입기도 하고, 미키 마우스가 그려진 넥타이를 매는 등 자유분방한 인물이었다. 참모들이 레이건을 대통령 각하라고 부를 때에도 그는 애칭인 '로니'라고 부르면서 레이건과 오랫동안 깊은 관계를 유지했고, 2006년 81세로 사망했다.

| 피터 D. 하트 |

피터 D. 하트Peter D. Hart는 피터 D. 하트 리서치Peter D. Hart Research Associates 사의 회장이자 TMG 전략 연구소의 최고 자문 역을 맡고 있는 인물이다. 하트는 휴버트 험프리 민주당 대통령 후보, 로이드 벤슨Lloyd Benson, 제이 록펠러Jay Rockefeller, 밥 그레이엄Bob Graham 등 40명 이상의 연방 상원의원과 30명 이상의 주지사 선거운동에서 여론조사를 담당했다. 수십 년간 듀크 대학 부설 샌포드 연구소와 펜실베이니아 대학 부설 아넨버그 커뮤니케이션 스쿨, 버클리 대학 등에서 공공정책을 강의하기도 했다. 또한 〈언론간담회Meet the Press〉, 〈투데이 쇼Today Show〉, 〈짐 래러의 뉴스 쇼〉 등의

TV 방송에 출연해 공공정책에 대한 토론을 하기도 했다.

피터 D. 하트 리서치는 미국에서 가장 유명한 여론조사 회사 중 하나로 30년 이상 여론조사 분야에서 많은 혁신과 발전을 이룬 기업이다. 현재까지 5,000건 이상의 여론조사와 300만 명 이상을 인터뷰해 분석 작업을 진행했고, 특히 행동연구조사를 통해 전략 기획 컨설팅 업무를 하는 것으로 유명하다. 이 회사는 여론조사와 정치 컨설팅 업무만이 아니라 비영리단체, 사회운동단체, 정치단체 및 노동조합 등 다양한 공공 이익단체에서 회원 모집, 이미지 재고, 전략 기획, 커뮤니케이션 방법 개발 등의 일도 하고 있으며, 이 분야에서 창조적인 조사 방법과 전략 계획 방안들을 많이 개발했다.

주요 고객에는 스미소니언 박물관, U.S. 유대인 학살 추모 박물관, 국제 민간 기독교단체인 해비타트Habitat for Humanity, 미국 자유인권협회ACLU, 빌 게이츠 재단, 케네디 센터 등 비정부 영리단체와 보잉, 타임워너, 아메리칸 에어라인, 코카콜라, IBM, 패니 매Fannie Mae, AT&T, 티파니 등의 기업들이 있다. 또한 남미, 유럽, 아시아 국가들에서도 여론조사활동을 하고 있다.

1989년 이후 피터 D. 하트 리서치의 주요한 사업은 공화당 소속 여론조사가인 로버트 티터Robert Teeter와 함께 정기적인 여론조사를 실시하고, NBC 방송의 뉴스와 〈월스트리트 저널〉의 여론조사를 대행하는 것이었다. 2004년 티터가 사망한 후에는 여론 전략 빌 매킨터프Bill McInturff를 파트너로 영입해 일반 대중의 여론을 조사하는 사업을 계속하고 있다.

대통령을 만드는 사람들

로버트 티터는 공화당 소속 조지 H. W. 부시 대통령의 전략가이자 정치 여론조사 전문가다. 그는 1968년 리처드 M. 닉슨의 대통령 선거부터 1992년 조지 H. W. 부시 대통령이 재선을 위해 공화당 대통령 후보 선거에 출마했을 때 선임 관리자로 참여했다. 1989년부터 15년간 피터 D. 하트 리서치와 공동으로 NBC 뉴스와 〈월스트리트 저널〉의 여론조사를 담당했다.

로버트 티터는 미시간 주 콜드워터 시에서 성장했으며, 아버지는 콜드워터의 시장을 역임한 저명한 사업가였다. 1964년 그는 아버지를 따라 대통령 후보 배리 골드워터의 공화당 전당대회에 참석하면서 정치가 자신의 성향에 맞는다는 것을 알게 되었다. 그리고 동네 이름을 딴 콜드워터 사를 세우고 비즈니스 컨설팅과 여론조사 업무를 하기 시작했다. 1970년 이후 민주당의 세력이 강한 미시간 주에서 공화당의 선거 전략을 수립하면서 정치 컨설턴트로 활동했다.

티터는 공화당 측의 여론조사와 정치 컨설팅 전략가로 일하면서 4명의 대통령을 비롯해 수많은 주지사들의 선거운동에 관여했다.

여론조사 전문가로 명성을 쌓을 무렵 티터는 공화당 전국위원회 의장 조지 H. W. 부시를 만났다. 1987년 당시 부통령인 부시의 선임 자문이 되었으며, 1988년 부시의 선거운동 본부를 지휘했고, 인디애나 주 연방 상원의원 댄 퀘일Dan Quayle을 부통령 후보로 추천했다. 부시가 당선된 후에는 행정부 인수위원회 책임자로 활동했다.

1989년 이후에는 포드 자동차, 버라이즌 통신회사 등의 임원으로 재

직하면서 전략 계획, 마케팅, 광고 전략을 수립했는데, 그가 개발한 조사 분석 기술은 현재 정치 여론조사가들의 표준이 되고 있다.

그는 1992년 부시 대통령의 재선운동 전국 본부장을 맡으면서 정치 컨설팅 경력에 위기를 맞게 되었다. 공화당 예비선거에서 패트릭 J. 뷰캐넌^{Patrick J. Buchanan}을 과소평가해 부시가 고전을 면치 못하고, 결국 대통령 선거에서 빌 클린턴에 패배하자 그의 선거 전략은 하루아침에 비난의 대상이 되었다.

그와 30년 이상의 친분을 가진 여론조사 전문가 피터 D. 하트는 그에 대해 이렇게 말했다.

"티터는 정계의 조 디마지오 같은 존재였지요. 항상 원칙에 충실하고 이해심이 많은데다 대통령, 주지사, 대기업 사장 등과 같이 업무를 추진할 때도 변함없는 온화함을 보였습니다."

3

네거티브 선거의 시대

라프순은 카터가 성실하게 일하는 모습, 가장으로서
가족을 보살피는 모습 등을 TV 광고로 내보내
성실한 노동자, 훌륭한 가장, 가족애의 이미지를 전파했고,
언론은 라프순을 '환상적인 영상 제조자'라고 불렀다.

제럴드 라프순Gerald Rafshoon은 광고인이자 TV 프로듀서, 제작자 출신으로 지미 카터 행정부에서 백악관 홍보 담당 국장을 역임했다. 2008년 1월 뉴욕 시장 마이클 블룸버그Michael Bloomberg를 2008년 제3당 대통령 후보로 추대하기 위해 덕 베이리와 함께 유니티 에이트Unity 8를 창설한 인물이다.

라프순은 1976년 대통령 선거에서 지미 카터의 참모로 일하면서 유명세를 떨치기 시작했다. 1972년 워터게이트 사건으로 닉슨이 사임하면서 제럴드 포드 연방 하원의원이 미국 역사상 최초로 선거를 거치지 않고 대통령이 되었다. 그런데 포드는 취임 후 4주 만에 닉슨을 사면했고, 이 일로 만회할 수 없을 정도로 국민의 신뢰를 잃었다.

1972년 민주당 전당대회에서 조지 S. 맥거번George Stanley McGovern이 대통

령 후보로 지명된 직후 지미 카터는 비밀리에 대통령 선거 출마를 준비했다. 수석 참모 해밀턴 조던^{Hamilton Jordan}과 라프순이 그의 선거운동을 준비했다.

| 무명의 주지사 지미 카터의 깜짝 승리
– 1976년 대통령 선거 |

광고인이었던 라프순은 대통령 후보에게도 포지셔닝이 중요하다는 것을 간파했다. 즉 자신의 후보자를 경쟁 상대와 비교하여 특별한 이미지를 구축하는 것이었다.

그는 먼저 카터의 이미지 구축에 착수했다. 내성적인 면모를 진실한 태도로, 세련미가 없고 문화생활에 취약한 부분은 소시민적 성향으로 포지셔닝했다. 땅콩 농장을 운영한 경험을 토대로 그에게 노동자의 권리를 옹호한다는 이미지를 부여했고, 복음교회 신자임을 강조해 기독교 근본주의자 수백만 명의 지지를 얻어냈다. 라프순의 이런 이미지화는 카터를 워싱턴의 부패된 정치를 청산할 수 있는 순박한 농민적 정직성을 지닌 인종화합주의자로 만들어주었다. 이런 이미지는 1974년 출간된 카터의 자서전《왜 최고가 되지 못했나^{Why not the best}》를 통해 더욱 강하게 구축되었다. 그리고 유능한 참모들을 기용해 전국의 기업인과 정당 지도자들의 지지와 협조를 구하는 것도 잊지 않았다.

또한 라프순은 언론의 호의적인 태도를 이끌어내는 것을 중요하게 생각했다. 즉 언론사 기자들에 의해 후보자의 운명이 좌우된다는 것이

었다. 이 전략에 따라 카터는 선거가 치러지기 2년 전부터 수백 명의 유명 신문기자와 방송기자들을 초청해 저녁식사를 나누고 파티를 열었다. 언론은 카터를 남부 정치 세력의 새로운 강자로 등극시켰고, 그가 전국적인 대통령 후보라고 떠들어댔다.

한편 포드는 대통령 선거는 물론 주 단위 선거 경험도 전혀 없었다. 여론조사 결과 포드의 지지율은 닉슨 사면 조치 이후 8퍼센트 하락했고, 이에 대해 민주당 대통령 후보로 누가 출마하더라도 포드를 쉽게 이길 수 있으리라고 예측됐다. 국민들이 포드에게 실망할수록 유력 정치인들이 속속 1976년 대통령 선거에 출마할 의사를 밝혔다. 이에 더해 경쟁자들이 차기 대선을 준비하며 선거운동 조직을 구성하느라 분주한 반면, 포드는 국회와의 다툼과 행정부 업무에 치어 선거운동 본부조차 구성하지 못하고 있었다.

1974년 12월 중순, 카터는 대통령 후보 출마를 선언했다. 그는 미국 내에 만연한 우울함과 불신, 회의적인 태도를 치유할 도덕적인 대통령, 신뢰를 최우선의 가치로 여기는 대통령이 되겠다고 선언했다.

이듬해 7월, 포드는 정식으로 대통령 선거 출마 의사를 밝히고 정치 컨설턴트로 스튜어트 스펜서를 임명했다. 캘리포니아를 주무대로 삼은 스펜서는 포드의 선거운동 본부가 제대로 꾸려져 있으리라고 생각하고 포드의 제안을 수락했다. 그러나 참모들은 계속해서 사임하고, 모금액은 목표액의 10퍼센트도 되지 않는 등 포드의 선거운동 본부는 제대로 기능하지 못하고 있는 실정이었다.

이에 반해 카터의 선거운동 본부는 신문, TV 뉴스 및 전국적으로 활동하는 칼럼니스트 등을 통해 무명의 카터를 전국적으로 알리는 계획

을 착착 진행시켜나갔다. 카터는 260일간 전국 선거유세를 했고, 특히 첫 번째 코커스caucus가 이루어지는 아이오와와 첫 번째 프라이머리primary, 예비선거가 실시되는 뉴햄프셔를 집중 방문했다. 카터는 조지아의 자원봉사자 600명 이상을 아이오와와 뉴햄프셔에 파견해 집집마다 방문하게 하여 유권자 지지를 호소했다.

또한 카터는 '재탄생Born Again'이라는 슬로건 아래 진실, 믿음, 전통적 기독교인의 가치관을 회복함으로써 미국의 정신적 위기 문제를 해결하겠다고 선언했다. 기독교적 가치관을 회복시키겠다는 그의 공약은 기독교인들의 강한 공감을 얻으며 4,000만 명 이상의 복음주의 기독교인들의 지지를 확보했다.

코커스와 프라이머리
대통령 선거에 출마할 예비 후보를 결정하기 위한 예비 경선의 방식으로 각 정당별로 이루어진다. 프라이머리는 유권자들의 투표를 통해 후보가 결정되는 방식으로, 당원이 아니더라도 참여할 수 있다. 반면 코커스는 정당에 등록된 당원만이 참여할 수 있다. 미국을 구성하는 50개의 주 가운데 프라이머리를 실시하는 주는 27개, 코커스를 실시하는 곳은 23개 주이다.

라프순은 카터에게 1960년대 이래 미국을 휩쓸고 있는 '영적 불안Spiritual Malaise'을 치유하는 대통령이라는 이미지를 만드는 데 힘썼다. 그리고 골치 아픈 논쟁에 대해서는 확실한 입장 표명을 피하게 했다. 카터는 대부분 유권자들의 입장에 따라 달리 받아들여질 만한 애매모호한 표현들을 사용함으로써 이중적 해설이 가능한 연설을 했다. 보수주의자와 자유주의자, 노동자와 사용자, 백인과 흑인, 유대인과 반유대주의자 등 모두가 카터가 대통령이 되면 자신들의 대변자가 될 것이라고 생각하도록 만드는 것이 목적이었다. 이는 대다수의 유권자들이 민주당 후보들 간의 차이를 제대로 판단하지 못하고 있고, 단지 자신들의 문제점을 이해하고 진실한 후보자를 원할 뿐이라는 사실을 간파하고 있었

기 때문에 가능한 일이었다.

라프순은 다른 후보들보다 빨리 타깃 중심의 TV 광고를 시작했다. 광고는 남부 지역에는 집중적으로, 중부 지역에는 가볍게 방영되었고, 북부 지역에는 거의 방영되지 않았다. 카터의 전국 지지율은 34퍼센트로 상승했다. 뉴햄프셔 예비선거에서 승리한 카터는 전국적으로 언론의 조명을 받기 시작했다. 그러나 매사추세츠 예비선거에서는 북부 지역 사람들이 가진 남부 출신 후보에 대한 반감으로 인해 패배했다. 민주당 예비선거에서 가장 중요한 플로리다 주에서 카터는 인종차별주의자인 앨라배마 주지사 '월레스 저지Stop Wallace'를 표방해 승리를 거두면서 민주당 대통령 후보로서 유리한 고지를 차지했다. 카터는 특히 자유주의자와 흑인의 지지를 이끌어내기 위해 인종차별 금지 정책을 적극 주장했다.

마침내 카터는 민주당 대통령 후보로 선출되었고, 미네소타 연방 상원의원인 월터 먼데일Walter Mondale을 부통령 후보로 발탁했다. 한편 포드는 도전자인 로널드 레이건 전 캘리포니아 주지사를 1,187표 대 1,061표로 아슬아슬하게 꺾고 공화당 대통령 후보가 되었다.

카터의 대통령 선거 책임자인 해밀턴 조던은 카터의 지지 기반인 남부 지역과 인근 텍사스, 메릴랜드, 플로리다에 대한 포드의 파상공격을 대비해야 한다고 주장했다. 단, 지역감정에 집착할 경우 남부 출신 대통령에 반감을 가진 일반 유권자의 반감을 불러일으킬 수 있다는 데 유의해야 함을 강조했다. 따라서 포드의 대통령직 수행 능력 부족과 닉슨에 대한 국민들의 반발을 이용하여 포드와 닉슨의 유착 관계를 강조할 것을 전략으로 세웠다. 여기에 포드는 선거로 대통령직에 오르지 않아

확고한 지지 지역이 없다는 점이 중요하게 부각되었다. 카터는 전통적인 공화당 지지 지역을 공략하는 데 전력을 기울였고, 포드를 수세로 몰았다.

양당의 전당대회가 끝난 후, 9월에 실시된 여론조사에서 카터는 포드를 15퍼센드 이상 앞서고 있었다. 그러나 9월 말, 포드는 대통령 후보의 TV 토론대회에서 선전하며 차이를 8퍼센트로 줄였다. 이 선거에서는 어느 때보다 TV 뉴스, 광고, 홍보, 좌담 프로그램 등이 큰 역할을 했다. 양당은 TV와 라디오 방송의 시청률이 높은 게임, 쇼, 드라마, 뉴스, 야구 중계 등에 막대한 자금을 투입해 광고를 했다. 라프순은 카터가 성실하게 일하는 모습, 가장으로서 가족을 보살피는 모습 등을 TV 광고로 내보내 성실한 노동자, 훌륭한 가장, 가족애의 이미지를 전파했고, 언론은 라프순을 '환상적인 영상 제조자'라고 불렀다.

이에 비해 포드의 광고는 상대적으로 빈약했다. 그러나 포드는 새로운 광고 전문가를 영입해 젊은 층과 독립적인 유권자들을 겨냥한 광고를 진행했고, 10월 중순 무렵 카터와 포드의 격차는 6퍼센트로 줄어들었다. 포드의 광고는 메시지보다 감성에 호소하는 현대적인 것이었다. 덕분에 라프순의 광고는 1960년대의 정치광고처럼 구태의연해 보였다. 특히 여성 유권자들은 나약해 보이는 카터보다는 남성적인 포드를 지지했다.

선거일이 가까워지면서 카터의 지지율은 계속 하락했고, 여기에 컨설턴트 사이에서 불협화음까지 발생하는 등 악순환을 겪었다. 그러나 10월 말 워터게이트 사건을 파헤친 영화 〈대통령의 사람들All the President's Men〉이 상영되어 유권자들에게 다시 한 번 워터게이트 사건의 악몽을

상기시켰다. 카터 선거운동 본부는 포드에 대한 네거티브 공격에 착수했다. '포드는 닉슨보다 더 나쁘다'라는 요지의 광고를 방영하고, 포드가 닉슨을 사면한 것을 공격하면서 두 사람의 유착 관계를 폭로했다. 그러나 최후의 후보 토론대회에서 포드는 카터의 공격에 온건하고 자제력 있게 반격하여 호감도를 상승시켰다.

그 결과 선거 직전 여론조사에서 포드 47퍼센트, 카터 46퍼센트, 미결정자 4퍼센트로 결과는 예측하기 힘든 백중지세가 되었다.

그런데 투표 일주일 전 일요일, 카터가 다니는 플레인스 침례교회에서 한 흑인 목사가 입장을 저지당했다. 이에 카터는 그곳에 계속 다니면서 교회의 인종차별적인 태도를 개선하도록 노력할 것이라고 말했다. 포드는 이를 빌미로 카터의 지지 세력인 흑인 표를 분열시키고자 했으나 흑인들의 카터에 대한 강한 지지만을 확인했을 뿐이다.

1976년 대통령 선거는 58퍼센트의 투표율을 기록했다. 1948년 이래 최저 투표율이었다. 총 득표수에서 카터는 50퍼센트, 포드는 48퍼센트를 획득했고, 선거인단은 카터 297명, 포드 241명이라는 근소한 차이였다. 이로써 무명의 조지아 주지사 지미 카터가 현직 대통령인 포드를 물리치고 대통령으로 당선되었다.

워들린은 140만 달러를 투입해 선거운동의 과정들을 추적조사했다.
또 전국적으로 신와 비논조사늘 실시해 유권자의 기대 성향 변화를 파악하고,
이를 홍보 지침으로 적극 활용했다. 레이건에 대해 긍정적 반응이 강하면
광고와 연설, 미디어 이벤트 등을 강화했으며,
부정적인 반응이 강하면 홍보 방법을 수정했다. 즉시적이고
실제적인 추적조사를 통해 카터의 약점과 강점을
정확하게 파악하여 대응한 것이다.

리처드 워들린Richard Wirthlin은 레이건 대통령의 최고 전략 담당자이자 여론조사 책임자였다. 그는 1969년 로스앤젤레스에서 여론조사회사인 디시전 메이킹 인포메이션Decision Making Information Inc. 사를 설립했다. 이 회사는 2004년 해리스 인터랙티브Harris Interactive 사에 합병되었고, 워들린은 합병 후에도 이사로 근무했다.

워들린은 레이건의 정치활동 초기부터 함께 행동한 사람들 중 한 사람이다. 1968년부터 1988년까지 레이건의 수석 전략가로 활약했고, 1980년 대통령 출마를 선언한 후 레이건의 정치참모로 영입되어 1980년 대통령 선거와 1984년 재선에 결정적인 역할을 했다. 그는 워싱턴 D.C.로 이주해 레이건 대통령을 보좌하고 공화당 전국위원회에서 중책을 맡았다.

워들린은 《어드버타이징 에이지Advertising Age》에서 '올해의 광고인'으로 선정되기도 했으며, 《위대한 커뮤니케이터: 정치, 리더십, 인생에서 레이건이 미친 영향The Greatest Communicator》을 출간하기도 했다. 그는 레이건이 커뮤니케이션 능력을 계발하고, 이를 활용하여 연설을 통해 유권자를 설득하고, 세계 정세를 움직일 수 있도록 도왔다. 워들린은 여론조사를 토대로 한 이미지 메이킹의 일인자로 여겨진다.

| 레이건, 위대한 커뮤니케이터의 승리 – 1980년 대통령 선거 |

현직 대통령인 제럴드 포드가 무명의 조지아 주지사인 지미 카터에게 패배한 후, 노프지거는 레이건의 1980년 대통령 선거를 준비했다. 노프지거는 준비 작업의 하나로 정치 컨설턴트인 이브리Evry와 함께 공화당 유권자들Citizen for the Republic이라는 공공행동조직Public Action Organization을 조직했다. 이는 후보자에게 공적 발언을 할 수 있는 합법적인 기반을 제공하여 언론 노출 기회가 많은 현직 대통령의 우위를 상쇄할 수 있는 방법이었다.

1979년, 선거 전략가 존 P. 시어스John Patrick Sears는 레이건이 지닌 강경 보수주의자의 이미지를 완화하고 공화당의 다른 주장들과 타협하는 중도적인 인물이라는 것을 보여주고자 노력했다. 선거 캠페인 슬로건은 '가족 재건Strong Family, 튼튼한 경제Strong Economy, 강한 국가Strong Nation'였다.

레이건은 일흔을 앞둔 고령이었지만, 영화배우로서의 경력과 두 차

례 캘리포니아 주지사를 역임한 데서 오는 카리스마가 있었으며, 지속적인 건강 관리로 70대 노인처럼 보이지 않았다.

1979년 말, 레이건은 아이오와 여론조사에서 50퍼센트 이상의 지지율을 보이며 공화당의 대통령 출마 예비 후보자들을 압도했다. 이에 따라 시어스는 레이건이 다른 후보와 동등한 대우를 받는 공화당 예비 후보들의 토론대회에 참석하지 않기로 결정했다. 그러나 이 결정은 레이건이 아이오와 주민들을 무시하는 처사라는 불만을 일으키며 지지율을 떨어뜨렸다.

CIA 국장을 지낸 조지 H. W. 부시는 1976년 지미 카터의 선거 전략을 모방해 아이오와 코커스 10개월 전부터 지지 세력을 조직하고 무려 50번 이상 지역을 방문했다. 또한 뉴햄프셔 예비선거를 대비해 집중적인 노력을 기울였다. 선거 초기에 자신의 우세함을 보여 전국적으로 언론의 주목을 받고 다크호스로서 깜짝 승리를 연출해 대세를 뒤집으려는 전략이었다.

여론조사 결과 레이건이 압도적 우세를 보이자 시어스는 레이건의 승리에 있어 걸림돌은 다만 '나이가 많은 것뿐'이라고 확신했다. 그는 이를 역이용하여 레이건에게 아버지의 이미지를 부여하는 광고를 제작했다. 먼저 레이건이 어린아이들에게 둘러싸여 있는 모습을 보여준다. 그리고 지난 3년간의 인플레이션으로 아이들이 대학에 갈 무렵에는 7만 달러의 등록금을 지불해야 할 것이라는 내레이션이 흐른다. 이를 통해 아이들의 미래를 걱정하는 아버지 같은 대통령이라는 이미지를 만든 것이다.

부시는 아이오와에서 TV 광고에 2만 6,000달러를 사용했고, 코커스

전날에는 TV 토크쇼에 출연하는 등 노력을 기울였다. 이와 달리 레이건은 자신의 우세를 확신했기 때문인지 큰 노력을 들이지 않았다. TV 광고에 6,000달러를 사용했을 뿐 코커스 전날에는 집에서 TV 연속극을 시청하기까지 했다.

이 때문인지 아이오와 코커스에서 레이건은 부시에게 패배했다. 부시 31퍼센트, 레이건 26퍼센트, 하워드 베이커 연방 상원의원 13퍼센트, 존 앤더슨John Anderson 연방 하원의원이 4퍼센트의 지지를 받았다.

예상 외의 결과에 레이건은 몇 년간 치밀하게 준비해온 '새로운 레이건' 전략을 보완하고자 선거운동 본부에 새로운 인물들을 합류시켰다. 레이건이 캘리포니아 주지사 시절 비서실장이었던 변호사 에드윈 미즈Edwin Meese가 선거운동 전면에 나섰고, 증권거래소 의장을 지낸 변호사 윌리엄 J. 케이시William J. Casey가 시어스를 대신해 선거운동 본부장으로 임명되었다. 레이건의 첫 주지사 선거 당시 스튜어트 스펜서 아래에서 여론조사를 했던 리처드 워들린도 합류했다. 워들린은 말했다.

"선거운동에서 문제가 되는 것은 정보 부족이 아니다. 관련성 없는 정보들이 범람해 시간을 낭비하게 하고, 비합리적이고 부정확한 판단을 하게 만드는 것이다. 정치적 데이터뱅크를 만들어 잘 분류된 정확한 정보를 활용해야 한다."

그가 조직한 데이터뱅크는 잠재적 유권자와 반대자를 정확하게 파악할 뿐만 아니라 시 단위와 주 단위로 각 지역의 성향을 판단하는 기준을 제공할 수 있도록 체계가 잡혀 있었다. 워들린은 변화하는 정치적, 경제적 사안들과 언론 보도에 따른 유권자의 반응을 예측하여 시뮬레이션했다. 이 시뮬레이션 테스트는 1980년 레이건의 선거운동에서 주

요한 역할을 했다.

그는 또한 선거운동에서 이벤트나 광고를 시행한 전후에 유권자의 반응을 측정하는 추적조사 기법을 개발하는 데 기여했다. 이 추적조사 기법은 현재 모든 선거운동에서 사용되고 있다. 스튜어트 스펜서는 워들린이 만든 여론조사 방법의 탁월함을 인정하여 공동으로 여론조사회사 DMI를 설립해 워들린에게 경영을 맡기기도 했다.

당시 레이건은 풀뿌리 유권자들을 성공적으로 자기 진영으로 끌어들이고, 공화당을 대표하는 인물로 부각되어 있었다. 그런 그에게 1980년의 예비선거는 형식적인 통과 의례로 여겨졌고, 때문에 아이오와 코커스에서의 패배는 큰 충격이었다. 레이건은 뉴햄프셔 예비선거에서 반드시 승리해야만 했다.

그는 필라델피아 출신의 젊은 광고인 엘리어트 커슨Elliott Curson을 영입하고 뉴햄프셔 주민의 최대 관심사인 세금 감면에 관한 광고를 진행했다. 커슨은 오로지 진실만을 보여줌으로써 유권자들의 지지를 얻는다는 원칙하에 레이건의 광고를 제작했다. 그는 모든 사안에 대해 자신이 직접 관리하고 주도하는 레이건의 정직한 태도를 강조했고, 미국 정치 역사상 가장 위대한 TV형 대통령 후보라고 불리던 레이건의 뛰어난 화술을 십분 활용했다. 언론과 상대 후보로부터 끊임없이 제기되는 '고령' 문제에 대해서도 카메라 조작으로 보완하기보다 유권자가 레이건을 직접 만나서 나이에 비해 정정하다는 것을 인식할 수 있도록 정면 대응했다. 그 결과 레이건은 뉴햄프셔에서 부시에 대한 우세를 다질 수 있었다.

그러나 뉴햄프셔 예비선거 후 예상을 깨고 뉴잉글랜드 예비선거에서

일리노이 주 연방 하원의원인 존 앤더슨이 강세를 보였다. 이어 매사추세츠 예비선거에서는 조지 H. W. 부시 31퍼센트, 앤더슨 31퍼센트, 레이건 29퍼센트의 득표율을 기록했다. 또한 버몬트 주에서는 레이건 31퍼센트, 앤더슨 30퍼센트, 부시는 많이 뒤진 23퍼센트를 획득했다. 앤더슨에게는 이러한 선전에 힘입어 많은 모금액이 답지했고, 그에게 기대를 거는 유권자도 점점 늘어났다. 레이건 선거운동 본부는 다시 비상 체제에 들어갔다.

그해 3월, 대부분의 언론에서 전직 대통령 제럴드 포드의 출마 가능성을 보도하기 시작했다. 포드는 공화당 내의 온건파 지지 세력을 규합하고자 했다. 그리고 현직 대통령인 지미 카터를 이길 수 있는 후보자는 레이건 같은 보수주의자가 아니라 자신 같은 온건주의자라고 주장했다. 그러나 이러한 포드의 주장은 단순히 1976년 대통령 선거에서 레이건이 협조하지 않아 패배한 것에 대한 복수일 뿐이라고 평가절하되었을 뿐이다.

이 같은 상황 속에서도 공화당 예비선거에서는 레이건의 우세가 점차 확실해졌다. 이에 부시는 자신의 상대인 레이건보다 민주당의 카터를 공격하는 데 더 치중했다. 워들린은 레이건이 공화당 대통령 후보로 거의 확정됨에 따라 대통령 선거운동을 준비하기 위해 스펜서를 선거운동 방향, 이슈, 선거 전략, 광고, 조직 등을 담당하는 선거 전략가로 임명했다.

그런데 5월 중순, 공화당 예비선거에서 돌풍을 일으켰던 존 앤더슨이 돌연 무소속으로 출마를 선언했다.

앤더슨은 데이비드 가드David Garth를 선거운동 본부장으로 임명했다.

가드는 미국 대통령 선거를 담당해본 경험은 없었다. 그러나 로스앤젤레스 시장 톰 브래들리Tom Bradley, 뉴욕 시장 존 린지와 에드워드 코흐, 뉴욕 주지사 휴 캐리, 뉴저지 주지사 브랜든 번, 펜실베이니아 연방 상원의원 존 하인즈, 베네수엘라 대통령 루이스 에레라Luis Herrera 등의 선거에 참여해 승리로 이끈 경험이 있었다.

가드는 정치 선거전에서 사용할 수 있는 모든 수단을 동원했다.

"선거에서 마지막에 할 수 있는 것은 당신의 다리를 잘라 상대 후보의 머리를 박살내는 것이다."

가드는 극적인 대사와 음악을 통해 영상 효과를 극대화하고, 평범한 대중을 활용해 광고를 만들었다. 그는 수단과 방법을 가리지 않은 선거 전략으로 많은 비판을 받았지만, 그럼에도 자신의 후보를 부각시키는 이슈들, 역사상·통계상의 정보들을 세련되게 소개하는 데 탁월한 능력을 지니고 있었다.

가드는 후보자의 모든 것을 관리했다. 그는 뉴욕 시장 존 린지에게는 심리적 안정을 유지하는 방법을 가르쳤고, 하인즈 연방 상원의원에게는 엄격한 다이어트와 규칙적인 운동을 강요했다. 뉴욕 주지사 휴 캐리의 와이셔츠와 넥타이를 직접 골라주기까지 했다. 하인즈는 후에 이렇게 말했다.

"가드는 자신의 후보자에게 자신감을 불어넣는 인물이다."

무소속으로 출마를 선언한 앤더슨은 선거 전략가 가드로부터 자신감을 얻었다. 6월 말의 여론조사에서 앤더슨은 24퍼센트, 카터는 35퍼센트, 레이건은 33퍼센트의 지지를 받았고, 언론은 앤더슨을 대안 후보로 인정하기 시작했다.

민주당의 카터 선거운동 본부는 앤더슨이 급부상하자 위기감을 느꼈다. 이에 앤더슨의 무소속 출마가 카터의 지지 세력을 침식시키려는 공화당의 음모라고 주장하고, 〈존 앤더슨의 정체〉라는 홍보물을 배포했다. 그러나 이러한 카터의 전략은 유권자들이 앤더슨을 동정하게 만드는 역효과를 냈을 뿐이다.

| 승리의 조건들 |

공화당 전당대회가 개최되기 전인 6월, 워들린은 레이건의 대통령 선거 승리를 위한 전략을 담은 《블랙 북Black Book》을 작성했다. '레이건 선거운동의 바이블'이라고 불리는 이 책은 레이건이 수행해야 할 '승리의 조건들'을 담고 있다.

1. 레이건은 보수파 공화당원만이 아니라 온건주의자, 무소속 유권자, 온건파 공화당원과 카터의 지지 기반인 온건파 민주당원의 지지를 획득해야만 한다.

2. 존 앤더슨의 출마에 따른 유권자들의 충격은 점차 안정되어가고 있다. 그리고 앤더슨은 레이건의 지지 기반보다 카터의 지지 기반을 침식할 것이다.

3. 레이건은 국민들이 대통령에게 기대하는 강한 힘, 성숙함, 단호함, 과단성, 결정력, 동정심, 신뢰감, 일관성 있는 인물임을 강조하는 선거운동을 전개해야 한다.

4. 후보자와 선거운동 본부는 사소한 실수로 인해 치명적인 타격을 입지 않도록 조심해야 한다.

5. 카터의 세력을 누그러뜨리기 위해서는 누구나 인정할 만한 카터의 약점, 비효율적이고 실수가 많은 지도자로서의 면모를 집중적으로 부각시켜야 한다.

6. 선거운동 초기부터 카터의 약점을 공략해 레이건이 인신공격을 하고 있다는 생각을 예방해야 한다.

7. 레이건 선거운동 본부는 이란 인질 석방 등 카터에 의해 발생할 수 있는 '10월 깜짝쇼October Surprise' 효과를 억제할 방안을 강구해야 한다.

8. 카터의 공격에 레이건이 직접 대응하기보다 부통령 후보나 대리인 등이 대응하도록 한다.

워들린은 현직 대통령이 재선에서 승리하는 비율이 3분의 2 이상이라는 점을 강조했다. 따라서 그가 세운 전략의 핵심은 가장 강한 경쟁자인 현직 대통령 카터에 대한 공격을 강화해 수세로 몰아넣는 것이었다.

우선 그는 카터가 스스로 계획한 프로그램에 대해 의회의 동의를 얻지 못하는 비효율적인 지도자임을 부각시키고자 했다. 그런데 카터의 무능함이 이슈가 된다면 레이건의 승리가 가능하지만, 레이건의 인신공격이 이슈가 되면 선거 결과는 불확실해질 수 있었다.

이에 대해 워들린은 140만 달러를 투입해 선거운동의 과정들을 추적 조사했다. 또 전국적으로 전화 여론조사를 실시해 유권자의 기대 성향 변화를 파악하고, 이를 홍보 지침으로 적극 활용했다. 레이건에 대해 긍정적 반응이 강하면 광고와 연설, 미디어 이벤트 등을 강화했으며, 부정적인 반응이 강하면 홍보 방법을 수정했다. 즉시적이고 실제적인 추적조사를 통해 카터의 약점과 강점을 정확하게 파악하여 대응한 것

이다.

또한 시뮬레이션 프로그램을 이용해 효과를 측정하는 새로운 기법도 도입했다. 예를 들어 11월 4일 투표일 전에 이란에 인질로 잡혀 있는 미국인들이 석방된다면 어떤 결과가 발생할 것인가에 대해 유권자의 태도 변화를 측정한 것이다. 워들린은 10월 초 인질 석방에 따른 유권자들의 충격과 투표 행태에 대한 추적조사를 실시했고, 10월 20일 전에 인질이 석방된다면 현직 대통령인 카터의 승리 가능성이 높다고 분석했다. 그러나 선거일이 가까워질수록 인질 석방에 대한 유권자의 기대감은 줄어들고 석방 여부에 대한 회의감이 높아질 것이라고 판단했다. 따라서 이를 경계하고 대비했다.

또한 여론조사를 통해 유권자들이 레이건이 승리하면 미국에 좋은 일이 일어날 것이고, 카터가 승리하면 나쁜 일들이 계속될 것이라고 생각한다는 것을 추론해냈다. 만약 유권자들이 그들의 예상대로 투표를 하면 레이건의 승리가 보장될 것이다. 그러나 카터가 이런 유권자들의 생각을 바꿀 만한 적극적인 정책을 수행한다면 레이건의 승리는 보장할 수 없었다.

스펜서는 워들린의 전략 계획을 높이 평가했다.

"계획대로 진행되지 않더라도 전략 계획은 선거운동의 중요한 길잡이 역할을 한다. 상황에 따라 계획을 융통성 있게 운영하는 것이 중요하다. 모든 유권자가 가장 관심을 보이는 이슈는 경제 문제이며, 외교정책보다 국내 문제에 더욱 치중해야 한다."

이를 보완하는 스펜서의 전략은 두 가지였다.

네거티브 선거의 시대

첫째, 레이건은 미디어에 적합한 후보이므로 이 강점을 최대한으로 활용해야 한다.

둘째, 레이건이 지역 선거운동에서 소비하는 시간과 각 지역에 따른 레이건 지지도와의 상관성을 정확히 파악해야 한다.

한편 카터와 그의 참모들은 대통령 재선운동 경험이 없었다. 카터는 상대 후보의 능력을 이슈로 만들어 자신이 해결사임을 강조하는 전략을 사용해 대통령이 되었는데, 이것은 도전자의 방법이지 현직 대통령에게는 적합하지 않은 것이었다. 카터는 레이건을 극우 보수주의자로 규정하고, "굿모닝" 이라는 간단한 인사조차 원고를 따라 읽는 바보 같은 영화배우라고 공격했다.

카터의 선거 전략가 패트릭 캐들은 레이건을 이렇게 판단했다.

"국민들은 대통령 선거를 주지사나 연방 상원의원 선거와 달리 생각하며, 매우 중대한 정치적 이벤트로 여긴다. 소수의 유권자만이 진지함을 결여한 채 항의성 투표를 한다. 레이건의 정치 기록을 보면 유권자들은 그의 능력과 정확한 판단력, 개인에 대한 배려심이 부족하다는 것을 느낄 수 있게 될 것이다. 레이건은 극단주의자이며 70세라는 나이 역시 큰 걱정거리다."

캐들은 또한 말했다.

"카터가 국내의 경제 불황과 외교 문제로 인해 국가 경영 능력을 의심받고 있는 것은 사실이다. 그러나 결국 카터와 레이건 두 후보 중 한 사람을 선택해야 한다면, 국민들은 카터가 훌륭한 성격의 소유자임을 인정할 것이다. 결국 이번 선거는 절대적이 아닌 상대적 선택이 중요한

역할을 할 것이다."

그러나 8월 초에 실시한 루이스 해리스의 여론조사 결과, 레이건은 49퍼센트, 카터는 23퍼센트, 앤더슨은 25퍼센트의 지지를 받고 있었다. 앤더슨의 선거 전략가인 가드는 11월 대통령 선거가 레이건과 앤더슨의 대결이라고까지 말했다.

뉴욕에서 열리는 민주당 전당대회 직전까지 카터의 인기는 계속 추락했고, 대통령 지지도 역시 최저로 나타났다. 무엇보다도 민주당의 전통적 지지 세력이었던 뉴딜 정책 옹호자와 노동자들의 이탈이 심각했다. 이에 따라 민주당 내부에서는 카터를 반대하는 ABC Anybody but Carter, 누가 당선되든 카터만 아니면 된다 운동이 등장했다.

대통령이 되기 전 카터의 경력은 카운티 교육위원회 위원장 7년, 조지아 상원의원 재임, 조지아 주지사 및 민주당 전국선거위원회 의장 정도였다. 카터는 워싱턴 정치계의 아웃사이더로 미국 정치의 변화에 따라 기존 정치인, 언론 등의 많은 견제를 받았다.

그러나 민주당 전당대회에서 에드워드 케네디가 적극적인 지지 연설을 연출하자, 민주당 전당대회의 시청률은 55퍼센트 이상으로 치솟았다. 카터의 인기도 다시 상승했고, 갤럽 여론조사 결과 레이건 39퍼센트, 카터 38퍼센트, 앤더슨 14퍼센트의 지지율로 다시 박빙 상태가 연출되었다.

민주당 정치 컨설턴트인 나폴리탄은 현재의 상태가 유지되면 레이건의 승리가 확실하므로 카터는 외교 문제에서 결정적인 돌파구를 찾아야 한다고 조언했다. 카터는 이에 따라 이집트와 이스라엘의 정상회담을 개최해 현직 대통령이자 국제 지도자로서의 면모를 보여주었다. 이

네거티브 선거의 시대

즈음 월스트리트에서는 레이건이 고령에 따른 심장마비로 고통을 받고 있다는 소문이 돌면서 주식 투매가 발생하기도 했다. 노프지거는 이러한 소문은 카터의 공보비서인 조디 파월Jody Powell의 짓이라고 비난했다.

카터의 선거운동을 돕는 라프순은 카터의 대통령직 수행 능력에 대해 내대석으로 TV 광고를 하기 시작했다. 현직 대통령인 카터의 국내 및 외교 문제에 대한 책임과 일반 시민과의 소통, 두 가지가 핵심 주제였다. 특히 카터의 국가원수, 미군 총사령관 및 미국의 미래를 설계하는 인물로서 그가 할 역할을 설명했다. 또한 카터의 나약한 이미지를 바꾸기 위해 그가 군대 사열을 하고, 미사일과 항공모함을 점검하는 해군사관학교 출신 군사 전문가임을 부각시켰다. 카터는 중동 문제를 해결하기 위해 이집트 사다트 대통령, 이스라엘 베긴 수상과 함께 평화조약에 서명함에 따라 국제 문제의 해결사임을 강조했다.

9월에는 여성유권자연맹League of Women Votes이 주최하는 카터, 레이건, 앤더슨 세 후보자의 토론대회가 예정되어 있었다. 패트릭 캐들은 3자 토론대회가 앤더슨의 신뢰도를 높이고, 이에 따라 카터의 지지 세력이 잠식당할 것이라고 판단했다. 레이건과의 2자 경쟁 구도일 때에는 카터가 근소한 차이로 앞서고 있으나 앤더슨이 포함된 3자 경쟁 구도일 때는 레이건이 카터를 앞서는 것으로 나타났기 때문이다. 카터는 앤더슨을 제외한 레이건과의 일대일 토론을 주장했지만 받아들여지지 않았고, 결국 그는 토론대회에 참가하지 않았다.

여성유권자연맹은 카터의 자리에 빈 의자를 그대로 두고 레이건과 앤더슨이 참석한 가운데 토론대회를 강행하겠다고 발표했다. 이에 따라 카터의 백악관 참모들은 분노를 표하고 만일 빈 의자를 둘 경우에

다음 토론대회는 여성유권자연맹을 배제하고 다른 단체가 주관하게 할 것이라고 위협했다. 결국 토론대회 며칠 전이 되어서야 여성유권자연맹은 레이건과 앤더슨 두 사람만이 참가하는 토론대회를 열겠다고 발표했다. 자신이 빠진 토론대회를 지켜본 카터는 두 명의 공화당원들과 토론을 하지 않은 것은 명민한 결정이라고 말했다. 그러나 이 토론대회는 대통령 선거의 중요 지역인 뉴욕, 코네티컷, 뉴저지, 캘리포니아에서 레이건이 카터보다 강세를 보인다고 여겨지게끔 만들었다.

그러나 워들린이 우려했던 일이 생길 조짐이 나타났다. 이란 의회가 미국 인질 문제를 해결하기 위해 위원회를 구성했고, 10월 중에 인질 석방이라는 '10월 깜짝쇼'가 일어날 확률이 높아진 것이다. 물론 레이건 선거운동 본부는 이를 예측하고 있었다. 때문에 선거운동 초기부터 인질 석방에 따른 국가적 축하 분위기를 미리 대비하기 위해 카터에 의한 인질 석방은 회의적이라고 지속적으로 선제공격을 했다. 그러나 이란 정부가 인질 석방에 대해 희망적인 메시지를 발표하자 카터의 지지율은 계속 상승했다. 선거 결과를 점치기는 더욱 어려워졌다.

선거를 일주일 앞둔 10월 말, 여성유권자연맹이 주관하는 카터와 레이건의 일대일 토론대회가 열렸다. 레이건은 인질이 석방된 후 카터 행정부에서 일어난 이란 인질 사태에 대한 책임을 추궁하기 위한 의회조사가 필요하다고 공격했다. 또한 "4년 전에 비해 오늘이 살기에 더 나은가?"라며 카터 대통령의 경제 정책 실패도 공격했다.

이 와중에 이란의 최고 종교 지도자인 아야톨라 호메이니Ayatollah Khomeini 가 이란과 이라크 전쟁에 중립적인 태도를 보이는 카터를 비난하고, 인질 석방에 대해서는 언급하지 않았다. 결국 카터의 10월 깜짝쇼는 무산

되었다.

1980년의 대통령 선거 결과 레이건 51퍼센트, 카터 41퍼센트, 앤더슨 7퍼센트의 지지율을 기록했고, 선거인단 득표에서 레이건은 44개 주에서 489표, 카터는 6개 주와 워싱턴 D.C.에서 49표를 얻었을 뿐이다. 미국 역사상 세 손가락에 꼽히는 압승이었다.

에드워드 J. 롤린스

1983년 10월, 롤린스는
레이건의 재선운동 본부장으로 임명되었다.
이때 레이건의 지지율은 49퍼센트였지만,
반대하는 국민도 무려 49퍼센트나 되었다.
그는 1년 안에 지지율을 높여 레이건의 재선을 이뤄야만 했다.

에드워드 J. 롤린스는 공화당의 선거 전략가로 미국의 중요한 선거를 다수 주도했다. 매사추세츠 보스턴 시에서 태어났고, 캘리포니아 주립 대학에서 정치학을 전공했다. 1968년에는 치코의 칼스테이트 대학에서 총장 보좌관을 지냈으며, 1969년부터 1973년까지 세인트루이스의 워싱턴 대학에서 정치학과 공공행정학을 강의했다. 그 후 학교를 떠나 캘리포니아 주의회에서 공화당 의원이자 주의회 의장의 주요 보좌관으로 새로운 출발을 했다.

레이건이 대통령에 당선된 후 1981년 롤린스는 린 노프지거 아래에서 대통령 정무 담당 부보좌관으로 발탁됐다. 노프지거가 사임한 후 대통령 정무 담당 보좌관이 되었고, 2년 후 레이건 대통령의 재선운동에 전념하기 위해 보좌관직을 사임했다. 1984년에는 레이건 대통령 재선

운동에서 전국 선거운동 본부장으로 활동하며 명성을 날렸다.

1989년에는 하원의원의 신분이 아닌 인물로는 최초로 하원의원 선거운동 조직인 공화당 전국위원회의 의장을 맡기도 했다. 롤린스는 4년 임기에 연봉 100만 달러로 계약을 했으나 2년 만에 사직했다. 부시가 세금을 절대 올리지 않겠다는 공약을 지키지 않자 불편한 관계가 되었기 때문이다. 그는 1991년 1월 공화당 전국위원회 의장직을 사임하고, 소이어 밀러 컨설팅 사에서 일했다. 롤린스는 1992년 6월 로스 페로 대통령 후보의 선거운동에 공동 책임자로 임명되었으나 바로 사임했다. 다른 선거운동 책임자들과의 불화 때문이었다. 후에 롤린스는 페로가 감정적, 정서적으로 대통령에 적합하지 않은 인물이라고 비난했다.

다음 해 그는 뉴저지 주지사 선거에서 공화당 후보인 크리스틴 토드 휘트먼Christine Todd Whitman의 선거운동 본부장으로 일했다. 여기서 조직적이고 효과적인 선거운동을 통해 당시 열세이던 휘트먼을 주지사로 당선시켰다.

1994년에는 의회 선거운동에서 공화당의 조지 니더커트의 선거운동 본부에 합류했고, 하원의장인 톰 폴리Tom Folly에게 승리를 거두어 사상 최초로 현직 하원의장을 낙선시키기도 했다.

2007년 12월, 공화당의 대통령 예비선거 후보 마이크 헉커비Mike Huckabee는 그를 전국 선거운동 본부장 및 최고위 자문 역에 임명했다. 롤린스는 경쟁자인 미트 롬니Mitt Romney 매사추세츠 전 주지사에게 승리할 것이라고 공언했지만 결국 매케인이라는 변수에 의해 선거에서 패배하는 불운을 맛보았다.

1983년 10월, 롤린스는 레이건의 재선운동 본부장으로 임명되었다. 이때 레이건의 지지율은 49퍼센트였지만, 반대하는 국민도 무려 49퍼센트나 되었다. 그는 1년 안에 지지율을 높여 레이건의 재선을 이뤄야만 했다. 선거운동 본부를 차린 롤린스는 오랫동안 자신의 대리인 역할을 한 애트워터를 영입하고, 오랜 상관인 린 노프지거를 분쟁해결 담당자로 임명했다.

노프지거는 롤린스에게 고문 역이자 정신적 파트너, 집행 대리인으로서 전적으로 신뢰받고 있었다. 반면 애트워터는 탁월한 정치 기술을 가지고 있었지만, 전략보다는 전술에 뛰어났고, 열정이 두드러지는 인물이었다. 그는 승리를 위해 수단과 방법을 가리지 않았으며, 인간관계에 무감각했고 부하 직원에게 직원 이상의 대우를 하지 않았다. 지나치게 인간적인 면모로 인해 때로 무르다는 평까지 듣는 롤린스와는 정반대의 인물이었다. 롤린스가 선거 전략과 메시지의 기본안과 실행안을 만들면, 애트워터는 실질적인 세부 사항들을 만들고 일을 집행했다.

여론조사가 로버트 티터 역시 레이건 선거운동 본부에 몸담고 있으면서 1972년 이후의 공화당 선거운동에서 중요한 역할을 했다. 리처드 워들린은 1960년대 레이건의 캘리포니아 주지사 선거 때부터 관여했으며, 1980년 대통령 선거의 주역으로 활약했다. 스스로 탁월한 선거 전략가라고 자부했던 워들린은 1984년 선거에서 선거 전략 수립, 선거 이슈 개발, TV 광고뿐만 아니라 대통령의 연설문과 일정 관리까지 총괄하고자 했다. 즉 롤린스의 자리를 위협한 것이다. 스튜어트 스펜서는 먼

저 선거운동 본부장의 직책을 제의받았으나 거절하고 분쟁해결사 역할만을 했다.

레이건의 대통령 재선에 가장 큰 걸림돌은 나이였다. 당시 레이건은 73세로 역대 대통령 중 가장 고령이었으며, 암살 미수사건 이후 건강이 많이 악화되어 있었다. 롤린스는 이 문제를 해설하기 위해 일요일마다 전국적으로 배포되는 《퍼레이드Parade》에 〈레이건의 건강 유지법〉이라는 내용을 커버스토리로 게재했다. 이 기사는 커다란 반응을 불러일으켰고, 레이건의 고령 문제는 자연스럽게 해소되었다.

그 후 민주당 대통령 후보 예비선거에 게리 하트Gary Hart가 출마하자 레이건 선거운동 본부에는 비상이 걸렸다. 젊고 패기 있는 하트는 케네디 대통령을 연상케 하는 인물로 레이건에게 큰 위협이 될 수 있었다. 호사가들은 만일 그가 스캔들로 인해 도중하차하지 않고 민주당 대통령 후보가 되었다면 먼데일보다 훨씬 유력한 도전자가 되었으리라고 말하기도 한다.

하트에게 승리한 먼데일이 민주당 예비선거에서 승승장구하자 롤린스는 그를 관망하는 전략을 폈다. 레이건은 연설을 할 때 먼데일의 이름을 언급하는 것을 피하고 상대 후보라는 단어를 사용함으로써 먼데일의 입지가 높아지는 것을 방지할 뿐이었다.

1981년, 레이건은 항공관제사들의 파업에 대해 1만 3,000명의 관제사들을 대량 해고하는 것으로 강경 대응했다. 이 사건으로 레이건에 대한 노동조합의 지지는 급격히 떨어졌고, 이에 대해 롤린스는 가장 강력한 팀스터 노동조합Union Teamster을 레이건의 지지 세력으로 만들었다.

선거운동 과정에서는 언제나 예기치 않은 불협화음이 생기게 마련인

대통령을 만드는 사람들

데, 여기서는 영부인 낸시 레이건이 복병으로 등장했다. 그녀는 계속해서 롤린스의 선거운동 방법에 의문을 제기했다.

민주당 대통령 후보 먼데일은 역사상 최초로 여성 연방 하원의원인 제라딘 페라로Geradine Ferraro를 부통령 후보로 지명했다. 그리고 전당대회의 연설에서 사회복지 프로그램을 수행하기 위해 세금 인상을 추진하겠다고 말했다. 페라로의 부통령 후보 지명은 전국적으로 언론의 각광을 받았다. 그녀는 신뢰성 있는 태도로 선거운동을 주도했고, 특히 부통령 후보 토론대회에서 공화당의 부시를 압도하는 대담함도 보였다. 롤린스는 페라로의 여성성에 대한 언급을 자제하고 그녀가 부통령 후보로서 적합한 자질을 지니고 있는지를 조사하는 데 집중했다. 그리고 그녀의 남편이 불법적인 부동산 거래에 따라 세금 보고를 누락했다는 사실을 찾아내 집중적으로 공격했다. 결국 페라로는 이에 대해 눈물로 사과하고 공식 선거일정을 취소했다. 페라로가 먼데일의 발목을 잡은 꼴이었다.

레이건의 재선은 거의 확실했다. 다만 고령으로 인해 건강상 갑작스럽게 위급 상황이 발생할 가능성이 있다는 것이 가장 큰 걱정거리였다. 롤린스는 먼데일이 반드시 승리해야 할 주를 집중 공략하여 확실하게 레이건의 승리를 굳히고자 했다. 그는 타깃 주들에 집중적으로 다이렉트 메일 발송, TV 광고, 후보자의 방문 등 융단폭격을 퍼부었다. 만일 먼데일이 레이건 선거운동 본부의 초토화 작전에 대항하고자 맞대응한다면 선거 자금도 바닥날 것이 뻔했다. 그는 특히 오하이오에 400만 달러를 투입해 600만 장의 우편물을 발송했다. 오하이오의 민주당원과 부동층 유권자들은 적어도 세 통 이상의 우편물을 받은 셈이었다. 그리

고 오하이오 역사상 가장 큰 규모의 라디오 방송광고를 집행하고, 레이건 자신도 직접 두 번이나 방문해 선거유세를 했다. 이에 따라 10월경 레이건은 오하이오에서 먼데일보다 20퍼센트 이상의 높은 지지율을 획득했다. 마침내 레이건과 먼데일의 토론대회가 개최되었다.

대체로 현직 대통령은 토론에서 상대 후보와 동등한 입장에 서게 되므로 뛰어난 성과를 거두지 못하는 것이 상례였지만, 레이건 진영은 자신만만했다. 그는 미국 역사상 최고의 커뮤니케이터라고 불릴 만큼 연설과 미디어에 능숙했기 때문이다. 그러나 토론대회 결과, 레이건은 예상 외로 먼데일에게 고전했다. 지난 4년 동안 레이건은 토론 형식의 무대에 서본 적이 없었다는 사실을 간과한 것이다. 그의 뛰어난 연설 실력과 미디어 활용 능력은 사라지고, 나이 들고 피곤해 보이는데다 말을 더듬었고 결론을 제대로 맺지도 못했다.

롤린스는 이것이 토론대회 시간 때문이라고 파악했다. 레이건은 대개 밤 10시에 잠자리에 들곤 했는데, 토론 시작 시간이 서부 지역 유권자를 위해 동부 시간으로 밤 9시가 넘는 시간으로 잡혀 있었기 때문이다. 피곤하고 힘들어 보이는 것은 당연했다. 레이건 진영은 토론 장소를 서부 지역으로 하거나 혹은 시간을 앞당기자고 제안했어야 했다. 다음 날 언론은 레이건이 토론대회에서 완패했다고 대서특필했다. 레이건 선거운동 본부는 바짝 긴장했다. 언론은 레이건이 교황과 회담 도중에 졸고 있던 모습을 찍은 사진이나 군축회담 당시 말할 내용을 잊어 당황하는 장면을 계속 보도했다.

10월 말, 두 번째 토론대회가 열렸다. 먼데일이 레이건에게 물었다.

"너무 고령이신데 앞으로 4년 임기를 수행하기 어렵지 않겠습니까?"

"저는 정치적 목적을 위해 상대 후보의 어린 나이와 경험 부족을 집중적으로 공격할 뜻은 없습니다."

이 깔끔한 답변으로 레이건은 먼데일에게 완승을 거두고 연령 문제를 완전히 잠재웠다.

대통령 선거에서 레이건은 먼데일의 고향인 미네소타를 제외한 미국 전국의 49개 주에서 대승을 거두고 재선에 성공했다.

선거가 끝난 후, 여러 정치 평론가들은 누가 선거운동 본부장을 맡았는가에 관계없이 레이건의 승리가 확실한 선거였다고 말했다. 롤린스는 레이건이 먼데일보다 훨씬 나은 후보였을 뿐만 아니라 더 조직적인 선거운동 본부와 풍부한 자금력, 타깃에 대한 집중 공격력과 우수한 인재들을 많이 보유하고 있었던 점을 승리의 요인으로 분석했다.

네거티브 선거의 시대

애트워터는 일찍이 범죄, 총기 규제, 세금, 국방, 낙태와 같은
자극적인 이슈들을 활용하여 선거에서 승리를 쟁취하는
네거티브 선거운동의 대가로 명성을 얻고 있었다.
이 때문에 그는 비열한 정치꾼의 대명사로 일컬어지기도 한다.
그러나 그는 미디어 정치의 포문을 열었으며, 최초로 정치와 대중문화의 결합을
시도했고, 또 충격적인 TV 기법을 사용한 선도적인 인물이었다.

리 애트워터는 공화당의 정치 컨설턴트이자 전략가로 선거의 천재로
불린다. 그는 조지아 주 애틀랜타에서 태어나 사우스캐롤라이나의 뉴
베리 대학을 졸업했다. 그는 레이건과 부시의 자문이었고, 칼 로브Karl
Rove의 정치적 고문이자 친구였다.

특이한 점은 그가 대중음악가였다는 사실이다. 애트워터는 1960년대
에 퍼시 슬레이지Percy Sledge의 보조 기타 연주자로 활약했으며, 비비킹B. B.
King의 블루스 맨과 함께 연주회를 열기도 했다. 그는 1990년 비비킹과
다른 멤버들과 같이 〈레드 핫 앤드 블루〉라는 제목의 음반을 냈으며, 그
의 생애는 다큐멘터리 영화 〈부기맨: 리 애트워터 스토리〉의 주제가 되
었다.

애트워터는 현대 선거운동의 기술을 개발하고 발전시켰다. 대표적인

것은 상대방의 명성을 파괴하는 여론 유포 방법이다. 그에게 적대적인 인사들은 애트워터를 '공화당의 도끼를 휘두르는 사나이' 혹은 '다스 베이더영화 〈스타워즈〉의 등장인물'라고 불렀다.

애트워터는 1980년 하원의원 선거에서 처음으로 공격적인 전술을 선보였다. 그는 민주당 후보 톰 턴입시드Tom Turnipseed에 대항해 출마한 공화당 후보 플로이드 스펜스Floyd Spence의 선거 참모를 맡았다. 그는 턴입시드가 전국흑인연합NAACP 회원임을 강조하는 강제유도 여론조사를 통해 백인들의 인종차별 감정을 부추겼다. 또한 사우스캐롤라이나 공화당 연방 상원의원 스톰 서몬드Storm Thurmond의 이름으로 턴입시드가 미국을 무장해제시키고, 자유주의자와 공산주의자에게 나라를 팔아넘길 것이라는 내용의 편지를 유권자들에게 발송했다.

기자회견장에서는 미리 심어둔 기자에게 "턴입시드가 정신과 치료를 받은 적이 있다."라는 말을 하게 했다. 그는 '오프 더 레코드'를 전제 조건으로 기자들에게 턴입시드가 10대 소년일 때 전기충격 치료를 받은 것을 정신과 치료를 받은 것으로 조작해 알렸다.

이 사실을 알게 된 턴입시드는 애트워터를 비난하며 이렇게 말했다.

"학생 때 우울증으로 고통을 받은 것은 비밀이 아니다. 나는 1977년 사우스캐롤라이나 상원의원 선거에서 그 사실을 이미 밝힌 바 있다. 나는 우울증을 극복하고 책임 있는 성인으로 성장해 전문 직업인, 정치가, 지도자가 되었으며, 좋은 남편과 아버지가 된 데 대해 많은 사람들에게서 격려와 찬사를 받아왔다. 10대 소년, 소녀들의 우울증과 자살은 미국의 주요한 문제이며, 나의 일생은 미래에 대해 끊임없이 공포를 느끼고 고통받는 10대 젊은이들에게 희망을 주는 것이다."

애트워터가 치른 선거운동 중 가장 주목할 만한 것은 1988년 대통령 선거이다. 그는 특히 공격적인 언론 플레이를 해서 민주당 대통령 후보 마이클 듀카키스에게 17퍼센트나 지지율이 뒤처졌던 공화당의 부시를 선거인단과 전체 유권자 득표 모두에서 승리하게 만들었다. 당시 가장 유명친 TV 광고는 매사추세츠 교노소에 무기징역으로 복역하고 있던 살인자 윌리 호튼이 임시 휴가를 받아 출소한 후 여성을 강간살인했다는 내용의 광고였다. 네거티브 광고의 고전으로 여겨지는 이 광고는 복역수들에게 휴가를 줄 것을 지지하던 듀카키스에게 큰 타격을 입혔다.

언론은 듀카키스에 대한 거짓 소문들도 보도했다. 그중에는 듀카키스의 부인 키티가 베트남 전쟁을 반대하면서 미국 국기를 불태웠다는 내용도 있었고, 듀카키스가 정신병 치료를 받았다는 보도도 있었다. 많은 사람들은 애트워터가 이러한 거짓 소문을 유포하고 있다고 믿었지만 증거는 없었다.

대통령 선거가 끝난 후 애트워터는 공화당 전국위원회 의장으로 선출되었다. 하지만 워낙 반대가 많았던 탓에 애트워터는 그 자리에 오래 있지 못했다.

1990년 3월 5일, 애트워터는 필 그램Phill Gramm 연방 상원의원 지지 모금 행사 중 갑자기 쓰러져 병원에 후송되었다. 검사결과 뇌에서 심각한 악성종양이 발견되었다. 애트워터는 죽기 직전 천주교 신자가 되었고, 회개하는 형식으로 자신의 정치 선거활동 중 공개적으로 공격했던 인물들에게 사과의 편지를 보냈다. 거기에는 듀카키스도 포함되어 있다.

1990년 6월 28일에 턴입시드에게 보낸 편지에는 자신의 병이 그동안 이해하지 못하고 있던 인간의 본성, 사랑, 형제애, 인간관계 등을 가르

처주었다고 고백했다. 1991년 2월 그는 《라이프》와의 인터뷰에서 이렇게 밝혔다.

"병은 내게 따뜻한 마음, 형제애, 인류애 등이 부족하다는 것을 깨닫게 만들었다. 80년대에 나는 부와 권력, 명예를 얻는 데만 신경을 썼다. 그 결과 보통 사람들보다 더 나은 부와 명예, 권력을 손에 쥐었지만 지금 내 마음은 허전하고 공허하다. 그 어떤 권력을 소중한 가족들과 보낼 얼마 남지 않은 시간과 맞바꿀 수 있을까? 얼마의 돈을 친구와 나누는 저녁 시간의 즐거움과 맞바꿀 수 있을까? 이 치명적인 병은 내게 진리를 절실하게 가르쳐주고 있다.

그리고 지금 나는 이 나라가 무분별한 야망과 도덕적 쇠퇴에 빠져 있음을 느낀다. 이후 누가 대통령이 될지는 모르지만 미 국민의 마음속에 자리 잡고 있는 정신적 공허함을 채워주고, 정신의 종양을 제거하는 일을 해야 할 것이다."

| 도끼를 휘두르는 다스 베이더 |

〈뉴욕 타임스〉는 1989년 애트워터에 대한 기사에 이렇게 썼다.

"애트워터는 선거운동 컨설팅 비즈니스를 발명하지는 않았지만, 실제로 선거운동에서 사용하는 방법을 대다수 창안한 사람으로 큰 책임이 있다."

애트워터는 선거에 이기기 위해서라면 어떤 방법도 가리지 않았다. 그것이 비록 도덕적으로 옳지 않고, 때로 상대방을 분열시키는 방법이

라도 그에게 최우선 가치는 '승리'였다. 가장 대표적인 예는 1988년 대통령 선거에서 광고를 통해 살인범 윌리 호튼의 이미지를 마이클 듀카키스에게 덧씌운 일일 것이다. 이뿐만 아니라 이전부터 그는 범죄, 총기 규제, 세금, 국방, 낙태와 같은 자극적인 이슈들을 활용하여 선거에서 승리를 쟁취하는 네거티브 선거운동의 대가로 명성을 얻고 있었다.

이 때문에 애트워터는 비열한 정치꾼의 대명사로 일컬어지기도 한다. 그러나 그는 미디어 정치의 포문을 열었으며, 최초로 정치이 미즈 문화의 결합을 시도했고, 또한 충격적인 TV 광고기법을 사용한 선도적인 인물이었다. 그는 대통령^{President}의 앞글자인 PR이 대중홍보^{PR}를 의미한다면 컨설턴트^{Consultant}의 앞글자 CON은 협잡꾼^{con}이라고 말하기도 했다.

그는 1971년 6월 공화당 전국대학생위원회 위원장에 출마한 칼 로브의 선거운동 본부장이 되면서 선거활동을 시작했다. 당시 공화당 전국대학생위원회의 상임이사로 활동하던 스물두 살의 칼 로브는 공화당을 지지하는 대학생 모임을 지역별로 조직하고, 선거운동에 필요한 정보 염탐 등을 지시했다.

로브는 상대인 민주당의 주요 메모와 서류, 지지자 및 후원자들의 명단을 수집하기 위해 쓰레기통을 뒤지기도 했다. 1970년에는 일리노이주의 주 회계책임관에 입후보한 민주당 후보의 사무실에 지지자를 가장하고 들어가서 후보의 공식 선거용 편지지를 훔쳤고, 이 편지지에 무료 파티에 초대한다는 거짓 편지를 써서 시카고의 젊은 층 유입 지역에 1,000여 장 이상을 뿌리기도 했다. 이 사건이 민주당의 이미지에 타격을 주었음은 두말할 나위가 없다. 로브는 이 선거에서 승리했으나 그가

사용한 비열한 방법 때문에 당선자 발표가 유보되는 상황이 벌어졌다. 이때 공화당 전국위원회 위원장인 조지 H. W. 부시가 위원회를 소집해 이 선거에 대해 조사하게 했고, 결국 1973년 9월 로브의 당선을 확정 발표했다.

당선되자마자 로브는 애트워터를 공화당 전국대학생위원회의 상임이사로 임명했다. 애트워터는 이때 조지 H. W. 부시를 만나 친한 친구로 발전하게 된다.

1974년 말, 애트워터는 고향인 사우스캐롤라이나의 주지사 선거에서 부지사 후보로 출마한 공화당 소속 주 하원의원 캐롤 캠벨Carroll Campbell의 선거운동에서 처음으로 선거 컨설턴트로 활동했다. 캠벨은 이 선거에서 패배했으나 1976년 다시 주 상원의원 선거에 출마했다. 다시 캠벨의 선거운동을 맡은 애트워터는 다섯 가지의 선거 전략을 실행했다.

첫째, 캠벨은 선거 기간 중 항상 선두 주자임을 강조했다. 이에 따라 1972년, 고향인 그린빌 주 하원의원 선거에서의 거둔 대승, 1974년의 부지사 선거에서 획득한 72퍼센트의 득표율을 강조했다. 캠벨은 상대 후보가 이 지역에서 생소한 인물임을 강조하고, 연설에서 이름조차 언급하지 않았으며, 토론대회도 거부했다.

둘째, 부동층 유권자를 집중적으로 공략했다. 당시 공화당 지지자는 18퍼센트였고, 부동층과 소극적인 민주당 지지자들은 40퍼센트 이상이었다. 따라서 애트워터는 선거운동 시 홍보지, 광고, 연설 등에서 '공화당'이라는 단어에 대한 언급을 전면 금지했다.

셋째, 캠벨의 고향이자 표밭인 그린빌 카운티에 집중하고 민주당이 강세인 로렌스 카운티는 최하위 공략 지역으로 구분했다.

네거티브 선거의 시대

넷째, 선거 자금 확보를 위한 모금운동을 우선시했다. 선거운동 초기 자금 부족으로 곤경에 처한 캠벨 진영은 사우스캐롤라이나 주지사의 서명을 한 모금 편지 3,000장을 발송해 간신히 1만 달러를 모았다. 그 후 지속적으로 모금활동을 전개했으나 겨우 3,000달러를 모으는 데 그쳤다. 이때 애트워터는 모금 남낭 책임자의 중요성을 절감했다.

다섯째, 가능한 모든 미디어를 이용했다. 텔레비전은 고비용 매체로 지나치게 많은 비용이 들기 때문에 텔레비전 외에도 라디오, 실외광고판, 신문, 홍보인쇄물, 전화 등 다양한 미디어를 사용했다. 이에 따라 이들은 각 매체의 특성을 파악하여 미디어 전략을 계획했다. 텔레비전은 가장 효과적으로 후보자의 공약을 전달할 수 있는 매체이며, 라디오는 비용이 저렴한 대신 연방통신위원회[FCC]의 규제가 있었다. 실외광고판은 소규모 지역 선거운동에서는 효과가 컸다. 신문광고는 유권자의 20퍼센트 정도만 구독하고 있는데다 구독자들이 대체로 정치광고를 읽지 않는다는 점에서 가장 비효율적인 매체라고 판단됐다.

결국 애트워터는 다이렉트 메일을 활용해 후보자의 이름을 알리는 데 노력했다. 선거광고가 담긴 우편물은 그냥 쓰레기통으로 버려질 수 있기 때문에 세심한 주의를 기울여 유권자들에게 보내도록 노력했다. 또한 부재자 투표에도 많은 신경을 썼다. 애트워터는 대부분 유권자들이 정치광고 홍보물에 대해 거부감을 가지고 있기 때문에 가능한 한 비정치적인 내용으로 보이도록 세심한 주의를 기울였다.

애트워터는 무료 기사 제공, TV 및 라디오 방송 출연, 기자회견 및 이벤트 참석 등도 최대로 활용했다. 특히 기사를 제공할 때는 방송국, 신문사에 우편으로 하지 말고 직접 사람이 전달해야 기사의 중요성과 신

뢰성을 보여줄 수 있다고 말했다. 또한 기삿거리는 한 꼭지의 분량이 한 페이지 미만, 헤드라인은 25단어 미만이어야 하며 항상 마감시간 1~2시간 전에 전달할 것을 강조했다.

한편 애트워터는 유권자의 투표 등록률은 60퍼센트 정도이며, 등록된 유권자의 절반인 30퍼센트가 일반 선거에 참여하는 것에 주목했다. 예비선거는 유권자의 15퍼센트만이 참여했다. 따라서 경쟁이 심한 선거인 경우 전체 유권자의 약 15퍼센트만으로도 당선이 가능했다. 만일 선거운동 본부장이 후보자의 지지 기반 및 지역을 정확히 파악한다면 예비선거에서 전체 유권자의 10퍼센트에서 15퍼센트만 확보해도 승리가 가능했다.

이런 점에서 애트워터는 항상 '작은 지역구들은 전체 선거를 좌우하는 중요한 기반'이라고 강조했다. 그는 2주 이상의 스케줄을 미리 작성하지 않았다. 예를 들어 한 달 전 청년 공화당원 20명이 모이는 회합에 참석하기로 약속했는데, 그 사이 3,000명이 참석하는 패션쇼 초대를 받으면 후자를 거절함으로써 손해를 볼 수 있다. 그는 후보자에게 신뢰성 있는 이미지는 매우 좋은 홍보 수단이라고 여겼기 때문에 약속은 어떤 경우에도 반드시 지켜야 한다고 생각했다.

애트워트는 선거운동에서 자원봉사자의 역할을 중요하게 생각했다. 인적 자원이 부족할 경우 후보자와 후보자의 부인이 편지를 봉투에 넣는 등의 일이 발생할 수도 있었다. 따라서 특히 학생들을 자원봉사자로 모집해 정치 현장에서 스릴을 맛보게 하고, 그들을 편지 발송, 전화 안내, 유권자 조사 등에 활용해야 선거에 승리할 수 있다고 여겼다.

그래서 애트워터는 유권자들이 후보자를 만날 때마다 "어떻게 하면

도울 수 있느냐?"라며 참여의사를 보이는 것을 놓치지 않았다. 그는 50명 정도의 지역사회 지도자들로 구성된 선거운동위원회General Campaign Committee를 만들었다. 회원들은 대부분 선거 자금을 지원할 수 있는 부유한 사람들, 지역 정당 지도자 및 지역 사회에서 영향력이 있는 단체장, 열성 자원봉사자들이었다. 또 후보자가 〈자원봉사 안내문〉을 항상 지니고 참여를 원하는 사람들에게 나누어주도록 했다. 이 안내문은 지원자 10명의 명단을 작성해 동봉된 봉투에 넣어 선거운동 본부로 보낼 수 있도록 만들어졌다.

1976년 11월 2일 캠벨은 사우스캐롤라이나의 유일한 공화당 후보로 주 상원의원에 당선되었다. 민주당의 지미 카터가 대통령에 당선되어 남부 지역을 민주당이 석권하는 분위기 속에서 캠벨의 당선은 거의 기적이라고 볼 수 있었다.

| 현대의 마키아벨리 |

애트워터는 광고 전략과 전술을 능숙하게 이용하고, 개인적인 공격을 중심 전술로 삼아 속임수와 네거티브 방식을 이용하는 마키아벨리식 정치싸움꾼으로 유명했다. 그는 어떠한 후보자라도 유권자에게 35퍼센트 정도의 부정적인 이미지를 가지고 있다면 선거에서 승리할 수 없고, 최소한 부정적인 이미지보다 긍정적인 이미지가 5퍼센트 이상은 되어야 성공할 수 있다고 믿었다.

애트워터는 1979년 공화당 대통령 후보 예비선거에서 레이건을 지지

했지만, 레이건은 전국 선거운동 책임자로 존 시어스와 찰스 블랙Charles Black을 선임했다. 시어스는 애트워터를 대수롭지 않게 생각했으나 블랙은 애트워터와 공화당 전국대학생위원회 시절부터 친구로 지낸 사이였다. 그러나 연방 하원의원인 캐롤 캠벨이 레이건의 사우스캐롤라이나 지역 선거 책임자로 임명되면서 애트워터는 선거 관리자로 활동하게 되었다. 레이건의 사우스캐롤라이나 선거유세에서 애트워터는 단시간 내에 많은 청중을 동원했고, 이 선거유세가 저녁 TV 뉴스에서 비중 있게 다루어지도록 조치했다. 특히 컬럼비아 시에서는 주 역사상 최대 인파가 모일 정도였다.

1980년 레이건 대통령 취임 후 백악관 정치 담당 고문으로 린 노프지거, 부책임자로 에드 롤린스가 임명되었다. 애트워터는 이들 아래에서 일하게 되었다.

그는 언제나 부하 직원들에게 개인의 이익보다 전체의 이익을 우선시해야 한다고 강조했다. 그리고 정치 권력을 만들어내기 위해서는 다음의 세 가지 일을 중요시해야 한다고 말했다.

첫째, 메시지를 전달해 사람들의 마음을 움직여라.

둘째, 대의명분을 가지고 지지자들을 동원하라.

셋째, 위의 전략을 실행하기 위해서는 무엇보다 지금이 필요하다. 가장 중요한 것은 모금운동이다.

애트워터가 워싱턴에서 일을 시작할 즈음, 개인이든 기업체든 새로운 정치 자금 모금활동은 정치행동위원회PAC를 통해서 이루어졌다. 이

에 따라 애트워터는 여러 PAC 단체를 백악관으로 초청해 정치 담당 부서의 활동 내용을 설명했다. 직접 모금활동은 불법이었기 때문에 이 초청회는 의견을 교환하고 친분을 맺는 것이 주목적이었다. 그는 첫 해에 150개 이상의 PAC 책임자를 백악관에 초청해 조찬을 대접하고 레이건의 문장이 새겨신 커프스나 사진을 선물로 주었다. 그 결과 1982년 중간선거가 시작될 무렵 애트워터는 공화당 전국위원회의 주도로 PAC를 통해 모금을 해서 어느 누구보다 많은 액수를 모금했다.

애트워터는 매일 아침 정각 7시에 직원회의를 시작했다. 어느 날 한 직원이 눈사태 때문에 10분 정도 지각하자 회의실에 들어오지 못하게 했다. 기후 조건이 어떻든 시간 약속은 반드시 지켜야 한다고 생각했기 때문이다. 또한 그날 걸려온 전화 문의는 그날 안에 반드시 답변해야 된다고 강조했다.

애트워터는 항상 최신 정보를 원했다. 정보가 힘이라면, 시의적절한 정보는 어마어마한 힘을 가진다고 생각했다. 그는 매일 밤 11시 30분에 조간 〈워싱턴 포스트〉의 1판을 집으로 배달받아 읽었으며, 다음 날 새벽 5시에 전화를 거는 것을 시작으로 업무를 개시했다. 출장 중에는 직원에게 전화로 〈워싱턴 포스트〉의 기사 내용을 전달하게 했으며, 역시 새벽 5시부터 전화로 업무 지시를 내렸다.

그에게 가장 큰 영향을 준 것은 마키아벨리의 《군주론》이었으며, 그는 이 책을 열다섯 번 이상 읽었다고 한다. 또한 인적 자원을 중요하게 생각해 항상 최고의 능력을 가진 직원들을 거느리기 위해 노력했으며, 업무 분담 능력도 뛰어나 명민한 직원들을 적시적소에 사용하는 방법에 능통했다.

레이건 대통령의 백악관에서 가장 영향력 있던 사람은 고문인 에드 윈 미즈와 비서실장인 제임스 베이커James Baker III 두 사람이었다. 그러나 레이건 대통령의 이미지 메이커이자 영부인 낸시의 신임을 얻고 있는 마이크 디버Mike Deaver가 베이커 측에 서면서 베이커의 세력이 강해졌다. 이러한 상황에서 애트워터는 베이커의 오른팔인 남부 출신의 마거릿 터트와일러Margaret Tutwiler가 진짜 실세라는 것을 알아냈다.

처음에 터트와일러는 애트워터를 대수롭지 않게 생각했으나 그가 자신의 구미에 맞게 일을 처리하는 모습에 그의 능력을 높이 사기 시작했다. 얼마 지나지 않아 터트와일러는 모든 정치적 문제에 대해 애트워터의 조언을 구했다. 애트워터는 터트와일러가 이러한 의견을 베이커에게 전달할 것임을 잘 알고 있었다. 어느 보좌관은 이것을 "애트워터는 터트와일러라는 바이올린을 능숙하게 연주했다."라고 표현하기도 했다. 이 전략은 유효하여 곧 베이커는 애트워트에게 주목하게 되었다.

애트워터는 실용주의자이자 보수적 자유주의자Conservative Libertarian였다. 그는 "연방 하원의원의 입법활동에 대해서는 워싱턴의 로비스트들보다 지역 구민의 영향력이 더욱 크다."는 것을 강조했다. 그리고 자신이 움직이면 선거 구역에서 48시간 내에 실제로 대규모 소요가 일어날 것을 느낄 것이라고 말했다.

린 노프지거가 레이건 대통령의 정치 고문직에서 물러나고 부책임자인 에드 롤린스가 그 자리에 임명되었다. 롤린스는 애트워터보다 아홉 살이 많은 서른아홉 살이었으나 훨씬 나이 들어 보였으며, 실제로도 나이 든 사람처럼 행동했다. 태도 역시 애트워터와는 매우 대조적이었다. 여러모로 맞지 않는 두 사람은 서로 그 부분을 잘 알고 있었으나 생존

을 위해 연합전선을 펼쳤다.

1982년 1월, 애트워터는 레이건 대통령의 정치 담당 부보좌관으로 임명되었다. 이는 롤린스를 견제하는 동시에 다가오는 중간선거를 책임지는 자리였다. 애트워터는 리처드 닉슨 전 대통령을 종종 만나 의견을 나누곤 했는데 닉슨은 애트워터의 전투적인 태도를 좋아했다. 그리고 이렇게 조언했다.

"지나치게 낙관적인 예측을 하지 말게나. 아무리 승리가 확실해도 언제나 패배할 수 있다는 가능성을 염두에 두어야 하네. 또 캘리포니아 사단의 인물들이 자네에게 선거 책임을 물을 수 있으므로 절대로 적대 관계를 만들지 말아야 하네. 그리고 백악관에 근무하는 사람은 커다란 그림을 그려야지, 작고 세세한 일에 신경 써서는 안 된다네."

애트워터는 조지 H. W. 부시 부통령의 정치 고문 리치 본드Rich Bond가 사임하자 그 자리에 들어가기를 원했다. 애트워터는 부시의 대통령 출마는 1988년이 될 것이며, 6, 7년의 세월을 기다리는 것은 아무 문제가 되지 않는다고 생각했다. 그는 부시의 선거운동을 지금부터 할 수 있다고 생각했다.

중간선거가 시작되기 전 10월, 레이건의 정치 고문인 롤린스가 갑자기 뇌졸중으로 쓰러져 왼쪽 몸이 마비됐다. 이 때문에 공화당은 하원 28석을 잃는 등 중간선거에서 참패했다.

1983년 1월, 갤럽은 민주당 대통령 후보로 예상되는 월터 먼데일의 지지율이 51퍼센트, 현직 레이건 대통령의 지지율이 33퍼센트라고 발표했다. 애트워터는 레이건의 재선운동에서 여성, 소수민족, 지식인층, 1984년에 일어날 수 있는 여러 가지 이슈를 고려했다. 큰 그림을 그리

는 실제 행동가로서의 면모를 보이기 위해서였다.

| 남부 지역 요새화 전략 |

백악관 참모였던 애트워터는 《1981년부터 1984년까지 대통령 재선 운동The Campaign to Re-Elect the President, 1981~1984》이라는 책에서 대통령이 참모들과 함께 재선운동을 해야 한다는 '퍼머넌트 캠페인Permanent Campaign' 이론을 주장했다. 이 책은 1948년 트루먼 대통령의 승리에 결정적인 기여를 한 자문 클라크 클리포드Clark Clifford가 만든 〈1948년의 정치The Politics of 1948〉 개념 을 응용한 것이었다.

1948년 당시 서른아홉 살이던 클리포드는 트루먼 대통령의 경쟁자가 공화당 후보 토머스 듀이Thomas Dewey와 제3당의 헨리 월레스Henry Wallace가 될 것임을 예측했다. 이에 따라 트루먼에게 다수당인 공화당에 맞서는 의회에 대한 강경책을 채택하게 하고, 이를 지속적으로 선전함으로써 열세였던 트루먼의 극적인 역전을 가능하게 만들었다.

클리포드는 다음과 같은 선거 전략을 수립했다.

"만일 민주당이 남부 지역과 서부 지역을 공고하게 확보한다면 당선 에 필요한 선거인단 수 266표 중 216표를 획득하게 될 것이다. 민주당 이 서부 지역을 확보하면 부동층이 많은 중부 지역과 동부 지역에서 50 표 이상을 쉽게 획득할 수 있을 것이다. 이에 따라 소위 큰 주인 뉴욕, 펜실베이니아, 일리노이, 오하이오, 매사추세츠 등에서 패배하더라도 우리는 승리할 수 있다."

이에 따라 애트워터는 유명한 '남부 지역 전략'을 수립했다. 공화당은 특유한 남부의 전통에 부합되는 정치 노선을 짜야 한다는 것이었다.

이에 따라 1980년 레이건은 자신이 130년 만에 당선된 남부 출신의 카터 대통령을 물리친 바 있으며, 누구보다도 남부 지역의 지지를 얻어낼 수 있는 인물이라고 주장했다. 애트워터는 남부 지역의 정치 세력은 공화당을 지지하는 지방단체 회원들, 대체로 민주당 지지자이지만 상황에 따라 공화당을 지지할 수 있는 대중영합주의자들, 민주당을 지지하는 흑인 유권자 등 세 그룹으로 구성되었다고 보았다. 따라서 레이건의 재선을 위해서는 우선적으로 공화당 지지자와 대중영합주의자들의 연합 세력을 구축하고, 대중영합주의자들과 흑인 세력을 통합하려는 노력을 적극적으로 막아야 한다고 주장했다.

1983년 10월, 레이건-부시의 대통령 재선운동 본부가 출범함에 따라 롤린스는 선거운동 본부장으로 임명되고, 애트워터는 부본부장과 선거운동의 전략 책임자가 되었다. 애트워터는 전국 지역을 관할하고 유권자 등록 및 선거운동 일정을 주관했다. 롤린스는 건강을 위해 금요일 오후면 퇴근해서 등산을 했지만, 애트워터는 토요일, 일요일까지 사무실에 출근해 레이건의 재선을 위해 혼신의 노력을 한다는 평판을 얻었다.

백악관 고위층과 회의하는 사람은 롤린스였지만, 실제적인 선거 전략 수립은 애트워터의 몫이었다. 그는 〈1984년 남부 지역 요새화 전략 Building an Electoral Fortress in 1984〉 계획서를 만들었다. 남부 지역을 장악해야만 1984년 대통령 선거에서 승리할 수 있다는 것이었다.

첫째, 포드 전 대통령의 지지기반인 북부 지역을 조속히 확보한 후 북동부

지역의 민주당 지지 지역을 공략한다.

둘째, 전국의 자유주의적인 민주당원들과 전통적인 남부 지역 민주당원과의 관계에 쐐기를 박아 사이를 벌린다. 남부 지역, 특히 선벨트에서의 선거 전략에 따라 캘리포니아, 텍사스, 플로리다의 지지를 받아 이들이 쐐기 역할을 해주면 그 외 다른 주들도 모두 여기에 이끌려오게 될 것이다.

애트워터의 이 '요새 전략'은 선거운동 초기부터 대통령과 참모들의 기본 예산 집행 결정, 유세 일정 등에 지침이 되었다. 요새 전략과 더불어 공업 지대인 중서부 지역과 동북부 지역을 공격하기 위해 애트워터는 〈1984년 스노우벨트의 승리Winning the Snowbelt in 1984〉라는 전략보고서를 작성했다. 이 보고서의 주요 내용은 민주당 우세 지역에서 레이건의 승리에 결정적으로 영향을 미칠 세 가지 요소를 도시의 교외 거주자, 북동부 지역의 북부인, 노동자층 천주교 신자들로 규정하고 이들의 지지를 획득해야 한다는 것이었다.

선거운동 기간 중 가장 귀중한 자산은 대통령의 시간이다. 때문에 유세 지역을 선정하는 것은 매우 중요한 일이었다. 레이건은 펜실베이니아의 폴란드계 주민들이 다니는 성당, 미시간의 공장을 방문하는 등 세심하게 계획을 세워 유세지를 방문했다.

애트워터는 〈1984년 언론 전략A Media Strategy for 1984〉에서 민주당 대통령 후보인 먼데일의 약점을 분석했다. 카터 행정부의 부통령으로 재직한 것, 특정 이익단체와의 유착 관계, 큰 정부 정책 추진 등이 그것으로, 이를 유권자들에게 지속적으로 알리고 공격하는 전략을 채택했다. 그러나 레이건이 직접 나서는 것은 분열된 민주당을 하나로 단결시키는 계

기를 제공한다는 판단하에 선거 참모들을 통해서만 이 일을 수행하도록 했다.

또한 먼데일이 미네소타의 자택에서 부통령 예비 후보자와 회합을 가진 것에 대해 먼데일은 결코 남부 지역 출신을 부통령 후보로 뽑지 않을 것이라고 선제공격하기도 했다. 이에 따라 먼데일은 누구를 선택하든지 민주당 내 분파들의 기대를 만족시킬 수가 없게 되었다.

애트워터는 정치를 '피 튀기는 운동경기'라고 생각했다. 외부 책임자인 롤린스와 내부 책임자인 애트워터는 완벽한 팀이었다. 롤린스는 외부 행사를 주관하고 애트워터는 세부 계획을 만들었다. 롤린스는 백악관의 행사를 위해 완벽한 정장을 했지만, 애트워터는 전략실에서 맨발로 현장 선거요원을 독려하는 전화를 하고 기획안을 작성했다.

먼데일이 미국 역사상 최초의 여성 하원의원 제라딘 페라로를 부통령 후보로 지명하자 공화당 선거운동 본부에서 애트워터는 "우리 공화당은 페라로에게 대응하지 않는 것을 기본 전략으로 한다. 우리가 대응하지 않는다면 페라로는 스스로 자멸할 것이다."라고 주장했다. 그리고 페라로 남편의 부동산 불법 거래 혐의와 비윤리적인 선거 자금 모금 등을 폭로하였다. 이로써 페라로는 먼데일이 패배하는 데 결정적인 요인을 제공했다. 애트워터는 이때 나폴레옹의 "적이 스스로 파멸의 길에 들어섰을 때는 절대로 간섭하지 말라."는 말을 인용했다.

1984년 대통령 선거전에서 유일한 위기는 첫 번째 토론대회에서 레이건 대통령이 부진한 모습을 보였을 때였다. 이러한 돌발 상황에 따라 애트워터는 두 번째 토론에서 레이건이 실수를 했을 경우에 대비해 상대방 후보인 먼데일을 공격하는 네거티브 계획을 수립했다. 또한 지지

자들에게 토론대회는 대통령을 선출하는 문명화되고 세련된 과정에 불필요하고 기괴한 의식일 뿐이라고 강조했다. 그리고 먼데일의 큰 정부 정책과 최첨단 무기 개발에 대한 반대 입장을 집중적으로 공격했다. 이같은 2차 토론대회에 대비한 애트워터의 전략은 극한 정책의 표본이었다. 레이건은 2차 토론대회에서 1차 토론대회의 실패를 만회하고 나이에 대한 공격에도 노련하게 대응해 이미지를 전환할 수 있었다.

9월의 기자회견에서 애트워터는 레이건이 모든 주의 여론조사에서 앞서고 있다고 주장했다. 그리고 민주당이 남부 지역을 포기했다고 단정했다.

선거 결과 레이건은 먼데일의 고향인 미네소타를 제외한 49개 주에서 승리했으며, 총 득표율의 59퍼센트를 획득하는 압승을 거두었다. 선거가 끝난 후 롤린스와 애트워터는 다음 대통령 후보 가능성이 있는 부시 부통령의 주목을 받으려고 보이지 않는 경쟁을 시작했다. 부시는 롤린스가 그저 요란하게 앞에 나서기만 할 뿐 실제 선거운동을 주도한 것은 애트워터임을 알고 있었다.

| 변화하는 유권자 |

당시 조지 H. W. 부시는 무엇보다 정치적 기반이 약했다. 그는 주지사나 연방 상원의원으로 재직한 적도 없었다. 부시는 소매정치Retail Politics, 유권자와 직접 만나는 정치에 능숙했지만 소매정치가는 아니었고, 대중영합주의자도 아니었다. 그는 실용주의자였다.

유능한 정치 컨설턴트는 승리할 가능성이 있는 인물을 찾아 그를 돕는 것이다. 애트워터는 이런 상황에서도 부시가 대통령이 될 수 있다고 믿었다. 레이건이 재선에 승리한 후 부통령 부시는 애트워터를 개인적인 자리에 초대했다. 애트워터는 40여 페이지의 〈부통령에게 드리는 글〉을 작성해 그에게 주었고, 이로써 두 사람의 정치적 관계가 시작되었다.

선거운동 본부 관리자는 전략가여야 한다. 선거운동 전략을 만들고, 정교하게 다듬으며, 또한 자신의 후보를 부각시킬 수 있는 모든 방법을 고안하고 행사나 이벤트들을 관리해야 한다. 애트워터 역시 전략가로서 부시의 1988년 대통령 당선을 위한 전략을 진행했다. 향후 4년간의 연간 목표를 설정하고 이에 따라 각 단계별 전략들을 유기적으로 설계했다.

워싱턴 정계에 영향을 미치는 각종 언론과 기자들의 성향도 분석했다. 애트워터는 앨빈 토플러의 《제3의 물결》을 정치계에 응용해 "제3의 물결은 분권화, 탈매스화, 거대조직의 붕괴로 개인에게 새로운 자유와 독립을 가져다준다."고 말했다. 또한 "제3의 물결은 1960년대와 1970년대의 미국 정치계를 와해시키고 있으며, 노동조합원, 정부관료, 가족우선주의자나 방송국 임원 같은 제2의 물결적 가치를 지니고 있는 사람들의 일상생활과 전망에 위협이 되고 있다."고 밝혔다. 애트워터는 제2, 제3의 물결을 비교하며 대중영합주의자들 등 특정 세력에 대한 호소를 하는 선거 캠페인이 아니라 유권자의 경계가 없는 주제별thematic 선거운동을 제창했다. 애트워터는 주장했다.

"대중영합주의는 보수주의의 반대 세력일 뿐 정치적 이데올로기는

아니다. 이를 지지하는 이들은 정부의 전망을 반대하는 일반적인 중산층 및 하층 계급의 시민이다. 그들은 큰 정부, 대기업, 거대 노조에 반대되는 사람들이다. 그들은 언론, 부자, 가난한 자들에게 적대감을 가지고 있으며, 자신들을 '중도 급진주의자Radical'라고 생각한다. 이들은 어떤 정책에 대해 찬성하기보다 반대하는 성향이 강하기 때문에 정치적으로 동원하기 어렵다. 게다가 이들을 움직인다 해도 자유주의자와 민주당을 지지할 뿐이어서 보수주의자와 공화당에는 결코 도움이 되지 않는다."

그러면서 부시가 1988년 미국 대선에 출마한 이유에 대한 답변을 철저하게 준비했다. 그는 부시의 선거운동이 성공하기 위해서는 무엇보다도 레이건 지지자들에게 부시가 그들의 편이라는 인식을 심어주어야 한다고 판단했다. 부시의 메시지는 레이건 행정부 정책의 지속성과 현상 유지를 확신시킴과 동시에 변화와 혁신에 대한 미국인들의 요구를 충족시켜야만 했다. 부시의 메시지는 부시에게 적합한 주제여야 했지만 이런 이중성을 담보해야만 했다. 부시는 이러한 애트워터의 탁월한 분석에 감탄하면서 전적으로 동의한다고 밝혔다.

1985년 12월, 부시는 대통령 선거운동의 시작을 알리는 미국의 미래를 위한 500만 달러 기금5 million Fund for America's Future이라는 정치행동위원회의 책임자로 애트워터를 임명했다. 자신이 부시의 선거 캠페인을 맡게 될 것이라고 생각했던 롤린스는 이에 놀라 부시의 의도를 파악하려 부시의 측근들에게 연락을 했다. 그러나 부시의 참모들은 롤린스를 원하지 않았고, 심지어 부시는 그를 개인적으로 싫어했다. 그리고 이번 선거에서는 남부 지역이 중요했기 때문에 애트워터를 임명한 것이기도

했다.

하원의장을 역임한 팁 오닐Tip O' Neill의 "모든 정치는 지역에서 시작한다. All politics is local"는 말처럼 애트워터는 부시의 대통령 선거가 지역 관리에 달렸다고 생각했다. 남부 지역을 먼저 석권하는 후보가 대통령에 당선될 것이라고 예측했기 때문이다. 그의 관심은 레이건이 8년간 집권한 후에도 계속 집권을 할 가능성이 있느냐는 것이었다.

부시의 상황은 1960년 대통령 선거에 출마한 닉슨의 경우와 비슷했다. 아이젠하워는 매우 인기 있는 대통령이었지만, 8년이 지나자 국민들이 변화를 원했던 것이었다. 당시 민주당 케네디 후보는 변화를 주장했고 공화당 닉슨 후보는 현상 유지를 주장하면서 극명한 대비를 보였다. 공화당에 매우 불리한 상황이었다.

애트워터는 1984년 대통령 선거 기간 중 민주당의 게리 하트에게서 새로운 케네디 스타일의 선거운동 가능성을 느꼈다.

"1983년에는 누구도 하트가 두 자리 숫자의 지지율을 얻을 것이라 예상하지 못했다. 이것은 하트와 그의 정치 컨설턴트인 팻 캐들Pat Caddell이 합작한 결과였다."

애트워터는 캐들이 그의 좋은 적수가 될 것이라고 예상했다. 그는 캐들이 변화를 추구하는 유권자들을 설득할 만한 이슈를 만들 수 있는 직관력과 분석력을 소유한 탁월한 정치 컨설턴트라는 것을 인정했다.

캐들과 하트는 참신하고 새로운 아이디어를 주장하며 민주당 대통령 후보 예비선거에서 선두 주자인 먼데일에게 위협적이고 강력한 도전자로 등장했다. 하트는 '새로운 아이디어New Idea'를 내걸고 자유주의 민주당원이자 자유시장경제 체제를 지지하고 경제 성장을 요구하는 여피들

의 지지를 확보했다.

그러나 1984년 4월, 애틀란타에서 개최된 토론대회에서 먼데일은 하트를 갑자기 공격했다.

"저는 당신의 새로운 아이디어라는 슬로건에 대해 묻고자 합니다. 새로운 아이디어, 참신한 정부, 좋습니다. 그러나 당신의 슬로건을 듣고 나서 저는 '햄버거 속에 고기가 어디로 갔지Where is the Beef?' 라는 광고를 연상했습니다. 새로운 아이디어에서 새로운 아이디어란 뭡니까?"

당시 유행하던 TV 광고인 웬디스 버거의 '고기가 어디로 갔지?' 라는 광고에 비유해 하트의 슬로건이 알맹이가 없다는 것을 지적한 것이었다. 먼데일의 공격 이후 하트가 아무리 자신의 새로운 아이디어를 설명해도 결국 모호한 내용과 참신함을 잃은 식상한 주장일 뿐이라는 인식이 유권자들의 머릿속에서 떠나지 않았다. 먼데일은 이 한 마디로 하트를 제압했다. 만약 하트가 스캔들로 도중하차하지 않았더라면 하트가 먼데일의 가장 큰 호적수였음은 부인할 수 없겠지만, 먼데일의 공격은 무시할 수 없는 타격을 주었다. 민주당 대통령 후보 예비선거에서 하트는 그보다 선거운동을 먼저 시작해 기존 세력들의 지지를 얻은 먼데일에게 패배했다.

애트워터는 1986년 2월 〈게리 하트의 대장정Gary Hart's Long March〉이라는 6페이지 짜리 전략 분석 보고서를 작성해 부시에게 제출했다. 이 보고서에서 그는 하트가 레이건의 정책과 조화를 이루고, 또한 보다 발전된 정책을 제시하는 역사적 소명감을 가진 탁월한 후보가 될 것이라고 지적했다. 즉 하트가 대통령 예비선거에서 탈락했지만 추후 재등장 가능성을 염려하여 부시로 하여금 경계하도록 하기 위함이었다.

애트워터는 무엇보다 유권자 세대가 변화하고 있다는 데 주목했다. 그는 유권자를 대중영합주의자, 보수주의자, 진보주의자, 자유주의자로 분류했으며, 또한 베이비 붐 세대 중요성을 간파했다. 1946년부터 1964년의 베이비 붐 사이에 태어난 인구는 7,500만 명으로 이들이 1988년 유권자의 60퍼센트나 되며, 향후 20년 동안 선거의 가장 중요한 변수가 될 것이라고 예측했다. 특히 베이비 붐 세대의 정치 참여율이 매년 높아지는 데 주목했다.

베이비 붐 세대는 텔레비전의 발달로 무차별적인 정보를 흡수하며, 고등교육을 받은 세대라는 것이 특징이다. 또한 직업을 가진 여성의 수가 크게 증가했고, 1950년대의 물질주의가 1960년대의 새로운 의식에 따라 변화되었으며 새로운 가치관이 생겨났다. 기술혁명으로 인해 앨빈 토플러가 이야기한 제3의 물결인 통신과 정보의 시대로 전환한 시대이기도 했다. 이러한 문화적 가치혁명과 기술혁명에 따라 대응하는 사고방식 역시 바뀌어야 했다. 새로운 가치관은 자아실현과 내부지향성으로 나타나며 이는 베이비 붐 세대의 가장 큰 특징이라 할 수 있다.

이들은 '큰 것이 항상 좋은 것은 아니며 좋은 것이 좋다' 라는 사고방식을 가지고 있고, 기회의 평등과 계층 상승을 원했다. 이에 따라 소수민족과 여성들의 사회적 기회가 점점 증가했다. 여성을 남성과 동등하게 대했고, 큰 정부, 대기업, 거대 노조 등의 거대한 괴물에 대해 부정적이었으며, 어떠한 집단보다 변화에 대해 긍정적인 특성을 가지고 있었다. 또한 이 세대는 경제 상황이나 가족 관계에 만족하고 있지만, 동시에 심리적 공허감을 지니고 있기도 했다. 이전 세대들과 달리 환경 문제에도 큰 관심을 가지고 있었다. 대통령 후보는 이들의 욕구를 이해하

고 이들 세대의 지지를 얻을 수 있는 새로운 가치관과 생활방식을 제시해야 했다. 예를 들면 세금 개혁, 새로운 교육, 건강제도 등을 강조해야 하는 것이다.

애트워터는 이러한 베이비 붐 세대의 특성을 분석해 부시가 레이건을 그대로 계승한다면 선거에서 승리할 수 없을 것이라고 생각했다. 그리고 비즈니스 성향의 보수주의자와 베이비 붐 세대 자유주의자의 요구를 결합한 정책 개발이 절실하다고 건의했다. 또한 정부 조직을 고객 중심 기관으로 바꾸어 소비자 우선 정책을 개발해 유권자가 곧 소비자임을 강조해야 한다고 주장했다.

애트워터는 현재 '무엇'이 발생하는가보다 '어떻게' 발생되었는가가 더욱 중요하므로 대중심리를 파악해 유권자들의 요구를 즉시 충족시키는 것이 정치적 목표가 되어야 한다고 보았다. 대부분 유권자들은 대통령 후보에 대해 제한적인 정보를 흡수하므로 특정한 사항과 관련해 지나치게 많은 정보를 제공할 필요가 없으며, 유권자의 머리보다는 감정에 호소해야 한다고 주장했다.

애트워터는 또 대통령 선거를 위해 주지사들과 긴밀한 관계를 유지할 것을 제안했다. 주지사는 자신의 주에서 성공을 거둔 사람이다. 따라서 자신의 이미지를 손상시키지 않기 위해서라도 지지하는 후보의 승리를 위해 적극적으로 활동할 것이기 때문이었다. 또한 주지사는 지역 언론을 적극적으로 활용할 수 있다는 이점도 있었다. 부시는 1984년 뉴햄프셔 주지사인 존 수누누^{Jhon Sununu}의 모금운동에 참석해 도움을 주었고, 수누누는 대통령 후보 예비선거가 실시되기 1년 전인 1986년 부시 지지를 선언했다.

네거티브 선거의 시대

애트워터는 워싱턴 D.C.의 기자들 중 향후 3년 이내에 두각을 나타 낼 만한 젊은 기자들의 명단을 작성해 인터뷰도 하고 저녁식사를 대접 하는 등 관리를 시작했다. 애트워터는 기자들이 원하는 정계의 뒷이야 기라든가 이번 선거의 전략, 진행 과정 등의 정보를 지속적으로 제공했 다. 또한 신서운동을 쉬재하던 기자가 호텔 방을 구하지 못했다는 이야 기를 듣고는 기꺼이 자신의 방을 내주는 등 많은 언론사 기자들을 자신 의 개인 언론 담당기자로 만드는 물밑 작업에 착수했다.

1987년 10월, 애트워터는 자신의 참모들과 함께 선거 전략을 수립하 기 시작했다. 그는 사람들이 스스로 특별한 대접을 받았다고 생각하게 만드는 데 뛰어난 재주를 가지고 있었다. 이런 재주는 주변 사람들에게 는 능력을 최대한으로 발휘하도록 했고, 자부심을 가지고 선거운동에 임하게 해주었다.

| 네거티브 선거의 극치 – 1988년 대통령 선거 |

1988년도 대통령 선거에서는 게리 하트의 스캔들, 조 바이든^{Joe Biden}의 학력 위조, 앨 고어^{Albert Arnold Gore Jr.}의 마리화나 흡연에 대한 고백 등으로 '후보자의 성격' 이 중요하게 취급되었다. 민주당 대통령 예비 후보였 던 매사추세츠 주지사 마이클 듀카키스는 네거티브 전술에 반대하며 바이든에 대해 인신공격적인 비디오의 내용을 유포시킨 자신의 선거 참모 존 사쏘^{John Sasso}를 해임했다. 듀카키스는 자신의 성실함이 이번 선 거에서 가장 큰 이점으로 작용하리라고 생각하고 후보자의 성격이나

태도가 국가를 이끌어가는 가장 중요한 요소라고 밝혔다.

애트워터는 120만 달러의 예산을 들여 자원봉사자들을 포함해 백여 명이 넘는 팀을 구성해 24시간 상대 후보 진영을 조사시켰다. 그리고 모든 조사 내용을 항상 자신에게 직접 보고하게 했다. 상대 후보에 대한 집중 조사는 선거운동에서 기본적인 사항이고, 조사 내용은 공격용으로 사용된다. 애트워터의 조사 팀은 듀카키스를 공격할 무기를 찾아내고자 25년 동안의 보스턴 지역신문을 샅샅이 뒤졌고, 1949년의 브루클린 시의 의사록에서 듀카키스와 대학 동기들이 보낸 미국의 한국전쟁 개입에 반대하는 편지도 찾아냈다.

애트워터는 유권자들이 깜짝 놀랄 만한 내용으로 상대 후보를 곤경에 빠뜨리는 네거티브 선거운동의 명수였다. 애트워터는 '네거티브 정치의 홈런왕 베이브 루스'라고 불렸다. 정치 전문가들은 듀카키스에게 애트워터의 네거티브 전술에 맞설 준비를 하라고 권유했다.

"애트워터는 미국 정계에서 최고의 네거티브 공격을 구사하는 전략가다. 따라서 그는 듀카키스를 강하게 공격할 것이다. 만일 듀카키스가 애트워터의 네거티브 공격에 신속하게 대응하지 못하면 유권자들의 인식을 바꾸지 못할 것이며, 반격을 주저하거나 대응이 늦어지면 치명상을 입을 것이다. 듀카키스는 이러한 네거티브 선거전에 대한 전면적 방어 태세를 준비해야 한다."

애트워터는 민주당 듀카키스의 선거운동 본부가 자신의 공격에 대해 무방비 상태라는 것을 이미 파악하고 있었다.

듀카키스는 포지티브한 선거 전략으로 민주당 예비선거에서 승리했으며 유권자들이 원하는 선거는 바로 포지티브한 것이라고 판단했다.

그러나 애트워터의 생각은 달랐다. 그는 선거에서 승리하는 것이 최우선이고, 선거 과정에서 생긴 문제점들은 차후 수습하면 된다고 생각했다. 특히 대통령으로 당선되면 이런 문제를 해결하는 것은 별일이 아니라고 생각했다.

매사추세츠 구지사인 듀카키스가 시행한 재소자 휴가 프로그램 중 살인범으로 종신형을 선고받은 윌리 호튼이라는 범죄자가 휴가 중에 메릴랜드의 한 가정에 침입해 부녀자를 강간살인하는 사건이 벌어졌다. 이 보도를 본 애트워트는 최선의 공격거리를 잡았다고 판단하고 듀카키스를 공격했다.

"듀카키스는 살인자를 휴가 보내고 있다."

애트워터의 공격은 유권자들에게 마치 듀카키스의 잘못된 정책으로 범죄가 발생한 것처럼 느껴지게 했다. 실제로 매사추세츠에서는 듀카키스의 제도 덕분에 강력 범죄가 13퍼센트 이상 감소했고, 마약사범의 체포율이 5배 이상 증가했으며, 살인범죄 발생률이 주요 산업도시 중에서 가장 낮았다. 그렇지만 애트워터의 네거티브 전략으로 지지자들은 썰물처럼 빠져나갔다. 이 사건은 결국 1988년 대통령 선거에서 듀카키스가 패배한 가장 큰 요인으로 꼽힌다.

이 와중에 듀카키스가 동생이 교통사고로 사망한 후 우울증 증세로 비밀리에 정신과 치료를 받았다는 소문이 떠돌았다. 과연 누가 이런 소문을 퍼뜨렸을까? 애트워터는 자신은 참모들에게 이런 소문을 불법으로 이용하면 가차 없이 해고할 것이라 경고했다고 주장하며 강력하게 부인했지만, 민주당의 전문가들은 애트워터가 고의적으로 흘린 것이라고 평했다.

공화당은 정신과 상담과 관련된 진료기록 공개를 요구했으나 듀카키스는 끝내 자신의 진료기록을 공개하지 않았다. 이는 민주당 선거운동 본부의 분열을 가져왔다. 민주당은 귀중한 시간을 근거 없는 소문에 반박하는 데 허비하느라 지지율이 8퍼센트나 하락했다.

아이러니한 것은 정치적 공격거리는 8년간 부통령으로 재직한 부시가 더 많았지만, 실제 상황에서는 민주당 후보 듀카키스가 더 변명해야 할 것이 많은 인물로 보였다는 것이다. 덕분에 듀카키스는 공격은커녕 방어에 급급할 수밖에 없었다.

애트워터는 듀카키스의 핵무기 감축 제안, 학생들의 국기에 대한 맹세 낭독 금지, 사냥을 위한 총기 소유 금지 및 재소자의 휴가 중 살인사건, 곡물 수출 금지, 테러리스트에 대한 조사와 공격 반대 등을 언급하며 네거티브 공격을 계속했다. 그렇지만 듀카키스는 네거티브 공격이 필요 없다는 자신의 생각을 꺾지 않았다.

"내가 민주당 대통령 후보 선거에서 승리한 것은 포지티브적인 선거운동 덕분이었다. 유권자들은 더 이상 어리석지 않다. 그러므로 공화당의 네거티브 공격을 믿지 않을 것이다."

민주당의 전략가들은 네거티브 공격에 대응하지 않는 것이 상책이라고 판단했다. 하지만 선거에서 패배한 후 듀카키스는 이 선거 전략이 최악의 선택이었다고 후회했다. 애트워터가 듀카키스를 자신도 방어할 줄 모르는 '유약한 진보주의자'로 규정하는 데 일조했기 때문이다. 이런 상황에서 유권자들은 선거운동 방식보다는 다음 대통령으로 누가 더 부적격자인가를 판단해 투표하게 될 뿐이었다. 애트워터는 듀카키스에 대한 맹공격을 늦추지 않았으며, 선거운동의 의제와 강약을 조절

하면서 계속 새로운 공격거리를 만들었다.

9월이 되면서 언론들은 새로운 뉴스거리를 찾고 있었다. 이러한 언론의 속성을 잘 알고 있던 애트워터는 숨겨져 있던 비장의 카드를 꺼내들었다.

에드워디는 듀카키스를 하버드 대학 출신의 엘리트주의자, 인종주의자로 규정하고 학생들의 국기에 대한 맹세 낭독을 금지시켰다고 비난했다. 그리고 부시에게는 뉴저지 주의 국기 제조 공장을 방문하도록 하고, 오하이오의 〈제1회 국기페스티벌〉에 참석하게 했다. 국기에 대한 맹세를 계속 낭독하게 한 것은 물론이다. 두 후보자는 이 문제에 있어 뚜렷이 비교되었다.

또한 보스턴 항의 하수도 시설을 문제 삼아 전통적으로 환경 문제에 민감한 민주당의 영역을 침범하여 공동 소유 영역으로 만들었다. 그리고 보스턴 항이 미국 내에서 가장 더러운 항구라며, 매사추세츠 주지사인 듀카키스의 실책으로 정화 비용으로만 무려 60억 달러가 소요된 가장 비싼 공공정책이 되었다고 비난했다.

네거티브 광고의 걸작 중 하나로 여겨지는 회전문 광고도 이때 제작됐다. 회전문을 통해 죄수들이 계속 들락거리는 모습과 함께 듀카키스가 마약사범에 대해 사형 반대를 주장하는 모습이 교차되는 광고였다. 가석방이 불가능한 일급살인범에 대한 재소자 휴가 프로그램 때문에 강간과 살인사건이 발생한다는 윌리 호튼 광고와 함께 이 광고도 계속 방영되었다.

또한 기자에게 감옥에 있는 윌리 호튼과 전화 인터뷰를 시도하게 했다. 기자가 차기 대통령 후보 중 누구를 지지하는가를 묻자 호튼은 듀

카키스를 지지한다고 대답했고 이 사실은 크게 보도되었다. 그는 듀카키스가 범죄자에게 지지받고 있다고 조롱하면서 듀카키스가 당선되면 호튼이 석방될 수도 있다고 언급했다.

이러한 공화당의 파상공격에 대항하기 위해 듀카키스는 해임했던 존 사쏘를 재기용했으나 때는 너무 늦었다. 10월이 되자 부시는 압도적으로 듀카키스를 앞질렀다.

10월 13일, 로스앤젤레스에서 대통령 후보자 토론대회가 열렸다. 사회자가 듀카키스에게 물었다.

"만일 부인 키티가 강간살해당했다 해도 살인자에 대한 사형제도를 반대할 건가요?"

"네. 설사 그렇다 해도 전 사형제도에는 반대합니다."

듀카키스는 놀라울 정도로 차분하게 대답했다.

이 대답 역시 여론에 좋은 먹잇감이 되었다. 그는 부인이 살해당했음에도 살인자를 옹호하는 유약한 변호사로 여론을 들끓게 만들었다. 게다가 듀카키스가 자신의 국방 정책을 알리기 위해 제너럴 다이내믹 사의 공장을 방문해 탱크에 올라탄 자신을 보여주는 광고를 내보내자, 공화당은 다시 이것을 조롱하는 TV 광고를 내보냈다. 듀카키스가 얼굴을 반쯤 가리는 커다란 헬멧을 쓴 바보 같은 모습을 보여주며 그가 제안한 스텔스 폭격기 제조 반대, 핵무기 공격에 대한 지상 조기경보체제 구축의 반대, 그라나다 침공 및 리비아 공격 반대 등을 나열했다. 국가의 안보를 책임지는 대통령으로 적합하지 않다고 공격한 것이다. 부시 선거운동 본부는 3,200만 달러가 넘는 막대한 금액을 TV 광고에 사용했다.

애트워터의 이런 네거티브 전략은 듀카키스를 재기가 힘들 정도로

몰아부쳤고, 부시는 1988년 대통령 선거에서 승리했다. 당선 후 부시는 서열과 관계없이 자신의 정치 컨설턴트인 애트워터를 공화당 전국위원회의 의장으로 임명했다.

로널드 레이건은 저명한 언론인이자 대통령학 연구자인
시어도어 화이트에게 "선거 기간 중 나는
그냥 존 시어스의 대변인에 불과한 것 같은 기분이었다."라고 고백할 정도로
시어스는 1980년 레이건 대통령 선거운동에서
모든 권한을 장악하려고 했다.

| 존 P. 시어스 |

존 P. 시어스는 변호사 출신으로 공화당의 정치 전략가였다. 그는
1940년 뉴욕 주 시라큐스 시에서 태어났으며, 노트르담 대학을 거쳐
1963년 조지타운 대학에서 법학 박사학위를 받았다. 그는 1968년 불과
스물일곱 살의 나이로 공화당 전당대회에서 닉슨이 공화당의 대통령
후보 지명을 받는 데 결정적인 역할을 했다. 하지만 그의 야심이 지나
치다고 판단한 존 미첼John Mitchell에 의해 선거운동 본부에서 추방당하고
말았다.

1976년에는 로널드 레이건의 공화당 대통령 예비선거에 참여하면서
현직 대통령인 제럴드 포드를 수세에 몰아부치기도 했다. 이어 1980년

에는 레이건의 선거운동을 했으나 뉴햄프셔 예비선거 승리 후 해고당했다. 해고되기 직전 시어스는 레이건의 전국 선거운동을 관장했다. 캘리포니아에서 그의 라이벌은 에드윈 미즈였다.

로널드 레이건은 저명한 언론인이자 대통령학 연구자인 시어도어 화이트에게 "선거 기간 중 나는 그냥 돈 시어스의 대변인에 불과한 것 같은 기분이었다."라고 고백할 정도로 시어스는 1980년 레이건 대통령 선거운동에서 모든 권한을 장악하려고 했다. 지나치게 앞질러 나가자 그는 결국 해고당했고, 윌리엄 케이시가 그 일을 대신하게 되었다.

케이시는 선거운동에서 행정적인 권한을 요구했지만, 시어스가 주도하려고 했던 정책 결정 권한과 레이건 행정부의 인사 문제에 대해서는 한 발 물러나는 태도를 취했다.

이러한 화려한 경력 외에 시어스는 1963년에서 1965년까지 뉴욕 상고재판소에서 법률서기로 일했으며, 1965년부터 1966년까지는 닉슨 로즈 알렉산더 구트리 앤드 미첼Nixon, Rose, Alexander, Guthrie&Mitchell 법률회사에서 일했다.

그리고 1966년부터 1969년까지 닉슨의 참모로 활동했다. 1969년부터 1970년까지 닉슨 대통령의 부자문으로 일했고, 1970년부터 1976년까지는 워싱턴 시 소재 게스비 앤드 한나Gadsby&Hanah 법률회사의 변호사로 일했다. 1977년에는 배스킨 앤드 시어스Baskin and Sears 법률회사를 설립해 공동 대표가 되었다. 1984년부터 1985년까지는 NBC의 〈투데이Today〉에서 저명한 정치 해설가로 활동했다.

대통령을 만드는 사람들

수잔 이스트리치Susan Estrich는 변호사이자 교수, 정치활동가로 FOX 방송의 뉴스 평론가다. 그녀는 1974년 웰슬리 대학을 졸업하고 1976년 《하버드 로 리뷰》의 여성 최초 발행인 겸 편집인으로 선출되었다. 이듬해에는 하버드 법학대학원에서 법학 박사학위를 취득했다. 그녀는 워싱턴 D.C. 지방법원의 판사 스켈리 라이트와 미국 대법원 판사 존 폴 스티븐스의 법률보좌관을 지냈으며, 1988년에는 마이클 듀카키스 민주당 대통령 후보의 선거에서 선거운동 본부장을 맡았다.

이스트리치는 하버드 대학에서 법학교수로 재직하면서 여성으로서는 최연소 종신교수직을 부여받았다. 현재 그녀는 남 캘리포니아 대학에서 법학과 정치학 교수로 재직하고 있다. 또한 토론 프로그램인 〈해니티 앤드 콤즈Hannity&Colmes〉의 고정 사회자이며 〈뉴스 막스News-Max〉에 정치 컨설턴트로 고정 칼럼을 쓰고 있고, 〈USA 투데이〉의 편집위원으로도 활동 중이다.

이스트리치는 《로스쿨 입시How to Get Into Law School》, 《힐러리 클린턴 케이스The Case for Hillary Clinton》, 《강간범죄법Real Rape》 등 여러 권의 책을 썼다. 그중 《강간범죄법》은 미국의 강간 범죄법에 대한 역사를 다룬 책이다. 그녀는 영화학 교수이며 연설문 작성가 마티 카플란Marty Kaplan과 결혼해 두 명의 자녀를 두고 있다. 2008년 1월에는 로스앤젤레스의 유명한 법률회사인 퀸 임마누엘 우르크하르 올리브 앤드 헤지 로펌Quinn Emanuel Urquhart Olive&Hedges Law Firm에 합류했으며 FOX 방송 뉴스를 통해 2008년 대통령 선거에서 힐러리 클린턴을 지지한다고 밝혔다.

| 메리 J. 매탈린 |

메리 J. 매탈린^{Mary Joe Matalin}은 여성 정치 컨설턴트이자 전략가이다. 그녀는 2003년까지 조지 W. 부시 대통령의 보좌관과 딕 체니^{Dick Cheney} 부통령의 정무수석을 지냈다.

매탈린은 일리노이 칼루메 시에서 태어나 웨스턴일리노이 대학을 다녔다. 그녀는 민주당의 정치 컨설턴트인 제임스 카빌과 결혼했고, 2004년에는 《딸에게 보내는 편지^{Letters to My daughters}》 등의 책을 펴내기도 했다. 그녀는 남편과 함께 HBO TV 〈케이 스트리트^{K. Street}〉에 출연해 정치가로서의 로비스트 역할에 대해 설명하기도 했다.

매탈린이 참여한 첫 번째 선거운동은 1980년에 있었던 미 연방 상원의원 선거였다. 당시 그녀는 데이브 오닐^{Dave O' Neal} 일리노이 부지사 진영에서 일했으나 민주당의 앨런 딕슨^{Alan Dixon}에게 패배했다. 그 후 그녀는 공화당 전국위원회에서 경력을 쌓기 시작했으며, 공화당의 주요 선거 전략가로 약 20년간 일했다.

매탈린은 미국의 이라크 침공 7개월 전인 2002년 8월에 백악관 이라크 전쟁 특별대책조직위원회 회의에 정기적으로 참석했다. 이 위원회는 사담 후세인이 UN 무기 사찰에 협조를 거부하는 등 국제법을 위반하는 행위에 대해 후세인이 지닌 잠재적 위협을 미국 국민들에게 주지시키고 설득하기 위한 것이었다.

하지만 그녀는 몇 달 지나지 않아 리크 게이트 사건^{2003년 CIA 비밀요원 발레리 플레임^{Valerie Plame}의 신분이 언론에 누설되면서 정치 스캔들로까지 비화된 사건}에서 기밀 누설의 책임을 지고 백악관을 떠났다.

4

이미지 메이킹의 시대

카빌은 선거 전략가로서 항상 분석적이고 계산적인 태도를 유지하고,
절대 자신의 감정이 전략 수립에 반영되지 않도록 늘 조심했다.
그는 자기 후보자의 당선에 방해되는 모든 요소들을
배척하는 데 최선을 다했고, 하루 18시간 이상 선거운동에만 전념했다.
그리고 엄청난 집중력과 강한 성격으로
모든 선거운동원을 혹독할 정도로 몰아붙였다.

제임스 카빌은 방송평론가이자 정치 컨설팅 분야의 권위자다. 카빌
은 당시 무명이었던 빌 클린턴 아칸소 주지사의 대통령 선거운동을 성
공적으로 이끈 전략가로 전국적인 명성을 얻었다. 아일랜드 계통의 루
이지애나 출신인 그는 강한 루이지애나 사투리를 속사포처럼 쏟아내는
것으로 유명하다.

루이지애나 주립대학에서 법학을 전공한 그는 정치에 입문하기 전인
1973년부터 1979년까지 루이지애나 배턴 루지 시의 법률회사에서 소송
담당 변호사를 지냈다. 1992년 공화당 조지 부시 대통령의 재선을 돕던
정치 컨설턴트 메리 매탈린과 결혼했다.

그는 클린턴 선거운동에 참여하기 전 폴 베갈라와 함께 1986년 펜실
베이니아 주지사 선거에서 민주당의 로버트 케이시Robert Casey의 승리를

이끌어냈고, 1990년 조지아 주의 젤 밀러^{Zell miller}를 당선시키는 등 수많은 승리를 거두었다.

그러나 실질적으로 카빌과 베갈라를 전국적으로 유명하게 만든 것은 1991년 펜실베이니아 연방 상원의원 선거였다. 여기서 그는 조지 H. W. 부시 대통령이 직접 지명한 공화당의 딕 손버그^{Richard Lewis 'Dick' Thornberg}에 40퍼센트 이상 뒤처져 있던 민주당 후보 해리스 워포드를 당선시키는 쾌거를 연출했다.

1992년, 카빌은 조지 H. W. 부시 현직 대통령의 재선에 대항해 빌 클린턴 아칸소 주지사를 대통령에 당선시키는 데 큰 역할을 했다. 그 이듬해 그는 미국 정치 컨설턴트 협회에서 올해의 선거 관리자로 선정되었다. 클린턴 선거운동 당시 그가 펼친 활약은 다큐멘터리 영화 〈워 룸^{The War Room}〉으로 만들어지기도 했다.

카빌이 선거에서 자주 사용한 전략 중 하나는 선거상황실에 구호를 붙여 조직원들에게 해야 할 일을 계속 상기시키는 것이었다.

1. 변화 대 현상 유지
2. 바보야, 문제는 경제다!
3. 건강보험 문제를 잊지 말자.

2000년 이후 카빌은 미국 내의 선거운동에 관여하지 않았고, 영국의 토니 블레어 수상, 이스라엘의 에후드 바라크^{Ehud Barak} 총리 등의 선거 승리를 이끌었고, 2002년 볼리비아 대통령 선거에서 곤잘로 산체스 데 로자다^{Gonzalo Sanchez de Lozada}를 대통령으로 당선시키기도 했다. 2004년에는 민

주당 대통령 후보인 존 케리의 선거운동 후반부에 잠시 동안 관여하기도 했다.

그 후 카빌은 방송 프로그램을 진행하기도 하고, 루이지애나 주지사 휴이 롱의 일대기 〈올 더 킹스 맨All the King's Man〉을 제작했으며, 선거 전략가인 아내 메리 매탈린과 함께 《대통령 선거전쟁All's Fair Love: War and Running for President》을 출간하기도 했다.

| 자신의 후보가 열세일 때는 선두 주자를 물어뜯어라 |

대통령 선거가 2년이나 남아 있던 1982년, 민주당의 대통령 선거 출마 후보자들 간의 경쟁이 시작됐다. 카빌은 우주비행사 출신인 존 글렌 연방 상원의원과 먼데일 전 부통령 등과 인터뷰를 했으나 아무 연락을 받지 못했다. 그 후 하트 연방 상원의원 선거운동 본부에서 일을 시작했으나 하트의 스캔들 때문에 곧 그만두었다.

1983년, 카빌은 텍사스 연방 상원의원 민주당 예비선거에 입후보한 변호사인 로이드 도제트Loyd Doggett의 선거운동 본부장으로 임명되었다. 이 선거는 선두 주자인 연방 하원의원 밥 크루거Bob Kruger와 켄트 핸스Kent Hance, 그리고 도제트의 3파전이었다.

'자신의 후보가 열세일 때는 선두 주자를 물어뜯어라'는 원리에 따라 카빌은 크루거의 약점을 파헤치기 위해 조사를 거듭했다. 그러다가 크루거가 "도제트는 리틀리그에서 활동하는 선수이고, 자신은 워싱턴 D.C.에서 활약할 빅리그 선수"라고 한 발언에 주목했다. 카빌은 한적

한 리틀리그 야구장에서 도제트와 리틀리그 선수, 그리고 주민들이 참석한 가운데 "우리는 리틀리그 선수다. 연방 상원의원을 필요로 하는 사람들은 바로 리틀리그 사람들이다. 크루거와 거대 기업들 등 빅리그 선수들은 우리를 생각하지 않는다."라는 취지의 행사를 열어 지역신문과 방송의 주목을 받았다.

도제트는 민주당 예비선거에서 승리하여 민주당 후보로 선출되었으나 본 선거에서는 공화당의 필 그램 연방 상원의원에게 패배했다. 이 선거에서 카빌은 사업상 동지가 될 폴 베갈라를 만나게 된다.

1986년에는 펜실베이니아 주지사 선거에 출마한 민주당 밥 케이시의 선거운동 본부장이 되었다. 케이시는 이미 1966년, 1970년, 1978년 주지사 선거에서 패배해 '세 번의 패배자'로 알려져 있었다. 그러나 민주당 예비선거에서는 연승을 거듭해 본 선거 후보자가 되었다. 그해 선거에서 공화당 상대 후보는 윌리엄 스크랜튼 3세William Scranton III였는데, 민주당 정치 컨설턴트들에게는 악몽 같은 존재였다.

스크랜튼은 펜실베이니아 부지사이며, 미남인 데다가 명문가 출신으로 자금도 넉넉했다. 스크랜튼의 아버지는 신념이 있는 주지사로 명망이 높았고, 여러 대기업에서 중역으로 활동하기도 했다. 이에 비해 케이시는 완전히 구세대의 표본이었다. 케이시에게 유리한 점이라고는 한 가지도 없었고, 여론조사에서도 18퍼센트나 뒤처져 있었다.

카빌은 케이시와 스크랜튼을 '탄광 노동자의 아들'과 '탄광 소유자의 아들'의 대결 구도로 만들었다. 또 지방 대학 홀리 크로스와 명문 대학 예일의 구도도 덧붙였다. 카빌은 스크랜튼의 부지사 활동을 면밀히 조사하여 그의 의회 출석률이 저조하다는 것을 발견했다. 이에 대해

"스크랜튼이 부지사가 된 데는 그의 아버지의 유명세가 한 몫을 했다. 그렇다면 그는 최소한 출석이라도 잘해야 하지 않겠는가."라는 광고를 내보내며 노동자들의 부유층에 대한 반감을 불러일으켰다.

스크랜튼은 네거티브 선거운동을 하지 않겠다고 선언했으나 그의 후원자들은 계속해서 네거티브 우편물을 발송했다. 언론은 스크랜튼이 약속을 지켜야 한다고 비판했다. 스크랜튼은 이러한 비난에 강력하게 반박하지 않았고, 후에 자신은 우편물의 내용도 모를뿐더러 네거티브 우편물을 발송한 적이 없다고 주장했으나 이미 정치적으로 치명상을 입은 상태였다.

카빌은 만약 자신이 스크랜튼 진영에 있었다면 이런 상황에 보다 다르게 대처했을 것이라고 말했다.

"네거티브 우편물 발송 사실을 알고 있었느냐 아니냐는 문제가 되지 않는다. 그는 주지사가 되려는 사람이다. 그렇다면 이런 문제는 당연히 미리 알았어야 한다. 이에 대해 그는 어찌 되었든 무조건 올바른 일이 아님을 인정하고 진심으로 사과한다고 말했어야 했다."

결국 이 선거에서는 민주당 후보인 케이시가 2퍼센트라는 근소한 차이로 스크랜튼을 이겼다.

걸프 전쟁이 끝난 1991년 초, 조지 H. W. 부시 대통령의 지지율은 91 퍼센트에 이르렀다. 거의 모든 언론이 '부시의 재선은 거의 확실하며 앞으로 10년 이상 민주당이 집권하기는 어려울 것이다'라고 예측했다. 그런데 이 무렵 펜실베이니아 출신 연방 상원의원 존 하인츠John Heinz가 비행기 추락사고로 사망하는 사건이 일어났다. 주지사인 케이시는 보궐선거에 출마할 연방 상원의원으로 해리스 워포드를 지명했다. 필라

이미지 메이킹의 시대

델피아의 유명 변호사인 워포드는 펜실베이니아의 민주당 의장이자 평화봉사단^{Peace Corp.}의 창설회원이었다. 공화당은 전 펜실베이니아 주지사이며 부시 행정부의 법무장관인 리처드 손버그를 상원의원 후보로 지명했다.

카빌은 민주당 후보인 워포드의 선거 책임자가 되었다. 여론조사 결과 워포드의 지지율은 67퍼센트인 손버그에 비해 47퍼센트 이상 뒤지는 것으로 나타났다. 이에 따라 카빌은 설사 이 선거에서 자신이 패배하더라도 아무도 비난하지 못할 것이라고 생각하고 공격적인 선거 전략을 수립했다.

카빌은 조사를 통해 펜실베이니아 주민들의 관심이 중산층의 세금 감면, 교육, 건강보험 문제라는 것을 파악했다. 그들은 국민들이 아무리 열심히 일을 해도 현실적으로 수입이 별 차이가 없다고 생각하고 있었다. 열심히 일하면 큰 성과를 이룩할 수 있다는 '아메리칸 드림'은 허울 좋은 옛이야기일 뿐이었다. 많은 사람들이 가족과 가정, 미국적 신념에 대해 회의를 품고 있었다.

워포드는 유권자들의 경제 문제를 우선적으로 취급해 중산층의 세금을 인하하고, 전국 건강보험제도의 수립과 대학 등록금 대출 정책 등을 약속했다.

손버그는 자신이 미국의 전통적 가치관을 수호하며, 주지사 시절 세금을 감면했고, 사회복지 수당을 받는 사람의 수를 줄였다는 것을 강조했다. 또한 법무장관으로 마약 밀매 책임자에게 사형을 구형하는 등 강력범죄 예방 정책 등을 공약으로 내세웠다.

이러한 정책 차이에 따라 선거 중반 실시된 여론조사 결과 워포드 45

퍼센트, 손버그 42퍼센트로 지지율이 역전되었다. 그리고 선거 결과 민주당의 워포드가 10퍼센트 차이로 손버그를 이겼다. 흔치 않은 역전승이었다.

〈뉴욕 타임스〉, 〈USA 투데이〉 등 전국지와 주요 방송국에서 카빌과 베갈라에게 인터뷰 요청이 쇄도했다. 카빌은 전국적인 명성을 얻었다.

| 군대 기피 문제와 스캔들을 극복하고 당선된 클린턴 -1992년 대통령 선거 |

1991년 7월, 카빌은 조지아 주지사인 젤 밀러의 소개로 빌 클린턴 아칸소 주지사를 처음 만났다. 그리고 그가 민주당 대통령 후보로 출마를 선언함에 따라 그의 정치 컨설턴트가 되었다. 클린턴의 가장 큰 재산은 바로 클린턴 자신이었다. 그의 인물 됨됨이, 그가 던지는 질문, 그의 연설 실력 등은 카빌이 그때까지 만나본 사람들 중에서 최고였다.

카빌은 클린턴의 민주당 대통령 후보 경선 토론대회 준비에 착수했다. 넓은 방에 양쪽으로 볼 수 있는 커다란 거울을 설치하고 후보자인 클린턴과 그 외 세 명의 사람을 등장시켜 토론 연습을 시켰다. 만일 경제 전문가가 틀렸다고 생각하는 점이 있으면 메모를 적어 후보자에게 전했다. 또한 잘하는 점이 있으면 칭찬하는 메모를 전했다. 이러한 과정에서 카빌은 힐러리 클린턴Hillary Clinton을 만났고, 그녀가 선거운동에 가장 큰 영향력을 가지고 있다는 것을 알게 되었다.

남부 출신인 클린턴은 남부 지역의 흑인 표 없이는 대통령이 될 수 없

다고 판단하고, 버지니아 주 역사상 최초의 흑인 주지사인 덕 와일더 Doug Wilder와 우호 관계를 맺었다.

한편 현직 대통령 조지 H. W. 부시는 경제 문제, 교육, 세금 및 고용 증대 등의 실질적인 국내 이슈를 등한시하고 오직 외교 등 국제 문제에만 지긍애 새선을 순비하고 있었다. 그러나 클린턴은 민주당 예비선거가 치열해지면서 부시를 생각할 겨를이 없었다.

1992년 1월, 뉴햄프셔의 민주당 예비선거 후보자들의 지지율은 클린턴 29퍼센트, 송가스 17퍼센트, 밥 케리 16퍼센트로 클린턴이 상당히 앞서고 있었다. 그 어떤 민주당 후보도 뉴햄프셔 예비선거에서 승리하지 않고는 대통령에 당선된 적이 없었다.

그런데 이즈음 클린턴이 다섯 명의 여성들과 부적절한 관계를 가졌다는 소문이 퍼지기 시작했다. 특히 주간지 〈스타Star〉는 제니퍼 플라워스Gennifer Flowers라는 여성이 클린턴과 오랫동안 관계를 맺고 있다는 사실을 폭로했다. 클린턴과 플라워스의 대화를 녹음한 테이프도 공개되었다. 클린턴이 이를 부인하고, 카빌은 이 문제를 언론을 통해 적극적으로 해명하는 한편, 대통령 선거의 가장 중요한 이슈인 경제, 직업, 건강 보험, 교육 문제와 삼류 주간지 내용 중 어떤 것이 더 중요한지 유권자가 인식할 수 있도록 전력을 기울였다.

클린턴은 힐러리와 함께 CBS TV의 〈60분60 minutes〉에 출연해 그 소문에 대해 직접 해명하는 자리를 마련했다. 카빌은 클린턴에게 용기를 북돋아주기 위해 헤밍웨이의 소설 《무기여 잘 있거라》를 인용했다.

"세상은 모든 사람을 때려 부순다. 그 후 많은 사람들이 부서진 자리에서 더욱 강해진다."

그리고 다음과 같은 대응전략을 건의했다.

첫째, 당신은 희생물이 아니다. TV 인터뷰를 하는 동안 침착하고 확신에 찬 태도를 유지해야 한다. 후보자가 무엇인가를 두려워하고 있다면 기자들과 유권자들은 이를 바로 알아낼 수 있다. 이 방송은 클린턴과 힐러리가 스캔들에 대한 모든 의혹을 씻을 기회다. 당신의 자신감은 전염병처럼 널리 퍼질 것이다.

둘째, 언론에 앙심을 품고 불평하지 마라. 삼류 주간지인 〈스타〉를 간헐적으로 공격하되, 언론의 보도 방식에 대해 불평해서는 안 된다. 시청자들에게 애처롭게 푸념하는 것으로 비칠 수 있기 때문이다.

셋째, 힐러리와 함께 사회자 한 명을 상대하는 유리한 입장이라는 것을 염두에 두라. 〈60분〉은 공정하고 호의적이라는 명성을 원한다. 이 방송은 클린턴에 대한 모든 소문을 잠재울 기회다.

넷째, 힐러리는 비장의 카드다. 그녀는 클린턴과 마찬가지로 침착하고 자신 있는 태도를 보여야 한다. 하지만 클린턴과 달리 사회자가 도가 지나친 질문을 할 때는 클린턴을 적극적으로 방어한다. 또한 사회자가 그녀에게 질문을 할 때 적당한 기회를 잡아 "클린턴이 용서를 구할 두 사람이 있는데 바로 신God과 힐러리 자신이다. 나는 신은 클린턴을 이미 용서했다고 믿으며 나 자신 또한 그를 용서했다."고 대답한다.

클린턴이 〈60분〉에 출연한 후 수많은 시청자들은 두 사람의 부부 사이가 돈독하며 제니퍼 플라워스와의 스캔들이 그와 무관하다고 생각하게 되었다.

게다가 방송이 나간 즉시 카빌은 제니퍼 플라워스를 집중적으로 공

이미지 메이킹의 시대

격해 그녀가 〈스타〉로부터 거액의 돈을 받고 거짓말을 했다는 이미지를 유권자들에게 심어주었다. 또한 제니퍼 플라워스가 공개한 테이프를 전문가에게 의뢰해 그것이 선택적으로 편집되었다는 사실을 밝혔다. 시민들은 조작된 테이프에 근거해 기사를 쓴 언론의 무책임하고 비윤리적인 대도에 실망과 분노를 느꼈다. 그러나 그때부터 많은 언론들이 클린턴을 '교활한 윌리Slick Willier'라고 부르기 시작했다.

제니퍼 플라워스와의 스캔들은 잠잠해졌지만, 뉴햄프셔 예비선거에서 클린턴의 지지율은 조금씩 추락하고 있었다. 심각한 상황은 아니었지만 곧 다른 악재가 발생했다. 〈월스트리트 저널〉의 기자가 클린턴이 징집을 기피했다고 보도한 것이다. 그러자 다른 언론들도 클린턴을 '징집 기피자Draft dodger'라고 부르기 시작했다. 클린턴이 베트남 전쟁의 징집을 피하기 위해 징집제도의 허점을 교묘히 이용했다는 것이었다. 실제로 클린턴은 당시 로즈 장학생으로 선발되어 징집 연기가 가능한 상태였지만 문제는 클린턴이 징집관에게 보낸 편지였다.

ABC 방송은 클린턴이 1969년에 징집관에게 보낸 감사 편지를 공개했다. 이 편지에는 징집에서 제외된 것을 감사하는 내용이 담겨 있었다. 조지 스테파노풀러스가 이 편지를 읽은 후 "이것으로 우리는 완전히 파멸이다."라고 말할 정도였다.

그러나 카빌은 스테파노풀러스의 비관적인 견해와 달리 이 편지는 클린턴에게 좋은 패이며 클린턴을 징집 기피자라는 위기에서 벗어나게 할 것이라고 주장했다. 카빌은 이 편지의 일부분만 공개한다면 클린턴에게 치명상을 입힐 수 있지만, 전체를 공개한다면 겨우 스물한 살에 불과했던 클린턴의 우아한 문장력을 보여주면서 유권자에게 대통령에

걸맞는 인물이라는 인식을 심어줄 수 있다고 생각했다. 또한 국방부가 부시 대통령을 돕기 위해 개인정보를 불법으로 유출했다고 맹비난함으로써 문제를 편지의 내용에서 정부의 비열한 공작으로 전환시켰다. 그러나 얼마 지나지 않아 클린턴의 편지가 국방부에서 유출된 것이 아니라 다른 곳에서 나온 것임이 밝혀졌다. 계속 터지는 악재로 완전히 기진맥진한 클린턴은 뉴햄프셔 예비선거를 포기하고 고향인 아칸소로 돌아가려고 했다.

이때 ABC 방송의 〈나이트라인Nightline〉에서 그 편지를 주제로 클린턴에게 인터뷰를 요청했다. 클린턴이 원하는 바였다. 카빌은 클린턴에게 절대로 인터뷰 도중 편지를 스스로 읽지 않을 것, 이 기회를 통해 이번 선거가 스캔들 폭로 선거에서 벗어나 유권자들의 건전한 판단에 의한 선거가 되어야 한다고 강조할 것 등을 조언했다.

방송 이후 여론조사 결과 클린턴은 지지율을 만회했고, 선두 주자인 송가스를 비슷한 수준으로 따라잡았다. 그러나 남부 지역의 예비선거나 슈퍼 화요일Super Tuesday, 미국의 일부 주에서 예비선거가 동시에 행해지는 날에 참여할지라도 클린턴에게는 승산이 거의 없다고 판단됐다. 대부분의 언론들도 스캔들과 징집 기피 문제 등으로 클린턴은 이미 치명상을 입었고 예비선거에서 살아 남기 힘들 것이라고 전망했다.

그러나 예비선거 결과 클린턴은 여론의 예상을 뒤엎고 2등을 차지했다. 모두들 클린턴을 '돌아온 사나이Comeback Kid' 라고 부르기 시작했다. 카빌은 조지아 예비선거에서 승리하기 위해 흑인 유권자의 지지를 획득하는 데 전력을 기울였다. 백인의 투표율이 저조한 반면 흑인의 참여율은 상당히 높아 흑인들의 지지율을 80퍼센트 정도 확보한다면 백인

의 지지를 약간만 받아도 승리가 보장될 수 있었다.

남부 지역 흑인들은 해당 지역의 흑인 지도자의 영향력에 따라 움직이고, 면대면 선거운동에 더 큰 반응을 보이는 경향이 있었다. 또한 흑인 여성들은 남성들에게 절대적인 영향을 미쳤다. 카빌은 흑인 의회 지도자, 정치 지도가, 목사 등의 지지 선언을 얻는 데 최선을 냈다.

클린턴은 조지아에서 57퍼센트의 지지율을 획득하면서 24퍼센트의 송가스를 물리치고 대승을 거두었다. 또한 플로리다, 일리노이, 미시간에서 계속 승리를 거두었다. 마침내 경쟁자 송가스는 예비선거를 포기한다고 선언했다. 남부 지역에서 크게 승리하고 동부 지역 예비선거를 준비하던 일요일, 클린턴은 방송 인터뷰를 했다.

"혹시 마리화나를 피운 경험이 있나요?"

기자의 질문에 클린턴은 당황해하면서 말했다.

"영국에서 공부할 때 피워보았지만 제게는 맞지 않았습니다."

"그렇다면 피워보셨다는 거군요?"

기자의 공격이 계속되었고, 클린턴은 황급히 변명했다.

"아, 그게, 그러니까 연기를 들이마시지는 않았습니다."

이후 모든 코미디언들이 이 발언을 조롱거리로 삼기 시작했다. 특히 뉴욕 시에서는 마약 추방 정책보다 클린턴의 이 발언에 더욱 관심을 가지는 것 같았다. 하지만 뉴욕 주를 포함한 동부 지역 예비선거에서 클린턴은 계속 승리했고, 민주당 대통령 후보로 확정되어가고 있었다.

| 현직 대통령 대 도전자, 이미지 메이킹 |

선거운동 중반 무렵, 클린턴은 각개 전투에서는 이기고 있었으나 전쟁에서는 패배하고 있는 듯한 상태였다. 〈뉴욕 타임스〉의 여론조사에 의하면 클린턴의 전국 지지율은 겨우 15퍼센트에 불과했다. 조지 H. W. 부시 대통령의 지지율도 계속 하락하고 있지만, 클린턴이 이 유권자들을 자기 진영으로 흡수하지 못했던 것이다. 클린턴은 반란의 시기에 강한 도전자의 인상을 심어주지 못했다.

더욱이 로스 페로Ross Perot가 제3당 대통령 후보로 출마할 것을 선언하면서 클린턴이 제시하는 새로운 아이디어는 유권자에게 확신을 주지 못하게 되었다. 카빌은 두 가지 기본적인 사항에 심도 있는 검토를 권했다.

첫째, 유권자들이 클린턴의 지지를 포기했는가?

둘째, 제니퍼 플라워스 스캔들, 징집 기피, 교활한 윌리 등의 사건들이 그에게 재기하지 못할 정도의 치명타를 입혔는가?

카빌은 플라워스 스캔들과 징집 기피 문제는 이미 해결되었으나 클린턴의 성격과 관련 있는 '교활한 윌리' 라는 인식은 문제가 된다고 지적했다.

"선거운동은 후보자의 입장을 포지셔닝하고 이를 끊임없이 유권자들에게 인식시키는 것이다. 후보자의 포지셔닝을 확고히 정립하지 못한다면 상대 후보자가 자기들의 구미에 맞게 우리의 후보자를 포지셔

닝하고 공격해올 것이다."

클린턴은 자신이 대통령이 되려는 이유를 합리적이고 공격적으로 유권자에게 알려야 했다. 그는 클린턴의 대화법을 바꾸고 그의 정치적 업적에 대한 선전을 강화했다. 또한 지적이고 똑똑함에도 유권자들에 인기가 없었던 부인 힐러리가 공개 석상에 나서는 것을 제한했다.

그 와중에 로스 페로가 클린턴의 선거 전략에 큰 문제를 제기하면서 클린턴이 원하는 반워싱턴 정치anti-Washington 후보자라는 이미지를 선점하고 말았다. 페로는 선거를 대중운동으로 이끈 반면 클린턴은 민주당 위주로 선거운동을 전개했다. 클린턴은 캠페인 슬로건과 자신에 대한 포지셔닝을 재검토해야만 했다.

'국민이 우선인 국가Putting People First' 라는 슬로건은 진부했다. '뉴저지가 우선인 주', '버지니아가 우선인 주' 등의 슬로건이 이미 사용된 적이 있기 때문이었다. 카빌은 클린턴의 주장을 유권자들이 이해하기 쉬운 슬로건으로 만들었다.

"변화 대 현상 유지"

"문제는 경제다"

"건강보험 우선"

이 중 '문제는 경제다' 라는 슬로건은 대단한 호응을 얻어 클린턴 선거운동의 주요 의제가 되었다.

정치 컨설턴트의 역할은 자신의 후보자가 내건 정책의 유효성을 입증하고 선전하는 것이며, 또한 수집된 여론과 상대 후보의 정보를 토대

로 후보자의 입장을 정당화하는 것이다. 정치 컨설턴트는 '스핀 닥터 Spin Doctor' 라고도 불리는데 '스핀Spin' 은 후보자를 가장 유리한 상황으로 만드는 것을 의미한다.

그러나 미국 언론에는 자기점검과 자기반성이 결여되어 있었고, 상대방의 주장에는 귀를 기울이지 않고 언론의 자유만 부르짖으며 자신들의 주장만 했다. 언론은 후보자를 비판할 수 있었지만 후보자가 언론을 비판하면 '언론 탄압' 이라고 몰아붙였고, 언론들끼리는 서로 비판하지 않았다.

그러다 보니 선거 전략가와 언론은 항상 대립 상태일 수밖에 없었다. 후보자는 늘 언론이 자신을 어떻게 생각하고 있는지에 관심을 가진다. 선거 전략가의 임무는 언론에 영합하는 전략을 펴는 것이 아니라 자신들의 선거 메시지를 보도하게 만드는 것이었다. 언론의 임무는 뉴스거리나 논쟁거리를 찾아 보도하는 것이며, 이에 따라 선거 전략가는 자신들의 아이디어나 정책이 항상 논쟁거리가 될 수 있게 만들어야 했다.

로스 페로는 자신의 선거운동 본부장으로 에드 롤린스와 해밀턴 조던을 임명했다. 조던은 1976년 대통령 선거에서 민주당 지미 카터를 당선시킨 주역이었고, 롤린스는 1980년 대통령 선거에서 레이건 진영의 상임 고문이자 1984년 재선운동의 선거운동 본부장을 맡았던 인물이었다. 카빌은 이들이 페로의 선거에 개입한 이유에 의문을 느꼈다. 그리고 두 사람이 다시 한 번 대선에서 승리의 영광을 누리고 싶기 때문이라고 결론지었다.

카빌은 선거 전략가로서 항상 분석적이고 계산적인 태도를 유지하고, 절대 자신의 감정이 전략 수립에 반영되지 않도록 늘 조심했다. 그

는 자기 후보자의 당선에 방해되는 모든 요소들을 배척하는 데 최선을 다했고, 하루 18시간 이상 선거운동에만 전념했다. 그리고 엄청난 집중력과 강한 성격으로 모든 선거운동원을 혹독할 정도로 몰아붙였다.

현직 부시 대통령의 커다란 약점은 두 가지였다. 계속되는 경제 침체와 지난번 대통령 선거에서 약속한 "새로운 세금을 부과하지 않겠다."는 공약을 깨뜨린 것이었다. 부시는 공약을 지키지 못한 것에 대해 계속 사과하고 변명했으나 국민들은 잊지 않았다.

대부분의 선거운동에서 나타나는 가장 큰 문제점은 후보자가 자신의 본 모습을 감추고 다른 인물인 것처럼 행동하는 것이다. 대통령 선거에서는 모든 언론이 집중적으로 후보에 대해 조사하기 때문에 이는 얼마 지나지 않아 탄로나고 만다. 둘째는 후보자가 지나치게 많은 정책을 주장하는 것이다. 이에 대해 선거 전략가가 후보자에게 승리를 가져다줄 중요한 한 가지 쟁점에 집중하라고 조언하면 의견 대립이 발생하기도 한다.

뉴욕에서 개최된 민주당 전당대회에서 클린턴은 정식으로 민주당 대통령 후보로 지명되었으며, 부통령 후보로 앨 고어 연방 상원의원을 선택했다. 또한 경제에 집중하는 새로운 민주당의 탄생을 주장했다. 앨 고어는 환경보호주의자이며 상원의원으로서 뛰어난 활동을 해온 인물로 클린턴이 주장하는 '새로운 민주당'에 적합한 인물이었다.

대통령 선거가 후반으로 접어들면서 갑자기 로스 페로가 사퇴를 선언했다. 클린턴에게는 천재일우의 기회였다. 이제 미국을 변화시키려는 후보로 유일하게 클린턴만이 남은 것이다.

클린턴은 자신의 새 아이디어를 부시의 낡은 아이디어와 대비하는

대통령을 만드는 사람들

데 집중했다. 카빌은 '희망을 가지고 온 사람Man from Hope'이라는 광고를 제작했다. 클린턴은 아칸소의 호프Hope 시 출신이었다. 앨 고어 부통령 후보의 합류와 로스 페로의 퇴장에 따라 클린턴의 선거운동은 급물살을 타고 상승세를 거듭했다. 결국 클린턴은 여론조사에서 54퍼센트의 지지율을 기록하며 31퍼센트인 부시를 압도했다.

그러나 카빌은 이에 안심하지 않았다. 그는 1976년 민주당의 카터가 민주당 전당대회 직후 공화당의 포드 대통령을 33퍼센트 이상 앞섰으나 최종 투표 집계에서 겨우 1퍼센트 차이로 승리한 것을 거듭 상기시켰다. 그리고 1988년의 민주당 후보인 듀카키스의 실수도 교훈으로 삼았다.

카빌은 클린턴 선거운동의 상승세를 유지하고 부시의 공격에 반격하기 위해 '전략실'을 설치했다. 카빌은 사무실에 상주하면서 전략실을 24시간 가동시켰고, 모든 정보를 수집해 어떤 상황이 발생하든 즉시 대응했다. 클린턴 선거운동 본부의 강점은 '속도전'이었다.

클린턴의 유세 현장을 수행하는 역할은 스테파노풀러스 등의 다른 책임자들이 맡았다. 전략실에서는 제아무리 사소한 정보와 뉴스라도 놓치지 않고 모두 수집하여 분석됐다. 〈뉴욕 타임스〉, 〈워싱턴 포스트〉의 기사뿐만 아니라 전국의 지방신문까지 수집했고, 특히 경쟁 지역의 신문에는 더욱 큰 주의를 기울였다.

또한 카빌은 정보조사 팀을 공화당 추적 팀GOP Watch, 클린턴 추적 팀, 고어 추적 팀으로 나누고, 각 팀에게 담당 후보의 일정을 모든 참석자들에게 브리핑하게 했다. 특히 상대 후보인 부시의 일정과 일거수일투족을 보고받아 정리해 다음 날 아침회의 자료를 만들었다. 회의는 매일

아침 7시 정시에 시작됐다. 일정 담당자, 행사 책임자, 현장 방문요원, 광고 담당자, 언론 담당자, 조사 담당자 등 담당 부서 책임자들이 모두 참석해 업무를 할당받고 각 요원들에게 지시를 내렸다.

카빌은 전략실을 선거운동 본부의 엘리트 집단이 아니라 모두에게 열린 조직으로 만들었다. 많은 사람들이 회의에 참석했으며, 이 자리에서는 가장 민감한 선거 전략 의제와 방송 예정인 TV 광고 등에 대해서도 논의되었다. 많은 사람들이 비밀이 유출될 것을 걱정했으나 다행히 그런 일은 발생하지 않았다. 선거의 막바지 무렵에는 저녁 7시 회의도 신설됐다. 참석인원은 아침회의보다 많았다. 그리고 직원들을 독려하기 위해 매주 금요일 금주의 최고 요원을 선발해 작은 선물을 주었다.

선거 전략가는 매일 18시간 이상, 일주일 내내 일을 한다. 이런 격무 속에서 가장 큰 재산은 올바른 판단력이다. 마라톤 경기 같은 대통령 선거운동에서는 늘 맑고 명석한 두뇌를 유지하는 것이 중요했다.

또한 선거 전략가는 후보자의 자신감을 키워주는 역할을 해야 한다. 후보자는 선거운동 기간 내내 항상 공격을 받고 있기 때문에 아무도 자신을 대신해 싸워주지 않는다고 느끼고 외로운 존재라고 생각하기 쉽다. 연일 계속해 강한 공격을 받으면 후보자는 측근 중 누군가가 대신 공격을 해주고 자신의 방패막이가 되어주기를 원한다. 이런 상황에서 선거 전략가는 후보자에게 명확한 행동 방향을 제시하고 자신 있게 보좌해야 한다.

항상 후보자의 생각이 최선이라고 믿어야 하며, 극단적인 상황을 제외하고 후보자가 싫어하는 일을 강요해서는 안 된다. 분명히 어떤 시간에 어떤 내용의 TV 광고를 내보낼지, 어떤 방송 인터뷰를 선택할지 등

의 논쟁은 전략가의 영역이지만 후보자의 의견을 항상 존중해야 한다는 것을 잊으면 안 된다.

선거운동의 후반기인 9월 말 로스 페로가 사퇴를 번복하고 다시 선거운동을 시작했다. 그러나 페로는 이미 클린턴의 적수가 되지 못했고 위협적이지 않았다. 10월 11일 대통령 후보 토론대회가 열렸다. 카빌은 클린턴, 부시, 페로의 3자 토론에서 지지율 변화는 거의 없을 것이며, 특히 페로가 유권자들의 불만을 대변하며 부시를 공격할 것이므로 클린턴이 유리할 것이라고 판단했다.

카빌은 클린턴에게 토론대회에서 대답, 공격, 설명의 중요성을 강조했다. 그는 모든 질문에 대해 성실하게 답변하는 것이 가장 중요하고, 그 후 상대 후보를 공격해 치명상을 입혀야 함을 주지시켰다. 그러고 나서 자신의 입장을 설명해야 하며 시간이 부족하면 입장 설명보다 질문에 대답하는 데 더 많은 시간을 사용하라고 했다. 후보자가 질문에 대한 대답을 충분히 하지 않으면 유권자들의 지지를 확보하기 어렵기 때문이다. 후보자의 또 다른 중요한 기술은 '1분 스피치'였다. 주어진 1분 동안 효과적으로 자신의 견해를 보여주는 것이다. 토론에는 성실하고 진지한 태도로 임하고 자신에게 불리한 주제가 나올 경우 순발력 있게 화제를 전환하는 것도 중요했다. 토론대회가 끝난 후 여론조사는 클린턴의 우세였다. 클린턴은 승리에 한발 더 다가간 것이다.

클린턴은 소매정치식 선거운동을 선호해 항상 유세장에서 유권자들과 악수를 나누고 신체 접촉을 했다. 물론 후보자가 모든 국민들과 악수를 할 수는 없다. 그러나 적어도 후보자를 보기 위해 오랜 시간을 기다린 유권자들과 악수를 나누거나 등을 두드려주는 행위는 지지율을

높이는 중요한 방법 중 하나다. 많은 후보자들이 촉박한 일정에 따라 연설을 마치자마자 다음 유세장을 향해 출발한다. 이것은 오랜 시간 차를 타고 와서 기다린 유권자들에 대한 예의가 아니며 유권자들을 실망시키는 요인이 되기도 한다. 이런 선거운동이 클린턴에게 도움이 되었음은 당연한 일이다.

카빌의 적확하고 시의적절한 판단과 조언으로 빌 클린턴은 1996년 11월 현직 대통령 조지 H. W. 부시를 꺾고 승리를 거두었다. 클린턴의 대통령 당선은 정치 전문가, 정치 컨설턴트, 미국 내의 언론은 물론 세계를 놀라게 한 드라마틱한 역전승이었다.

선거에서 여론조사가의 역할

Tip

여론조사가들은 항상 시간에 민감하다. 그들은 항상 콜센터를 가동하고, 직원을 훈련시키고, 주어진 시간 내에 조사결과를 적절히 전달해야 한다.

이들은 미국 독립기념일의 불꽃놀이에 비유되기도 한다. 멋지고 재미있지만 자칫하면 자신의 얼굴에 불똥이 튈 수도 있고, 내용과 해석에 따라 다른 방향의 분석을 제시하는 오류를 범할 수도 있기 때문이다.

조사 팀은 대개 경제, 사회복지 등 10개 이상으로 분야로 나누고, 상대 후보를 공격할 만한 자료와 자기 후보에 대한 네거티브 공격에 반격할 자료를 수집해야 하는 막중한 임무를 지니고 있기도 하다. 선거운동 중에는 항상 정치적인 악성 루머에 대비해야 한다. 루머에 대해서는 강력하게 대응하여 후보자가 루머와 무관함을 보여주어야 하고, 특히 언론이 관심을 가지고 경쟁적으로 확대재생산하는 것을 막아야 한다.

모리스는 자신이 단순히 고용된 저격수가 아니라
컨라기기고 킹켔비. 그리고 이뉴글 바녕으노 반 신서 선탁이
자신의 브랜드라고 일컬었다.
모리스는 공화당의 책임감과 민주당의 열정을 혼합한
이미지화 전략을 구축하고 클린턴에게 1988년
대통령 선거 출마를 종용했다.

딕 모리스Dick Morris는 뉴욕 출신의 정치 분야 작가이자 여론조사가다. 그는 1970년 리처드 고트프리드Richard Gottfried의 뉴욕 주 의원 선거 참모로 정치 컨설팅 활동을 시작했다. 초당파 컨설턴트를 자처한 모리스는 빌 클린턴 같은 민주당 소속 후보의 선거운동은 물론 공화당 소속 트렌트 로트Trent Lott, 제시 헬름스Jesse Helms, 파울라 호킨스Paula Hawkins 등의 연방 상원 의원 선거 및 윌리암 웰드William Weld 매사추세츠 주지사, 피트 윌슨Pete Wilson 캘리포니아 주지사, 마이크 헉커비Mike Huckabee 아칸소 주지사와 제이 디 키Jay Dickey 연방 하원의원의 선거를 도왔다.

그러나 모리스는 무엇보다도 클린턴의 정치 컨설턴트로 유명하다. 그는 클린턴의 가장 신뢰받는 고문이자 클린턴의 정책을 일반 대중에 게 알리는 데 뛰어난 능력을 발휘했다. 모리스는 입후보자가 유권자를

감동시키고 선거를 승리로 이끌 수 있는 이슈를 만드는 데 전문가였다.

1978년 클린턴의 아칸소 주지사 선거운동에 참여해 그를 당선시켰고, 훗날 주지사 재선에 실패한 후 차기 주지사 선거에 출마할 수 있도록 힘이 되었다. 모리스는 클린턴의 1992년 대통령 선거 당시에는 별다른 활약을 하지 않았다. 당시 선거운동 본부의 주요 전략가는 데이비드 윌헬름, 제임스 카빌, 조지 스테파노풀러스George Stephanopoulos, 폴 베갈라 등이었다. 그러나 1994년 중간선거에서 공화당이 상·하원에서 다수당이 됨에 따라 세가 약해진 클린턴은 다시 모리스의 협조를 구했다. 당시 클린턴의 재선이 비관적인 상황이었으나 모리스는 클린턴의 재선을 승리로 이끌었다. 1995년 초부터 1996년 8월까지 모리스는 클린턴과 부통령 고어의 재선운동 전략을 수립하는 데 가장 중요한 역할을 했다.

1996년 대통령 재선운동의 선거운동 본부장으로 임명된 모리스는 〈타임〉이 '클린턴의 귀1996년 9월 2일 자'라고 일컬을 만큼 막강한 영향력을 발휘했다. 클린턴 대통령의 비서실장이던 레온 파네타Leon Panetta는 "클린턴 대통령은 국민이 원하는 이슈와 어떻게 행동을 해야 하는지에 대한 분명한 자신감을 가지고 있었지만 종종 비밀리에 모리스의 의견을 듣고 싶어 했다."라고 술회했다. 대통령의 공보 담당 비서를 역임한 조지 스테파노풀러스도 "1995년의 아홉 달 동안 모리스는 대통령에게 절대적인 영향력을 행사했으며 행정부 내의 그 누구도 모리스에게 대항할 수 없었다."라고 말했다.

모리스는 클린턴에게 선거에서 이기기 위해서는 이데올로기 문제를 버리고 정치를 소비자 위주의 비즈니스로 전환시켜야 한다고 조언했다. 또한 중도 성향 유권자Swing Voter를 겨냥해야 하고, 유권자들의 개인적

인 욕구를 파악하고 그것을 충족시킬 만한 약속을 해야 한다고 주장했다. 승리의 승부수는 중도 성향 유권자들의 욕구를 얼마나 해결해주느냐에 달렸다고 생각한 것이다.

그는 클린턴의 재선 승리를 위해 공화당에 중립 정책을 펴고, 민주당을 기존의 민주당과 공화당이라는 내립 관계에서 벗어나 다양한 유권자들의 지지를 받을 수 있는 '삼각형 구도Triangulation' 라는 전략을 수립했다. 중립 정책은 바로 공화당의 의제인 공화당의 예산안, 세금 감면, 복지 정책 개혁, 차별 정책 등을 무더기로 통과시키는 것이었다. 그러나 자유주의적 정책을 원하는 지지자들은 이러한 전략을 클린턴의 정치 성향이 중도로 옮겨간 것으로 파악하고 실망하기도 했다.

1996년 8월 29일, 대통령 선거가 한창일 당시 모리스와 매춘부 쉐리 로렌스의 스캔들이 터졌다. 그가 로렌스에게 클린턴과의 전화 통화 내용을 들려주고 대통령 선거유세 연설문을 미리 보여주었다는 것이었다. 이뿐만 아니라 로렌스는 모리스가 1996년 민주당 전당대회에서 힐러리와 앨 고어 부통령의 연설문은 자신이 작성한 것이라고 자랑하기도 했다고 밝혔다.

모리스는 빌 클린턴이 민주당 전당대회에서 대통령 후보 수락 연설을 하는 날 사임했다. 그는 사임성명에서 이렇게 말했다.

"클린턴에게 자신의 스캔들이 이슈가 되어 부담을 주게 될 것이 우려되어 사임한다."

모리스의 사임 발표 직후 클린턴은 성명을 발표했다.

"모리스는 자신의 진정한 친구이자 정치 역경을 겪을 때 많은 도움을 준 인물이다. 그의 호의에 감사한다."

스캔들이 터지고 일주일 후 〈타임〉은 '추락한 모리스의 곤경'이라고 이 사건을 표현했다.

이 스캔들 후 이미지가 추락한 모리스는 미국 내에서 정치 컨설턴트로서의 활동을 전혀 하지 않았다. 그는 정치 평론가로 진로를 바꾸고 〈뉴욕 포스트〉에 주간 칼럼을 연재했고, FOX TV의 뉴스 프로그램에서 정치 평론을 했다. 또한 인터넷 매체인 보트닷컴VOTE.Com의 사장으로 활동하고 있다.

1996년 스캔들로 인해 클린턴에게 해고당한 모리스는 이때 클린턴 부부의 행동에 깊은 환멸을 느꼈다고 말했다. 그는 FOX TV의 〈휴머니티 앤드 콤스Humanity&Colmes〉나 〈오라일리 쇼O' Reilly Factor〉 같은 뉴스 프로그램, 라디오 좌담 프로그램 등에서 정치 평론가로 활약하면서 클린턴 부부, 특히 힐러리를 신랄하게 비판하곤 했다. 또한 클린턴 부부를 비판하는 책을 여러 권 냈는데 힐러리의 자서전《살아 있는 역사Living History》를 반박하는《역사 다시 쓰기Rewriting History》를 출간하기도 했다. 2008년 대통령 선거에서 힐러리가 미국 대통령으로 당선되면 자신은 미국을 떠나 외국으로 갈 것이라고 농담을 할 정도로 그는 클린턴 부부에 대해 비판적인 입장이 되었다.

또한 모리스는 1997년에 출간한《백악관의 이면Behind the Oval Office》에서 클린턴의 폭력성과 힐러리의 이중성을 폭로했다. 아칸소 주지사 시절 심한 논쟁 끝에 자신이 문 밖으로 나가려고 하자 클린턴이 자신의 팔을 꺾고 주먹으로 때리려고 했고 이를 힐러리가 막았다는 것이다. 이때 힐러리는 모리스에게 "빌은 자신이 가장 좋아하는 사람에게만 그런 행동을 한다."고 변명하며 사과했다고 한다. 그는 이 사건이 1992년 대통령

이미지 메이킹의 시대

후보 선거운동을 도와달라는 클린턴의 제의를 자신이 거절했기 때문이며, 힐러리의 사과는 단지 이 사건이 외부로 새어나가지 않길 바랐기 때문이었다고 밝혔다. 그러나 힐러리는《살아 있는 역사》에서 이 사실을 모두 부인했다.

모리스는《나는 이기기 위해 도전한다》에서 2008년의 대통령 선거는 힐러리 클린턴과 콘돌리자 라이스Condoleeza Rice의 대결이 될 것이라고 예측했다. 이에 대해 모리스의 비판론자들은 과거 대통령 선거에서 그의 빗나간 예측을 들먹이며 조롱했다. 이를테면 2004년 민주당 대통령 후보 경선에서 하워드 딘Howard Dean에 도전한 존 케리John Kerry에 대해 별로 승산이 없다고 예측했으나 하워드 딘이 경선에서 패배한 일 등을 들먹였다.

또한 모리스는 힐러리가 2006년 뉴욕 연방 상원의원 선거에서 온건파 공화당 후보인 지니 피로Jeanie Pirro에게 패배할 것이라거나 힐러리가 2008년 대통령 후보 출마를 도중하차할 것이라는 빗나간 예측을 하기도 했다.

그는 미국 내에서 정치 컨설턴트로는 전혀 활동하지 않았지만, 외국의 선거에는 관여했다. 2004년 유럽의회 선거가 실시되기 전 영국 내에서 유럽연합 탈퇴를 주장하는 영국독립당United Kingdom Independence Party의 선거운동을 도와 영국 의석 78석 중 12석을 확보하게 했다. 또한 2004년에 우크라이나의 대통령 선거에서 유시첸코Yushchenko의 선거 전략가로 활약하며 당선에 일조했다. 같은 해 멕시코 선거에서는 "민주혁명당PRD이 성공한다면 멕시코는 차베스나 카스트로 시대로 회귀할 것이다."라는 네거티브 선거 전략을 통해 민주혁명당과 안드레스 마누엘 로페스 오

브라도르를 공격하기도 했다.

그 후 모리스는 2007년 켄터키 주지사 후보인 빌리 하퍼^{Billy Harper}의 선거운동에서 전략 책임자가 되면서 다시 미국 내의 정치 컨설턴트로 복귀했다.

| 클린턴과 모리스, 연합전선의 시작 |

모리스가 클린턴에게 막강한 영향력을 행사하게 된 것은 1994년 말부터이며, 이때부터 백악관의 주간 전략회의에 공식적으로 참석했다. 그는 1992년 대통령 선거의 주역들인 카빌, 베갈라, 스테파노풀러스 등을 제치고 재선운동의 핵심 전략가로 등장했다.

1978년, 정치 후보생을 찾아 전국을 헤매고 다니던 풋내기 정치 컨설턴트 모리스는 젊고 야심만만한 아칸소 검찰총장 빌 클린턴을 만났다. 이 두 사람은 베이비 붐 세대라는 세대적 기반을 공유했고, 케네디를 숭상하고 닉슨을 싫어한다는 공통점을 지니고 있었다. 특히 무엇보다 두 사람은 정치라는 게임을 사랑한다는 데서 의기투합했다.

클린턴은 모리스를 만나고 나서 아칸소 주지사 출마를 결심했다. 그들은 함께 여론조사를 하고 선거운동 전략을 논의했고, 마침내 클린턴은 가장 젊은 주지사가 되었다. 이때 모리스는 클린턴에게서 미래의 대통령이 될 가능성을 발견했다.

모리스는 유권자의 욕구를 파악하여 그것을 제시하는 데 있어 뛰어난 능력을 발휘하는 전략가였다. 그는 클린턴이 아칸소 주지사 선거에

출마했을 때 어떤 주장을 해야 하는가보다 선택된 주장들 중 어느 것이 유권자에게 가장 인기 있는지를 파악했다. 모리스는 정책을 결정하는 것과 중점적으로 강조해야 할 주요 이슈를 구별하는 것이 중요하다고 강조했다. 그리고 이를 '자신 있는 음식으로 메뉴판을 만들고, 고객에게 저녁식사로 메뉴판에 있는 음식 중 한 가지를 자신 있게 추천하는 것'에 비유했다.

모리스는 어떻게 하면 선거에서 승리하는지를 잘 알고 있었으며 승리를 위해서는 수단과 방법도 가리지 않았다. 그는 클린턴의 선거운동에 영화 제작자들이 사용하는 영화 예고편 방식을 활용했다. 또한 과학적인 테스트와 평가에 의해 예측 불가능한 정치 세계의 특성을 최소화하려 노력했다. 선거에서 승리하는 것은 이미지가 아닌 실제 이슈에 의해 가능하다고 판단한 것이다. 따라서 이슈는 후보자의 인간성을 가장 잘 전달할 수 있도록 만들어야 했다.

예를 들어 후보자가 양로원 시설 개선을 공약으로 내세우면 그는 후보자의 인간미를 부각시켰다. 후보자가 교육개혁을 주장한다면 어린아이들을 진정으로 사랑하는 모습을 보여주었다. 모리스는 단순히 "저는 미래의 꿈나무인 어린이들을 사랑합니다."라는 말로는 유권자들의 마음을 사로잡을 수 없다는 것을 잘 알고 있었다.

또한 모리스는 정치 컨설턴트 활동 초기에 네거티브 광고를 강조했다. 1970년대 네거티브 광고를 사용한 컨설턴트 중 하나였던 것이다. 네거티브 선거운동은 당시 베트남 전쟁과 워터게이트 사건에 따라 정치인에 대한 대중의 실망과 시대에 대한 분노를 반영하는 하나의 방법이었다. 그는 자신을 '필요악'이라고 묘사했다.

모리스는 클린턴이 보이스카우트와 정치가의 두 가지 성격을 가지고 있다고 보았다. 실제로 클린턴은 정치적 계산을 삼가고 좋은 일만 하고 좋은 면모만 보이고자 하는 보이스카우트적인 기질이 있었다. 그럴 때의 클린턴은 모리스뿐 아니라 어떤 실용적인 제안에 대해서도 거부했고, 미국의 정치 현실과 동떨어진 일을 하기도 했다. 또한 절차를 무시하거나 비판하기도 했다.

클린턴은 아칸소 주지사로 처음 당선된 후, 선거 공약인 도로 보수 자금을 확보하기 위해 자동차 등록세를 두 배로 인상했다. 주민들의 거센 항의에 클린턴은 말했다.

"인상폭은 극히 미미하다. 그런데 그에 비해 도로를 편리하게 사용할 수 있게 되는데 왜 자동차 소유자들이 반대하는지 이해할 수 없다."

모리스는 클린턴의 심정은 이해하지만 만일 자동차 등록세를 인상한다면 재선이 불가능할 것이라고 조언했다. 클린턴은 모리스의 주장을 믿지 않았을 뿐 아니라 자신의 정책 결정에 간섭했다는 이유로 모리스를 해고했다. 이미 주지사가 된 클린턴은 더 이상 모리스의 판단이 필요 없다고 여긴 것이다. 여기에 주지사 선거운동 당시 모리스가 사용한 여론조사와 네거티브 전술을 그대로 사용하는 것이 부적절하다는 판단도 작용했다.

그러나 아칸소 주지사 재선에 적신호가 켜지자 클린턴은 다시 모리스에게 협조를 요청했다. 모리스는 상황을 반전시키기에는 늦었다고 생각했다. 여론조사 결과 클린턴이 패배할 것이라고 생각하는 사람들은 의외로 적었지만, 클린턴이 여론을 무시하는 태도를 버리도록 교훈을 주어야 한다는 응답자가 상당했기 때문이다. 그리고 클린턴은 모리

스의 예상대로 1980년 주지사 재선에 실패했다.

이러한 정치적 역경에 다다라서야 클린턴은 자신의 태도를 바꾸었다. 기본원칙은 그대로였지만 영리한 정치적 전사로 변신한 것이다. 그결과 클린턴은 1982년 아칸소 주지사에 당선되었고, 1992년에는 미국 대통령으로 취임하기에 이른다.

1982년의 아칸소 주지사 선거에서 클린턴의 재기를 위해 모리스는 1981년 초부터 TV 광고를 지속적으로 실시했다. 당시 TV 광고를 사용하는 후보자는 거의 없었고, 있다 하더라도 투표일 몇 주 전부터 진행하는 것이 고작이었다. 이 광고를 통해 클린턴은 1980년도의 실수를 유권자에게 직접 설명함으로써 극적으로 재기할 수 있었다.

모리스는 자신이 단순히 고용된 저격수가 아니라 전략가라고 칭했다. 그리고 이슈를 바탕으로 한 선거 전략이 자신의 브랜드라고 일컬었다. 그는 클린턴과 1988년 대통령 선거 출마를 논의하고 '새로운 동반자New Partnership'라는 이슈를 개발했다. 이 이슈는 1992년 클린턴의 대통령 선거 이슈였던 '새로운 약속New Covenant'의 모체가 되었다. 모리스는 공화당의 책임감과 민주당의 열정을 혼합한 이미지화 전략을 구축하고 클린턴에게 1988년 대통령 선거 출마를 종용했다. 그러나 클린턴이 출마하지 않기로 결정함에 따라 조지 H. W. 부시의 선거운동에 합류하여 활용하게 되었다.

대통령을 만드는 사람들

1992년 대통령 선거에서 클린턴의 당선 가능성은 거의 없었다. 같은 민주당 내에서도 뉴욕 주지사 마리오 쿠오모^{Mario Cuomo}에 비해 지명도 면에서 열세였고, 현직 대통령 조지 H. W. 부시는 걸프 전쟁의 승리에 따라 국민 지지율이 90퍼센트에 육박하는 난공불락의 요새였다. 아직 경제 침체로 인해 부시의 지지도가 하락세를 보이지 않을 무렵이었다.

클린턴은 모리스에게 1992년 대통령 선거 책임자가 되어 달라고 권유했지만, 모리스는 가능성이 거의 없다고 생각해 거절했다. 클린턴은 모리스에게 다른 적임자를 추천해달라고 요청했고, 그는 제임스 카빌을 추천했다. 카빌은 민주당과 공화당의 전통적 대립 지역에서 가장 능력을 발휘했고, 대중영합에 능란했다. 그러나 상대가 조준 사격거리 안에 들어왔을 때는 누구보다 뛰어난 실력을 발휘했지만 예상 거리를 벗어나면 새로운 공격 방법을 잘 찾지 못한다는 단점을 지니고 있었다.

클린턴은 카빌에 대해 잘 알지 못했지만 남부인 특유의 힘과 정열이 필요하다고 생각해 카빌을 고용했다. 카빌은 자금 관리와 후보자의 메시지 관리를 가장 중요하게 생각하여 메시지를 일관되게 유지하고 효율적인 TV 광고를 진행하는 전략을 수립했다. 이것이 클린턴에게 유효하게 작용했다.

그러나 클린턴은 민주당 대통령 후보 예비선거에서 제니퍼 플라워스와의 혼외정사 스캔들, 징집 기피 보도 등으로 곤경에 처하자 모리스에게 조언을 구했다. 모리스는 제니퍼 플라워스 스캔들보다 징집 기피가

클린턴에게 더욱 치명적이라고 판단했다. 그래서 클린턴에게 징집 기피 문제에 직접 대응하지 말고 참모들이 처리하게 하라고 조언했다. 또한 긍정적인 이슈에 관한 메시지를 개발하고, 전통적인 민주당의 의제인 사회복지제도 개혁과 책임감 등을 다시 부각해야 한다고 조언했다. 그 후 클린턴은 뉴햄프셔 예비선거에서 2능으로 생존했다.

1994년 상·하원의 중간선거에서 민주당은 공화당에 참패했다. 언론은 일제히 클린턴을 '레임덕lame duck, 현직 대통령이 남은 1년의 임기 동안 뒤뚱대는 오리처럼 정책 집행에 일관성이 없다고 비꼬는 말' 이라고 칭하면서 차기 대통령 선거에서 재선 가능성이 희박한 추락한 대통령이라고 낙인찍었다. 곤경에 처한 클린턴은 모리스에게 도움을 요청했다.

모리스는 클린턴의 진영에 들어가며 이렇게 말했다.

"정치는 선한 자와 악한 자의 대결이 아니다. 공화당을 지지하는 정치 컨설턴트가 민주당의 대통령을 위해서도 일할 수 있다. 물론 반대의 경우도 가능하다. 인생이란 언제나 흑과 백으로 뚜렷하게 구별되는 것이 아니다."

1994년의 중간선거에서 민주당이 패배한 후 1992년 클린턴 대통령 당선에 커다란 공을 세운 제임스 카빌은 명목상으로 선거운동에 참가했고 폴 베갈라는 텍사스로 돌아갔다.

클린턴의 불행한 상황을 반전시키기 위해 모리스는 클린턴의 추락 원인을 역추적했다. 그리고 클린턴이 1992년 대통령에 당선된 후의 상황이 카터 행정부가 민주당 의회의 협조 부족과 행정부의 추진력 결여에 따라 일을 제대로 처리하지 못한 상황과 유사하다고 판단했다.

클린턴은 경제 성장안, 의료보험제도와 사회복지 정책 개혁, 아메리

대통령을 만드는 사람들

코 운동AmeriCorps, 미 연방국가 차원의 사회봉사활동 기구, 학자금 융자 지원, 가족의 의료 휴가, 환경운동, 재정적자 축소 등의 거대한 계획을 가지고 있었다. 이에 따라 클린턴은 민주당 의회 지도자들과 연속 회담을 가지고 이들의 적극적인 지원을 얻어냈다.

클린턴은 "공화당은 나를 진정한 대통령으로 여기지 않고 로스 페로가 끼어들어 3자 대결 구도가 된 선거전에서 뜻밖의 실수로 태어난 사생아 취급을 한다."고 불평했다.

심지어 공화당 상원 원내총무인 밥 돌 상원의원은 1992년 선거가 끝난 직후 1996년 대통령 선거에 출마할 것이라고 선언했다. 공화당에 대항하기 위해 모리스는 클린턴에게 특정한 정책들에 집중하는 광범위한 전략을 수립하도록 건의했다.

첫째, 연방 적자의 감소, 사회복지 정책의 개혁, 정부 조직 축소 및 규제 완화를 통해 공화당의 안건을 밀어주어야 한다. 그들이 주장하는 해결책을 추진함으로써 이슈로서의 가치를 상실시킨다.

둘째, 안건을 처리하는 민주당만의 방법을 제시하라. 연방 재정적자를 줄이는 데 공화당의 방법을 따르지 말고 서민을 위한 프로그램 보호 등 민주당의 전통적 가치관을 살리면서 다른 분야에서 경비지출을 삭감할 수 있는 방안을 마련해야 한다. 특히 사회복지 정책의 수혜자를 도울 수 있는 적극적인 복지 개혁안을 제시해야 한다.

셋째, 안건에 대해 적극적으로 방향을 제시하여 대통령의 리더십을 보여주어야 한다. 대통령이 국가의 발전을 주도하고 있으며 의회에 끌려다니지 않는다는 점을 부각시켜야 한다.

넷째, 강력한 외교 정책을 수행함으로써 대통령의 힘을 국민에게 보여주어야 한다. 대외 정책에서 단호한 모습을 보여줌으로써 의회에 끌려다니는 대통령이 아니라 대통령 자신이 최고 책임자라는 사실을 각인시켜야 한다.

다섯째, 대통령이 시류에 따라 흔들리는 우유부단한 사람이라는 인상을 불식시켜야 한다. 일단 행동을 약속했으면 무슨 수를 써서라도 지켜야 한다. 국민들은 대통령이 나약하고 단호하지 않은 결정을 내리면 반기를 들 것이다.

특히 여론조사에서 '우리가 선출한 것은 힐러리가 아니다' 라는 비난이 빗발치자 모리스는 힐러리가 백악관 참모회의에 참가하는 것을 금지하고, 대통령에 대해 보이지 않는 힘을 행사하는 듯이 여겨질 만한 정치적 행동을 모두 중단하라고 권했다.

보통 정치 컨설턴트는 대통령에게 영부인에 대한 의견을 제시하는 것을 주저한다. 그러나 모리스는 이에 대해서도 대통령에게 단호하게 맞섰다. 클린턴은 백악관 참모회의에 힐러리가 참석하는 것을 금지시켰다. 그러나 사적인 대화를 통해 힐러리의 의견을 수용했다.

1994년 12월 초, 모리스는 클린턴에게 정치 세계의 이중적인 현실을 설명했다.

"선거에 의한 공직자는 정책이 실패하면 추락한다. 그러나 때로는 정책을 성공적으로 수행해서 추락하는 경우도 있다. 이는 유권자의 기대가 이미 충족되어 지지투표를 할 이유를 잃었기 때문이다."

모리스는 클린턴의 1994년의 중간선거의 참패 원인으로 건강보험제도의 개혁 실패와 세금 인상을 지적했다. 클린턴은 부시 전 대통령 시절의 경기 침체를 극복하고 경제를 부흥시켰지만, 이때의 중요한 이슈

대통령을 만드는 사람들

는 경제가 아니었기 때문에 공화당의 공격에 취약할 수 밖에 없었다고 말했다.

모리스는 다수 의석을 가진 공화당의 공격에 반격하기 위해 클린턴에게 프랑스의 미테랑 대통령과 시라크 수상의 '적과의 동침'을 예로 들었다. 미테랑은 다수 의석을 보유하고 있는 시라크의 세력을 능수능란하게 다뤘다. 미테랑은 온건 우파를 수상으로 임명하라는 참모들의 건의를 무시하고 강경한 시라크를 수상으로 임명했고, 시라크의 일에 사사건건 간섭하려는 참모들을 무시하고 국영 기업을 다시 민간 기업화하려는 시라크의 정책을 용인했다. 미테랑은 시라크의 정책을 모두 성공시켜 결국 시라크가 의회 선거에서 승리할 수 있었던 이슈를 모두 없애는 고도의 전략을 사용한 것이다. 그 후 1987년 선거에서 시라크는 패배했다.

이런 상황을 토대로 여론조사 결과를 참고하여 모리스는 공화당에 중립 정책을 펴고, 민주당을 '삼각형 구도'로 재정비한다는 정밀한 '경선 이론'을 만들었다. 민주당과 공화당의 주장의 장점만을 혼합한 정책을 채택하면서 동시에 이들의 입장을 뛰어넘는 제3의 세력을 형성하는 것을 의미한다. 이 개념은 양당의 기존 입장의 중간에 서 있는 것이 아니라 이를 초월하는 새로운 것의 창출이었다.

이것은 클린턴이 의도적으로 민주당 동료들과 거리를 두어야 한다는 것을 의미했다. 이 전략 외에도 강력한 외교 정책을 수행하고 튼튼한 국내 경제가 구축되어 대통령직 수행 능력을 입증해야 했다. 또한 교복 착용, 아이들의 통행 금지 시간, 여성의 선택권 등 클린턴이 '가치관'에 따라 움직이는 사람으로 보이게 하는 안건을 추진하면 재선은 가능하

다고 주장했다.

즉 모리스의 이론은 공화당이 주장하는 이슈를 채택하되 이를 클린턴 고유의 스타일로 집행해 새로운 방향을 만드는 것이었다. 모리스의 이론은 클린턴이 공화당 측의 인기 있는 안건들을 가져다 법으로 통과시키던 1996년 재선에서 승리할 수 있다는 것이었다. 민주당의 반발을 불러일으킬 수 있지만 실질적인 득점 기회를 놓칠 수는 없었다. 그리고 모리스에게는 이것이 클린턴의 과거 입장이나 이미 천명한 가치관과 대립된다는 사실이 전혀 관계없었다.

모리스는 겉으로는 이랬다 저랬다 하는 태도를 버리라고 강조했지만, 그의 기본적인 원칙은 '60퍼센트의 승산'이 있는 안건에 찬성하는 것이었다. 10명의 미국인 중 6명이 찬성하는 것이면 대통령도 이를 지지해야 한다. 모리스의 방식대로 하면 여론조사 결과는 좋을 수 있다. 그러나 이 방식은 민주당을 변질시키고 공화당의 비판이 옳다는 것을 입증하게 될 수 있었다. 혹은 클린턴에게 확신이 부족해 정치적 압력에 굴복하고 재선 야망을 위해 항상 양쪽을 모두 만족시키려 한다는 비판에 직면할 수도 있었다.

우선 클린턴은 공화당이 주장하는 세금 감면 프로그램을 자신의 스타일에 맞게 변형시켜 의회에 제출했다. 세금 감면 정책은 클린턴에게 매우 중요하고 민감한 사안이었다. 그는 1992년 대통령 선거에서 중산층의 세금 감면을 공약으로 내세웠으나 이를 실행하는 것을 미루면서 국민의 지지를 잃고 있었다. 특히 민주당은 정부의 경비 절감 노력 없는 세금 감면에 대해 반대했다.

이러한 반대에도 클린턴은 세금 감면을 제안했다. 그리고 공화당의

압력에 의한 것이 아니라 자신의 비전과 주도에 의한 것임을 강조했다. 모리스는 1996년 클린턴의 대통령 재선을 위한 1994년에서 1995년까지 강제유도 여론조사를 계속했다. 그리고 여론조사 결과에 따라 클린턴의 정책을 수립하고 방향을 수정했다. 세금 감면 정책, 학자금 융자의 확대 등의 정책은 이에 따른 것이었다.

모리스는 여론조사를 통해 1996년 대통령 선거에서 결정적으로 승리를 이끌어낼 요인을 파악했다. 미국인들의 태도는 사적으로 이익을 추구하는 것에서 공공정신을 중시하는 것으로 바뀌고 있었다. 이에 따라 미국인들의 관심도 개인적인 부의 축적에서 범죄, 청소년의 훈련 및 가치관, 폭력적인 TV 프로그램, 십대 흡연, 음주, 마약 복용, 환경 문제, 대학교육의 기회 제공 등으로 전환되고 있었다. 1980년대는 '나'를 중시하는 시대였지만, 1990년대는 '우리'를 중시하는 시대로 바뀐 것이다.

또한 미국인들은 전반적인 세금 감면 정책보다 자녀 양육, 대학 학자금 지원 등 실질적으로 필요한 사람에게 혜택을 주는 효과적인 세금 감면 정책을 요구하는 것으로 나타났다. 이 세금 감면안은 클린턴이 공화당의 수단을 이용해 민주당의 목적을 달성시키고자 하는 계획 중 하나였다.

클린턴은 1992년 대통령 선거에서 기회, 책임 그리고 공동체 발전을 이루는 '새로운 사회적 약속New Social Covenant'을 공약으로 내세웠다. 1995년 모리스는 클린턴에게 의회의 다수당인 공화당과 긴밀하게 협조하는 자세를 취하고, 민주당의 진보 좌파 세력과는 단절하라고 조언했다. 클린턴은 용기 있고 현명하게 행동해 결국 민주당을 파국에서 구해냈고 자신의 지지도를 높였다.

1996년 대통령 선거에서 밥 돌 공화당 후보의 공격에도 클린턴이 쉽게 승리한 이유는 클린턴이 TV 광고를 일찍 시작했기 때문이다. 또한 재선이 무저지리는 것을 상기시기기보다 중요한 법인을 홍보하는 광고를 제작했다. 모리스의 조기 TV 광고 전략은 선구자적인 발상으로 대통령 선거운동사상 처음으로 시도된 것이었다. 또한 현직 대통령이 통과시킨 법안을 대대적으로 광고했다는 점도 미국 역사상 최초로 시도된 일이었다. 이에 더해 사회적, 문화적 변화에 대응해 여성 유권자들을 대상으로 하는 광고도 제작했다. 정치 커뮤니케이션의 혁명이라 할 만한 일이었다.

TV 광고를 통한 클린턴의 메시지 전달력은 미국 대통령 중 가장 뛰어난 커뮤니케이터로 평가받는 레이건이나 루스벨트와 비교해도 손색없을 만큼 훌륭했다. 그리고 무엇보다 클린턴의 광고들은 상대방을 저격하는 네거티브 방식이 아니라 유권자들의 요구를 정부가 수용하고 있다는 것을 보여줌으로써 국민들에게 만족감을 주었다.

모리스는 1995년 7월부터 전국에 무차별 광고 방송을 실시했으며, 1996년 클린턴이 TV 광고에 투입한 금액은 8,500만 달러 규모로 1992년의 두 배 이상이었다. 일주일 동안 1억 2,000만 명 이상이 이 광고를 세 번 이상 본 것이다. 유권자가 후보자의 입장에 동의할 때를 놓치지 말고 대대적으로 광고를 진행해야 한다는 광고의 원칙을 그대로 따른 것이다. 특히 모리스는 뉴욕과 워싱턴 D.C.에는 광고를 전혀 내보내지 않고, 로스앤젤레스에서는 가끔 진행했다. 언론 관계자들이 많이 살고

있는 이 지역들에 광고가 노출될 경우 자신들의 의도가 언론의 도마에 오를 수 있다는 우려가 있었기 때문이다.

1996년 선거에서 클린턴의 재선은 다음의 네 가지 이유로 설명되고 는 한다.

첫째, 1995년 중반 균형 예산 편성을 약속한 연설에 따라 좌우에 지나침이 없는 중도적 입장을 취했다.

둘째, 조기 TV 광고를 실시함으로써 공화당의 돌에 대해 먼저 우위를 확보한 것이다.

셋째, 1996년 초에 행한 신년 연두교서와 정책 수행 홍보 TV 광고를 통해 돌과의 지지율 차이를 확실하게 벌려놓았다.

넷째, 클린턴의 지지율을 깎아내릴 수 있는 사회복지 개혁 정책에 대해 신속하게 결정을 내린 것이다.

또한 모리스는 1996년 대통령 선거에서 강력한 경쟁자였던 공화당 후보 밥 돌에 대해 다음과 같이 분석했다.

첫째, 공화당은 재정 문제와 범죄 문제에 있어서 많은 유권자들의 지지를 받고 있다.

둘째, 닉슨 이후 공화당은 사회복지 정책과 인종 문제 및 이민 정책 개혁 등에 대해 광범위한 지지를 받고 있다. 민주당은 이러한 정책을 소수민족 위주로 추진함에 따라 보수적 백인들로부터 지지를 얻지 못하고 있다.

셋째, 외교 정책과 국방 정책에서 공화당은 민주당보다 많은 지지를 받고 있

다. 그러나 민주당의 베트남 전쟁 실패와 조지 H. W. 부시의 걸프 전쟁 승리 등을 강조하고 또한 클린턴의 군대 경험이 전무한 것을 유권자에게 인식시켰어야 했다.

넷째, 경제 문제로 현직 대통령인 클린턴의 정책을 비판하고 있다.

민주당과 공화당은 각각 노동자들과 거대 기업이라는 전통적으로 충실한 지지 세력을 보유하고 있다. 공화당은 친기업적인 노선에서 자유시장 경제체제를 주장하고, 민주당은 노동자의 입장에서 하급 공무원의 해고 금지 등을 주장해왔다.

모리스는 클린턴에게 가족 문제인 어린이 지원금의 강화, TV의 폭력물 방송에 대한 등급제 적용과 교육 개선을 강조할 것을 조언했다. 유권자들은 좋은 뉴스와 나쁜 뉴스가 섞인 발언보다 좋은 뉴스만을 전달할 때 더 신뢰하기 때문이다. 여론조사 결과 경제 문제에 대해 낙관적인 유권자들은 클린턴을 지지하고, 비관적인 사람들은 돌을 지지하는 것으로 나타났다.

1996년 대통령 선거 기간 중 모리스는 1992년 클린턴의 정치 컨설턴트였던 해롤드 아익스Harold Ickes와 제임스 카빌 등이 자신을 너무 괴롭히고 있다고 생각했다. 카빌은 선거 기간 초반까지 클린턴에게 자신을 소개해준 모리스와 친밀한 관계를 유지했다. 그러나 모리스는 자유주의자의 영향력이 너무 강하다고 카빌에게 불평했다. 1995년 가을, 카빌은 모리스에게 자신이 클린턴의 재선을 위해 최선을 다할 것이며 선거조직의 핵심이 아니더라도 괜찮다고 말했다. 그는 단지 전략회의에 참석할 수 있는 자격을 유지해주기를 원했다.

모리스는 카빌의 제안에 따라 전략회의 참석을 허용했으나, 카빌이 자신에 대한 부정적인 여론을 부추긴다고 의심해 관계를 단절했다. 그러자 카빌은 유력한 기자들에게 모리스에 대한 험담을 늘어놓았고, 부인인 공화당 소속 정치 컨설턴트 메리 매탈린으로 하여금 모리스를 공격하도록 했다.

1996년 여론조사에서 클린턴은 가치관적인 측면에서 돌보다 우위를 차지하고 있었다.

첫째, 모든 국민에게 공평한 기회를 제공한다.

둘째, 선조들이 남겨준 의무를 성실하게 수행하고 있다.

셋째, 국가 안보를 위해 적극적인 방어와 투쟁 정책을 사용하고 있다.

넷째, 유권자의 지지가 높지 않아도 올바른 정책을 과감하게 추진한다.

다섯째, 미국의 공통적인 가치관을 존중하고 있다.

당시 여론조사 결과 유권자의 65퍼센트가 가치관적인 이슈인 범죄, 학교, TV 폭력물, 담배 광고 규제 등에 관심을 가지고 있었고, 35퍼센트가 경제 이슈인 임금, 소득 분배, 일자리, 임금 동결 등에 관심을 가지고 있었다.

모리스는 클린턴의 선거운동 전략 중 하나로 돌이 주장하고 있는 안건들을 클린턴이 먼저 해결하게끔 했다. 보스니아 내전 문제를 해결하고, 재정적자를 줄이고, 세금 감면 정책과 사회복지제도의 개혁을 촉진함으로써 돌에게 필요한 유권자들의 욕구를 클린턴이 먼저 충족시켜준 것이다.

전통적으로 공화당은 가치관을 강조하고 있었기 때문에 돌은 클린턴의 강점_{가치관적인 이슈에서 우위를 차지하고 있는 점}을 훔쳐서 자신의 것으로 만들기가 용이했고, 만약 돌이 그것을 행동에 옮겼다면 선거 결과가 달라졌을 것이다. 그러나 돌의 선거 참모들은 유권자의 표를 얻기 위해 행동보다는 돌의 정직성, 명예, 신뢰도 등 성격 묘사가 더요 중요하다고 판단하는 오류를 범했다.

유권자들은 이러한 성격 묘사를 통해 후보자를 이미지화하지만 실제로 필요한 것은 자신들이 원하는 사항에 대한 결과였다. 클린턴은 매일같이 행동 결정을 발표함에 따라 가치관 이슈에 대한 공격을 근본적으로 차단할 수 있었다. 정치에서는 후보자의 이미지보다 유권자들의 요구를 충족시켜줄 만한 (혹은 그렇다고 생각되는) 행동이 중요했다.

현대 정치에서는 TV 광고를 신속하게 제작, 방영할 수 있으므로 네거티브 광고를 먼저 시작하는 것이 불리하다. 유권자들은 네거티브 광고에 대해 의구심을 가지고 있으므로 공격보다는 상대 후보에 대해 강하게 반격을 가하는 것이 훨씬 유리할 수 있다.

클린턴은 긍정적이고 적극적인 프로그램으로 돌을 압도했다. 돌이 주장하는 이슈들보다 훨씬 강한 적극적인 가치관적 의제들을 주장했다. 돌이 자신의 가치관 의제를 먼저 설정하고 클린턴을 공격했다면 좋은 결과가 나타날 수도 있었을 것이다. 돌은 상대 후보인 클린턴을 칭찬하면서 돌이 현직 대통령보다 더 나은 미래를 제시할 수 있다고 유권자에게 주장했어야 했다.

클린턴은 1996년 연두교서를 미국에 번영과 안전을 가져다 준 '재향군인들'에 대한 감사로 시작했다. 또한 공화당의 밥 돌 연방 상원의원

과 제2차 세계대전 당시 그의 전우들에게 특별한 감사를 표했다. 돌은 전쟁영웅이라는 이미지로 국민들에게 인기가 있었는데, 그것을 의식한 발언이었다. 표면상으로 클린턴은 우아하게 인사치레를 한 듯 보였지만, 이를 통해 돌을 과거의 유물로 규정하고 그의 시대가 끝났음을 상기시킨 것이었다. 돌의 선거운동 본부는 느닷없는 강타에 불쾌했지만 아무런 대응도 할 수 없었다.

밥 돌의 인기는 점점 떨어졌다. 클린턴은 경기 호황으로 지지도가 점차 높아지는 동시에 공화당 세력을 잠식해 들어가고 있었다. 또한 돌은 35년간 의회 경험으로 인해 워싱턴 소식통이라는 이미지가 고착된 반면, 클린턴은 상대적으로 평범한 미국인 유권자들과 직접 대화하는 참신하고 새로운 대통령으로 자리매김하고 있었다. 그리고 모리스는 공화당 내에서 가장 극단적인 세력으로 돌을 표현한 TV 광고를 계속 내보냈다.

모리스는 만일 자신이 돌의 선거운동 책임자였다면 다음과 같이 말했을 것이라고 했다.

"클린턴 대통령은 미국의 경제 발전을 위해 많은 노력을 했다. 그러나 교사의 임기 보장 문제, 예산 조정, 이민 정책, 인터넷 포르노 금지 등 여러 가지 문제들을 해결하기 위해서는 지금 추진하는 정책보다 더 중요한 '새로운 가치관'을 정립해야 한다. 우리는 그것을 위해 노력할 것이다."

유권자들은 현직 대통령이 과거에 '무엇을 했는가'보다 '무엇을 할 것인가'에 더욱 관심을 가진다. 그것이 자신들의 생활에 직접 영향을 주기 때문이다. 돌의 이미지는 미래에 대한 전망보다는 과거와의 연결

고리로 비춰졌다. 50대 이하의 유권자는 돌에 대해 관심이 적었고, 지지율도 형편없이 낮았다.

1996년 대통령 선거 중인 5월 화이트 워터 스캔들클린턴이 아칸소 주지사 시절 화이트 워터 부동산 개발회사의 지역 토지 개발을 둘러싼 사기사건 의혹 청문회가 열렸다. 공화당은 클린턴을 공격해 지지율을 떨어뜨리려고 온갖 노력을 다했다.

모리스는 선거 참모로서 클린턴에게 몇 가지 조언을 했다.

첫째, 공격이 확대됨에 따라 클린턴에 대한 부정적 반응을 줄이기 위해 가치관 이슈를 강조하며 공공정책을 더욱 적극적으로 추진한다.

둘째, 특별검사 스타Starr 등이 대통령을 증거 없이 의심하는 것은 자신들의 취약성을 노출하는 것이다. 특별검사와 담배회사와의 관계를 밝혀 스타의 공신력을 떨어뜨려야 한다.

셋째, 화이트 워터 스캔들에 대해 직접적으로는 한 마디도 언급해서는 안 된다. 모든 것은 백악관 참모들과 변호사가 처리하도록 해야 한다. 클린턴이 직접 사건을 언급하는 것은 사건과 관련 있다고 여겨질 수 있다.

공화당에 의해 클린턴 행정부의 예산안 집행이 미뤄진 기간 동안 밥 돌은 기자회견을 통해 클린턴을 공격하기도 했다. 그러나 클린턴은 공화당과 맞서는 용기를 보여주며 풋내기에서 의젓하게 성장한 대통령의 이미지를 보여주었고, 이는 상대적으로 돌이 대통령직을 수행하기에 너무 고령이라는 것을 상기시켰다. 선거 기간 내내 돌은 의회에 대한 향수병을 앓는 구시대의 사람처럼 보였다.

그러나 결정적으로 돌의 이야기에 거짓이 없고, 성실한 전쟁 영웅이

라는 이미지는 클린턴이 징집 기피, 스캔들 등으로 얼룩진 윤리적으로 오점이 있는 인물이라는 이미지와 맞물려 내도록 클린턴을 괴롭혔다.

이에 따라 모리스는 "공공가치가 개인의 성격보다 우선이다"라고 표현하며 클린턴이 실질적인 국민의 문제 해결을 공약으로 삼고 있는 한 개인적인 공격을 극복할 수 있다고 믿었다. 그리고 수많은 스캔들과 이미지 하락에도 모리스의 이런 전략은 주효하게 적용해 1996년 클린턴의 재선을 이끌었다.

"당선 확률을 묻는다면 저는 아서 밀러의
《세일스맨의 죽음》을 떠올려보라고 말하고 싶습니다.
마지막 장면에서 찰리는 비프에게 이렇게 말하죠.
'세일즈맨은 꿈을 가져야 한다.'
꿈은 얼마나 많은 지역을 확보하느냐는 것입니다."

| 데이비드 가드 |

데이비드 가드는 TV 방송 프로듀서 출신으로 미디어 컨설턴트라고
불리기는 하지만 정치 전략가라는 표현이 훨씬 더 정확하다. TV 방송
프로듀서였던 그가 처음 선거에 개입한 것은 1956년 대통령 선거에서
아들라이 E. 스티븐슨Adlai E. Steveson의 홍보물을 제작한 것이었다.

가드의 가장 주요한 정치 경력으로 꼽히는 것은 1989년 뉴욕 시장선
거이다. 그는 정치 권력과 긴밀한 관계를 유지함으로써 그의 후보자 에
드워드 코흐Edward Koch를 당선시켰고, 이전 1969년 뉴욕 시장선거에서도
공화당 후보로 지명받지 못한 존 V. 린지John V. Lindsay의 재선을 승리로 이
끌기도 했다. 가드의 고객인 린지와 코흐는 지난 24년 중 20여 년을 뉴

욕 시장으로 재직했다.

가드는 당시로서 흔하지 않은 정치광고와 프로모션 기술을 개발해 선거에서 성공을 거두었다. 그와 함께 일했던 ABC 〈뉴스〉의 정치 평론가 제프 그린필드Jeff Greenfield는 이렇게 말했다.

"가드는 코카콜라를 파는 영업사원보다 탁월한 영업력으로 정치 비즈니스를 했습니다. 로저 에일스Roger Ailes, 레이건과 조지 H. W. 부시의 선거 참모를 역임했던 커뮤니케이션 전문가나 밥 스콰이어Bob Squire가 가드와 비슷하지요. 이 사람들은 TV가 존재하지 않던 50년 전의 선거운동에서도 분명히 뛰어난 능력을 발휘했을 겁니다."

그는 1989년 뉴욕 시장선거 당시 코흐의 TV 광고에서 사기성 농후한 정치광고 기술을 선보였다. 이 때문에 그는 정치광고의 초기 창안자로도 불린다. 광고에서 그는 코흐에게 투표하면 주택 개조 사업부터 어린이 조기교육 등 많은 혜택이 생길 것이라는 것을 강조했다.

가드의 고객들은 다양하다. 엘라 T. 그라소Ella T. Grasso 코네티컷 주지사, 휴 캐리 뉴욕 주지사, 브렌던 T. 번Brendan T. Byme 뉴저지 주지사, 존 하인즈John Heinz 연방 상원의원, 알렌 스펙터Arlen Specter 연방 상원의원, 존 J. 길리건John J. Gilligan 오하이오 주지사, 댄 월크Dan Walke 일리노이 주지사 등이 대표적이다. 특히 가드는 흑인인 톰 브래들리를 흑인 표가 상대적으로 적은 로스엔젤레스에서 첫 번째 흑인 시장으로 당선시키기도 했다.

가드는 다수의 대통령 선거에도 개입했다. 1968년 유진 J. 매카시Eugene J. McCathy 상원의원의 대통령 선거, 존 린지 뉴욕 시장의 1972년 대통령 선거운동 및 1980년의 제3당 후보인 존 B. 앤더슨John B. Anderson 하원의원의 대통령 후보 예비선거를 도왔다. 1988년 대통령 예비선거에서도

열세였던 앨 고어 상원의원의 뉴욕 주 대통령 예비선거를 담당했다. 그러나 가드는 대통령 선거에 대해 별로 언급하지 않는다.

뉴욕 주지사 마리오 쿠오모는 "가드는 그가 실시한 여론조사 결과를 후보자에게 절대 알려주지 않는다."고 말하며 가드가 후보자를 면밀히 분석해 정확한 입장과 이미지를 구축하는 데 탁월한 재능을 지니고 있다고 했다. 또한 가드를 지칠 줄 모르는 열정을 가지고 있으며 언론 플레이에 능숙한 선거 전략가라고 표현했다. 가드는 상대 후보보다 자신의 후보가 노출되는 정도가 조금이라도 적으면 바로 광고 횟수를 조절하여 언론을 압박하는 등 언론 통제에 능했다. 사람의 성격과 약점 파악, 그리고 언론에 대한 장악력에 대해서는 뉴욕 시장이었던 코흐 역시 인정했다.

특히 그는 많은 후보자들에게 멋진 '좌우명'을 안겨주었고, 당선 확률에 묻는 사람에게 이런 말을 남기기도 했다.

"당선 확률을 묻는다면 저는 아서 밀러의 〈세일즈맨의 죽음〉을 떠올려보라고 말하고 싶습니다. 마지막 장면에서 찰리는 비프에게 이렇게 말하죠. '세일즈맨은 꿈을 가져야 한다.' 꿈은 얼마나 많은 지역을 확보하느냐는 것입니다."

| 조지 스테파노풀러스 |

조지 스테파노풀러스는 방송인이며 클린턴의 상임 정치 고문이었다. ABC 방송의 워싱턴 지국장으로 있으면서 ABC의 일요 시사프로그램

〈디스 위크This Week〉의 사회를 맡고 있다.

그는 ABC에 입사하기 전인 1992년, 빌 클린턴의 대통령 선거에서 상임 정치 고문으로 활동했고, 클린턴이 대통령이 된 후에는 홍보 담당 보좌관을 역임했다.

그는 매사추세츠 폴스 리버에서 태어나 오하이오 클리블랜드에서 성장했다. 그리스 이민가정에서 태어난 그는 독실한 그리스 정교 신자로 한때 신부가 되고자 했다. 그러나 고등학교 1학년 때 마음을 바꿨고 아버지의 뜻에 따라 법대에 진학하고자 했다. 그러나 컬럼비아 대학에서 정치학을 전공하면서 서서히 자신의 적성을 찾았다. 대학 졸업 후 그는 클리블랜드 출신 하원의원의 보좌관으로 워싱턴 D.C.에서 근무했다.

스테파노풀러스는 데이비드 윌헬름David Wilhelm, 제임스 카빌과 함께 1992년 클린턴 선거운동의 주역이다. 클린턴의 대통령 집권 초기에 공식 홍보비서가 있었지만 실질적인 홍보비서의 역할은 스테파노풀러스가 맡았다. 그는 클린턴 대통령이 재선된 후 백악관을 떠났다. 그리고 1999년《너무나 인간적인All Too Human: A Political Education》이라는 회고록을 출간했고, 출간 즉시 베스트셀러가 되었다.

그는 이 책에서 백악관 근무 시절 클린턴 대통령의 메시지를 올바로 전달하기 위한 압력 때문에 우울증을 앓기도 했고, 얼굴에 두드러기가 생길 정도로 스트레스를 받았다고 밝혔다. 이에 발 맞추어 빌 클린턴은 자서전《나의 인생My Life》에서 젊은 보좌관에게 지나치게 많은 요구를 했다며 사과하기도 했다.

백악관을 떠난 스테파노풀러스는 ABC의 시사 프로그램〈디스 위크〉,〈월드 뉴스 투나잇〉,〈굿모닝 아메리카〉등의 기자로 활약했고, 특

히 〈디스 위크〉에서는 정치 분석가로도 활약했다. 2002년 9월에는 〈디스 위크〉의 사회자가 되었고, 2005년 12월에는 ABC 뉴스 부문 워싱턴 총국장의 자리에 올랐다.

| 로버트 M. 밥 슈럼 |

　　로버트 M. 밥 슈럼Robert M. 'Bob' Shrumn은 펜실베이니아 코넬스빌에서 태어났다. 그는 로스앤젤레스에서 로욜라 고등학교를 졸업한 후 조지타운 대학과 하버드 법학대학원을 졸업했다. 슈럼은 많은 민주당 선거에서 정치 컨설턴트로 활약했으나 대통령 선거에서 한 번도 승리를 거두지 못한 인물로도 유명하다.

　　슈럼은 존 린지 뉴욕 시장과 에드먼드 머스키Edmund Muskie 연방 상원의원의 연설문 작성자로 정계에 첫발을 내딛었으며, 후에 조지 맥거번 진영에서 활동했다. 1980년에는 에드워드 케네디의 대통령 예비선거에 참여해 민주당 전당대회에서 케네디의 연설문을 작성했다.

　　1986년부터 민주당의 대통령 후보, 주지사 및 상·하원선거를 위한 정치광고와 캠페인 전략을 수립하는 정치 컨설턴트로 본격적인 활동을 시작했다. 1988년 리처드 게파트Richard Gephart의 민주당 대통령 예비선거 운동을 맡았는데, 아이오와 코커스에서 게파트를 당선시킴으로써 모든 사람을 놀라게 만들었다. 그러나 게파트는 민주당 대통령 예비선거에서 패배했고, 그는 민주당 대통령 후보인 마이클 듀카키스를 도와 공화당 후보인 현직 부통령 조지 H. W. 부시와의 토론대회를 준비했다.

그러나 듀카키스 역시 대통령 선거에서 공화당의 조지 H. W. 부시에게 패배했다. 그는 좌절하지 않고 1992년, 네브라스카 주 출신 연방 상원의원인 밥 케리의 대통령 예비선거를 도왔으나 역시 민주당 예비선거에서 빌 클린턴에게 패배했다.

2000년에는 현직 부통령이던 앨 고어의 선거를 도와 민주당 경쟁자인 뉴저지 출신 연방 상원의원 빌 브래들리Bill Bradley를 물리치고 민주당 대통령 후보로 만들었다. 고어는 11월 대통령 선거에서 유권자 전체 투표에서는 이겼으나 플로리다에서 발생한 재검표 논쟁에 대한 미국 대법원의 판결에 따라 패배했다.

2004년, 슈럼은 민주당 대통령 예비선거에서 존 케리John Kerry를 도와 아이오와 코커스 및 뉴햄프셔 예비선거에서 승리를 거두고 후에 민주당 대통령 후보로 만들었다. 그러나 또다시 대통령 선거에서 공화당 후보인 조지 W. 부시 대통령에게 패배했다.

슈럼은 여덟 번의 대통령 선거에 참여했지만 단 한 번도 승리를 거두지 못했다. 혹자들은 그를 참모로 둔다면 대통령 선거에서 패배할 것이라고 조롱하기도 한다.

| 패트릭 H. 캐들 |

패트릭 H. 캐들Patrick H. Caddell은 여론조사가이자 정치광고 컨설턴트이다. 그는 민주당 대통령 후보들과 함께 주로 일했는데, 1972년 조지 맥거번, 1976년과 1980년 지미 카터, 1984년 게리 하트, 1988년 조 바이든,

1992년 제리 브라운Jerry Brown 등이 대표적이다.

또한 그는 많은 영화와 TV 방송 프로그램에도 컨설팅을 해준다. 영화 〈러닝메이트〉, 〈에어포스원〉, 〈아웃브레이크〉, 〈사선에서〉 및 TV 드라마 〈웨스트 윙The West Wing〉이 유명하다. 또한 영화 〈인도로 가는 길〉, 〈레이더스〉, 〈슈피맨〉 등에서는 조감독을 맡았다.

그는 스물두 살에 1972년 민주당 대통령 후보 조지 맥거번의 선거운동에 참여했고, 1976년 지미 카터 대통령 당선 및 1984년 민주당 대통령 예비선거에서 게리 하트 연방 상원의원의 아이오와 코커스와 뉴햄프셔 예비선거를 주도했다. 캐들은 미국 대통령 선거에서 닉슨 다음으로 가장 많은 경험을 가진 인물이라고도 평가받는다.

1985년 캐들은 유명한 민주당 정치 컨설턴트인 데이비드 도크David Doak와 로버트 슈럼과 함께 정치 컨설팅 회사를 설립했지만, 얼마 후 자신만의 여론조사회사 캠브리지 서베이 리서치Cambridge Survey Research Inc. 사를 만들어 정치보다 기업 업무를 주로 처리했다. 가장 유명한 것은 뉴 코크New Coke의 마케팅 자문이다.

그 후 1988년 대통령 예비선거에서 델라웨어 주 연방 상원의원 조 바이든의 선거운동을 주도했다. 세대정치Generation Politics를 주창한 캐들은 젊고 참신한 바이든을 세대정치의 적격자로 지목했다. 그러나 민주당 대통령 후보 지명전에서 패배함으로써 그의 주장은 인정받지 못했다.

워싱턴의 한 잡지는 "캐들은 다음 대통령 선거운동에서 고용하지 말아야 할 다섯 명 중의 하나"라고 혹평하기도 했다. 또한 워싱턴의 정치 평론가들은 캐들을 '정치계의 다스베이더'라고 평했다.

캐들은 여론조사 결과를 선거 전략 수립과 진행에 절대적 지표로 삼

은 인물이다. 그는 매주 예비경선이 끝날 때마다 데이터를 수집해서 선거 전략에 반영했다. 이는 1972년 맥거번 선거운동과 1976년 카터 선거에서 잘 나타난다. 또한 그는 1983년 민주당 대통령 후보 예비선거에서 여론조사 결과를 토대로 기존 정당의 틀을 깨고 신세대의 지지 투표를 확보할 수 있는 세대후보Generational Candidate의 모델로 하트와 바이든을 지목해 선거운동을 도왔다.

그는 하트와 바이든을 세대후보의 모델에 끼워 맞추려고 노력했다. 그러나 많은 전문가들은 캐들의 세대후보 이론에 찬성하지 않았다. 캐들은 자신이 새로운 이론을 만들어낸 것이 아니라 여론조사 결과에 따라 새로운 미국정신American Spirit을 충실히 반영했을 뿐이라고 주장했다.

캐들은 1988년, 선거운동 보수 지급 문제를 놓고 민주당의 정치 컨설팅 회사와 매섭고 모진 소송에 시달리다 민주당을 떠났다. 그는 카터 행정부 시절에 막강하고 광범위한 영향력을 지녔다. 그러나 여론조사와 선거 이슈에 관한 분석에서 가끔 민주당의 지도부와 마찰을 일으켰다. 게다가 민주당 정치인을 공격하고 민주당의 몰락을 예언했으며, 2004년 대통령 선거에서 동성결혼을 반대하는 공화당의 조지 W. 부시 대통령을 옹호하기까지 하며 많은 비판을 받았다.

또한 캐들은 정치 컨설턴트들을 공개적으로 비판하면서 많은 적을 만들었다.

"정치 세계는 컨설턴트들이 설계한 오물덩어리로 가득한 더러운 곳이며, 언론이 일반에게 소개하는 것이 바로 이것이다."

캐들은 공개적으로 실패하고 워싱턴 정치 무대에서 소외당했음에도 그의 예측 능력과 전략까지 부인당하지는 않았다. 캐들을 매장시키려

이미지 메이킹의 시대

하는 사람들이 많아질수록 그는 사람들의 주목을 받았다. 정치 평론가들은 그를 "후보자가 가장 선호하는 인물이지만 선거 요원들에게는 기피인물"이라고 평하고 있다.

| 데이비드 월헬름 |

데이비드 월헬름은 오하이오 아팔라치안 출신의 벤처 사업가다. 그는 오하이오 대학을 졸업하고 하버드 대학 케네디 스쿨에서 공공정책 석사학위를 받았다. 사생활을 무엇보다 중시했기 때문에 그가 클린턴 대통령 선거운동 본부장이었음에도 제임스 카빌이나 조지 스테파노풀러스보다 외부에 덜 알려져 있다.

월헬름은 시카고에 기반을 둔 회사 월헬름 앤드 콘론 공공전략원 Wilhelm&Conlon Public Strategies을 설립해 민주당 정치인들을 도왔다. 월헬름은 1992년 클린턴의 대통령 선거를 주관하는 선거운동 본부장으로 전국적으로 명성을 날리기도 했다. 그는 특히 선거인단을 확보하는 전략에서 최고의 인물로 평가된다.

클린턴은 대통령 당선 후 그를 민주당 전국위원회 의장으로 임명했다. 미국 역사상 최연소 당의장이었다. 그 후 월헬름은 주 단위 지방에서 대통령의 주도력을 증진시켰으며, 이를 토대로 민주당의 풀뿌리 운동원들을 결집시키고 강화하는 업무를 주로 했다.

또 연방 상원의원 폴 사이먼, 조 바이든과 로드 블라고예비치Rod Blagoyevich 주지사 및 리처드 데일리Richard Daley 시카고 시장 등의 선거운동을

진행했다. 2002년에는 일리노이 주지사로 당선된 로드 블라고예비치의 업무 인수를 담당했으며, 존 케리의 대통령 선거 당시 일리노이 주 선거운동 책임자로 활약하기도 했다.

2008년 대통령 예비선거에서는 조 바이든 상원의원을 도왔으나 바이든의 조기사퇴로 이렇다 할 성과를 남기지는 못했다. 그는 2008년 2월 13일, 오바마 상원의원이 메릴랜드, 버지니아와 워싱턴 D.C.에서 승리하자 그는 오바마가 민주당원, 공화당원, 무소속 유권자를 모두 단합시킬 수 있는 능력이 있다고 판단해 오바마 지지를 선언했다.

| 폴 베갈라 |

폴 베갈라는 정치 평론가이자 클린턴 대통령의 고문이었던 정치 컨설턴트다. 그는 카빌과 공동 대표로 정치 컨설턴트 팀을 이루어 전국적인 명성을 얻었다. 2005년 6월까지 그는 CNN의 정치 토론 프로그램 〈크로스 파이어Crossfire〉의 공동 진행자이기도 했다.

베갈라는 뉴저지 주에서 태어나 텍사스 미주리 시에서 성장했다. 그는 텍사스 대학에서 법학 박사학위를 받았고, 클린턴의 선거운동에 관여하기 전까지 대학에서 강의를 하기도 했다.

베갈라는 1992년 아칸소 주지사인 빌 클린턴의 대통령 선거운동에서 커다란 성과를 보이며 정치 무대에 화려하게 등장했다. 클린턴 대통령 당선 후에는 대통령의 자문으로 일했으며, 클린턴-고어의 공공대변인으로 활약했다.

이 외에도 베갈라와 카빌은 1991년 펜실베이니아 연방 상원의원 선거에서 민주당 후보 해리스 워포드의 승리를 이끈 것으로 유명하다. 그리고 1988년 뉴저지 연방 상원의원인 프랭크 로텐버그Frank Lautenberg의 재선 성공과 1986년 로버트 케이시 주지사 당선, 1990년 젤 밀러의 주지사 당신 등에도 크게 기여했다.

대통령을 만드는 사람들

새로운 패러다임, 온라인 정치

트리피는 변화하는 유권자들의 욕구를 읽었다.
웹을 통해 후보와 유권자를 직접 만나게 한다면
경쟁 후보의 네거티브 전략도, TV의 막강한 영향력도 막아낼 수 있다고
판단한 것이다. 양방향 대화가 이뤄지는 인터넷 시스템이 정치에도
새로운 패러다임이 될 수 있다고 그는 믿었다.

조 트리피Joe Trippi는 오랫동안 미국 민주당의 선거운동원 및 정치 컨설턴트로 활동했다. 그는 에드워드 케네디, 월터 먼데일, 게리 하트, 딕 게파트 뿐 아니라 최근에 존 에드워즈John Edwards의 선거운동에도 직접적으로 관여했다. 그러나 그가 많은 사람들의 주목을 받은 것은 버몬트 전 주지사 하워드 딘Howard Dean의 민주당 대통령 후보 경선에서 선거운동 본부장으로 활약하면서부터다.

1981년, 24세의 트리피는 로스앤젤레스 시장 톰 브래들리의 재선운동에서 선거운동 부본부장으로 활약했고, 1982년에는 캘리포니아 주지사에 출마한 브래들리의 캘리포니아 주 선거운동 부본부장으로 활동했다. 1983년에는 캘리포니아 부지사 레오 맥라티Leo McLarthy의 비서실 차장으로 일했다.

또한 1881년 현직 부통령이자 민주당 대통령 후보 월터 먼데일의 선거운동 본부에서 메인 주 선거 책임자로 일했다. 그는 메인의 민주당 대회에서 열세를 극복해 승리를 이끌면서 능력을 인정받았고, 곧 예비 선거 중 첫 번째로 실시되는 아이오와 코커스 선거 책임자로 임명되었다. 트리피는 아이오와 코커스 예비선거에서 먼데일이 30퍼센트 이상의 지지를 받으며 대승을 거두는 데 기여했고, 그 후 펜실베이니아 선거 책임자로 예비선거에서 먼데일의 경쟁자인 게리 하트를 14퍼센트 차이로 이겼다.

1985년 트리피는 폴 털리Paul Tully가 주도하는 에드워드 케네디 상원의원을 지지하는 정치행동단체인 민주당 자금 위원회Fund for a Democratic Majority의 부책임자로 임명되었다. 털리는 마이크 포드Mike Ford와 같이 케네디의 민주당 대통령 후보 예비선거운동과 먼데일의 대통령 후보 예비선거 기간 중 트리피의 상관이었다.

이 단체의 회장이던 로버트 슈럼이 캐들-도크 앤드 슈럼Caddell, Doak and Shrum이라는 미디어 회사를 창립한 후 사임하면서 트리피를 부사장으로 발탁했다. 그는 이곳에서 다수의 주지사 선거와 연방 상원의원 선거의 미디어 전략을 지휘했다. 당시 주요 고객으로는 버지니아 주지사 조이 배릴스Jeoy Baliles, 캘리포니아 연방 상원의원 앨런 크랜스턴Alan Cranston, 메릴랜드 연방 상원의원 바버라 미컬스키Barbara Mikulski, 펜실베이니아 주지사 밥 케이시Bob Casey 등이 대표적이다.

1987년 그는 캐들-도크 앤드 슈럼 사를 사임하고 게리 하트 연방 상원의원의 정치본부장 폴 털리의 권유로 게리 하트의 정치 담당 부본부장으로 임명되었다.

특히 트리피는 게리 하트의 선거유세 전략에서 훗날 인터넷 선거 전략의 모태를 고안했다. 당시 대부분의 후보자들은 최대한 청중을 많이 모아 연설을 했는데, 하트는 갑자기 동네를 방문하여 영향력 있는 인물을 만나고 떠나는 방식을 취했다. 하트가 만난 인물들은 다른 사람들에게 영향을 주었고, 이런 식으로 유권자가 '물결이 퍼져나가듯' 확산되었다. 하트의 이런 전략은 물속에 돌을 던졌을 때 파문이 널리 퍼지는 것과 유사하다고 하여 '동심원 전략'이라고 불렸다. 후에 트리피는 이 '동심원 전략'을 인터넷 네트워크 방식에 접목하여 새로운 선거 방법을 창안하게 된다.

그 후 게리 하트와 도나 라이스Donna Rice의 스캔들이 터지고 나서 그는 하트의 부인 리 하트의 비서실장이 되었다. 그리고 하트가 민주당 대통령 후보 경선을 포기하자 게파트의 민주당 대통령 후보 선거운동에 참여해 전국 선거 부본부장을 맡았다. 그는 아이오와 코커스에서 '현대자동차의 불공정 경쟁에 대한' 광고 선전물을 제작 방송해 거의 모든 아이오와 여론조사에서 꼴찌였던 게파트를 민주당 아이오와 코커스에서 승리하게 하는 이변을 연출하기도 했다.

대통령 후보들의 선거운동이 한창인 1988년 트리피는 정치에 대한 환상에서 깨어나고 있었다. 그는 1992년에 덕 와일더Doug Wilder와 제리 브라운Jerry Brown의 선거운동에서 정치권 최초로 800무료전화를 도입했다. 제리 브라운은 TV 광고와 토론대회에서 800무료전화번호를 소개했고, 1992년에 800만 달러 이상의 모금 성과를 거두었다. 그는 그 후 1992년부터 2000년까지 대통령 선거운동에 직접 관여하지 않고 주로 미디어 컨설턴트로만 활약했다.

트리피는 밥 팩우드^{Bob Packwood} 연방 상원의원이 추문으로 사퇴함에 따라 실시된 오리건 주 연방 상원의원 보궐선거에서 민주당 후보 론 와이든^{Ron Wyden}의 미디어 전략을 수립했다. 와이든 선거운동 본부에서는 자원봉사자들이 활동할 초보적인 웹사이트를 개발했다.

2002년 민주당 연방 하원의원 다섯 명의 선거구가 공화당 의원이 차지하고 있는 선거구에 합병, 조정되자 민주당 의원과 공화당 의원들 간에 격돌이 벌어졌다. 트리피는 여기서 펜실베이니아 출신 하원의원 팀 홀든^{Tim Holden}의 선거 전략 및 미디어 광고를 담당했고, 결국 홀든은 민주당 의원 중 유일하게 승리를 거둘 수 있었다.

이 선거에서 그는 학창 시절 실리콘밸리에서 배운 IT 기술의 중요성을 깨달았다. 트리피는 실리콘밸리로 가서 경영 컨설턴트로 일하며 전자상거래, 온라인 커뮤니티, 오픈소스 운동 등에 관여하며 정치계에 전자기술을 도입할 기반을 마련했다.

트리피는 일찍이 1982년에 개인적으로 DEC 컴퓨터를 구입해 톰 브래들리 로스앤젤레스 시장의 캘리포니아 주지사 선거운동에서 타깃 유권자의 정보를 수집, 관리하고 데이터베이스를 구축하는 데 활용한 바 있었다. 트리피가 선거운동에서 최초로 컴퓨터를 활용한 것은 아니지만, 광장히 선구적인 것은 사실이다.

2003년 트리피는 버몬트 전 주지사인 하워드 딘의 민주당 대통령 후보 경선에 참여해 전국 선거운동 본부장으로 일했다. 트리피와 하워드 딘의 선거운동은 특히 모금운동에 있어서 인터넷을 활용한 혁신성으로 유명해졌다. 트리피는 공식적인 선거운동 블로그를 제작하고, 지지자들이 활동하는 미트업닷컴^{Meetup.com}, 그리고 기타 다른 종류의 인적 구성

네트워킹 기술을 개발하여 사용함으로써 명성을 얻었다. 이 두 가지 기술은 현재 정치 캠페인과 사회활동가들에 의해 광범위하게 사용되고 있다.

그는 대통령 후보 예비선거에서 모금액을 제한하는 매칭펀드Matching Fund를 피하기 위해 하워드 딘에게 연방 매칭펀드federal matching Fund의 사용을 거절하도록 했다. 민주당 대통령 후보로 지명된 존 케리도 이러한 방법을 사용해 모금한 결과 대통령 선거 기간에 부시 대통령과 경쟁할 만한 자금을 확보할 수 있었다. 그러나 하워드 딘은 민주당 대통령 예비선거에서 아이오와 코커스 및 뉴햄프셔 예비선거에서 연속 패배한 후 트리피를 선거운동 본부장에서 해임했다.

그 후 트리피는 컨설팅 회사 트리피 어소시에이츠Trippi&Associates를 설립하고 하버드 대학 케네디 스쿨의 정치연구소에서 객원연구원으로 일했다. 2006년에는 뉴욕 주 19번 지역에서 민주당 존 홀John Hall 연방 하원의원 선거에서 미디어 컨설턴트로 활약하면서 다시 명성을 얻었다.

그는 마이크 포드, 폴 털리, 존 사쏘와 오랫동안 긴밀한 관계를 유지하며 같이 일했으며, 국외의 선거에도 다수 관여했다. 1993년 그리스 수상 선거에서 안드레아스 파판드로이Andreas Papandreoy를 당선시켰고, 2005년 영국 수상 토니 블레어의 3선에 기여했다. 또한 2006년에서 이탈리아 수상 선거에서 로마노 프로디Romano Prodi를 당선시켰고, 2007년에는 나이지리아 야당인 ACAction Congress의 정치 캠페인에서 문자 메시지 전략을 고안해 활용했다. 2007년 4월에는 존 에드워즈 민주당 대통령 후보 선거운동에서 고문으로도 일했다.

트리피는 1996년 사이먼 로젠버그Simon Rosenberg가 설립한 새로운 민주

새로운 패러다임, 온라인 정치

당 네트워크New Democrat Network의 정책연구소에서 객원연구원으로 활동했으며, 최근《혁명은 TV로 중계되지 않는다》라는 책을 출간하여 컨설턴트 생활을 통해 깨달은 각종 선거 캠페인 이론들을 제시했다.

| 인터넷 선거운동의 선구자 |

트리피는 1981년 로스앤젤레스 시장이던 톰 브래들리가 캘리포니아 주지사 선거에 출마했을 때 그의 선거운동을 도왔다. 트리피는 지지자를 모으고 모금운동을 하고, 부동층 유권자를 만나 설득하는 작업을 했다. 노동조합, 지역 소모임 등을 찾아다니며 직접 유권자를 만나는 동안 그는 처음으로 컴퓨터의 필요성을 느꼈다. 사람을 조직하고 관련 정보를 정리하는 데 컴퓨터가 필수적임을 깨달은 것이다.

그러나 브래들리의 선거운동 본부에서는 당시 1만 7,000달러나 하던 컴퓨터를 사야 한다는 트리피의 제안은 허무맹랑한 것으로 여겨졌다. 결국 트리피는 개인적으로 월 500달러의 임대료를 지불하고 컴퓨터를 한 대 빌렸다. 트리피는 이 컴퓨터로 브래들리의 강력한 지지자들과 부동층 유권자들의 이름과 주소 등의 유권자 정보를 정리했다. 그리고 이 주소록에 근거해 흑인이나 빈곤층 거주 지역에 타깃 홍보인쇄물을 대량으로 발송했다.

이런 획기적인 방식으로 브래들리는 선거운동원으로서 이름을 알렸다. 그러나 캘리포니아 역사상 최초의 흑인 주지사는 시기상조였는지, 브래들리는 1.5퍼센트 차이로 선거에서 패배했다. 스물여섯 살의 트리

피는 후보가 아무리 뛰어나고 선거운동이 훌륭해도 선거에서 질 수 있다는 사실을 깨달았다.

1984년 대통령 선거는 전혀 다른 방식으로 진행됐다. 트리피는 지미 카터의 부통령이던 민주당 월터 먼데일 후보의 선거운동 본부에 합류했다. 먼데일은 당시 현직 대통령이던 공화당 레이건 후보와 맞서는 민주당의 선두 주자로 주목받고 있었다. 이 캠프에서 트리피는 아이오와 코커스를 담당했고, TV 광고만으로는 결코 이길 수 없다고 생각했다. 일대일로 유권자를 만나 직접 지지를 호소하고 신뢰를 쌓아야 한다고 본 것이다.

그는 다른 후보들이 디모인 등 대도시의 연설에 시간을 투자하는 사이 넓은 들판을 가로질러 유권자들이 있는 곳이라면 어디든 직접 달려갔다. 그리고 49퍼센트의 지지율을 얻으며 아이오와 코커스에서 승리했다. 이후 먼데일은 여세를 몰아 모든 인맥을 모으고 민주당의 핵심 후원자들에게 지지를 호소했다. 게리 하트가 바짝 추격했지만, 먼데일은 뉴욕 주와 펜실베이니아에서 대승을 거두고 민주당 대선 후보가 됐다. 그러나 11월 대선에서는 레이건에게 패배하여 결국 대통령이 되지 못했다.

그 후 트리피는 미디어 업계의 거물인 캐들-도크 앤드 슈럼 사에 들어갔다. 그곳에서 트리피는 전국의 시의원과 시장 선거에 출마할 후보자들을 위한 선거용 TV 광고를 제작했다. 후보의 강점을 강조하고 약점은 정서적으로 포장하는 '솔직함'이 트리피의 장기였다. 그러나 TV 광고는 아무리 잘 만들어도 광고일 뿐 유권자를 직접적으로 설득할 수단이 되기는 힘들었다. 시청자를 수동적으로 만드는 TV라는 매체의 속

성 때문이었다.

 TV 정치는 리처드 닉슨과 존 F. 케네디의 토론대회가 방영되었던 1960년대부터 시작됐다고 여겨지는 것이 통설이다. 시청자들은 면도조차 하지 않은 닉슨의 얼굴을 보며 그를 어둡고 냉담한 사람으로 평가했다. 반면 TV 속의 케네디는 젊고 생기가 흘러넘쳤다. 사람들은 30초 내외의 짧은 TV 광고와 TV 토론을 통해 비춰진 이미지를 보고 후보를 판단하기 시작했다. 이후 TV는 미국의 선거 판도를 좌우하는 큰 변수 중의 하나가 되었다.

 인터넷이 미국에서 최초로 선거에 활용된 예는 트리피가 딘의 선거에 적극 활용하기 4년 전인 2000년 존 매케인의 선거운동 본부에서였다. 매케인은 오직 인터넷만을 통해 4만 명의 지지자를 끌어모았다. 다만 당시 인터넷 발달은 걸음마 단계였고, 더 큰 폭발력을 보여주지 못했다. 그러나 트리피는 이 선거에서 착안해 자신만의 인터넷 선거 방법을 고안했고, 이는 2004년 하워드 딘의 선거운동 본부에서 주요 전략으로 채택되어 활용되었다.

| 닷컴의 기적 |

 2004년 대통령 선거에 출마할 민주당 후보를 뽑는 경선 레이스가 시작될 무렵만 해도 하워드 딘의 승리를 예측한 사람은 아무도 없었다. 당시 미국 언론이 딘에게 '투명인간'이라는 별명을 붙였을 정도로 그의 존재감은 미미했다. 1991년부터 2002년까지 버몬트 주지사를 지낸

딘은 신망은 높았지만 전국적인 규모의 선거를 치르기에는 조직력도, 선거 자금도, 지지자도 턱없이 부족한 실정이었다. 그러나 모든 예측을 비웃기라도 하듯 예비선거를 앞둔 2003년 하반기 여론조사에서 그는 선두를 차지했다. 이를 가능하게 한 것이 오늘날 인터넷 선거운동의 귀재로 평가받는 조 트리피다.

30여 년 가까이 100건이 넘는 선거를 치르면서 그 역시 자신의 후보를 당선시키기 위해 네거티브 전략을 사용하는 것도 서슴지 않았다. 그러나 그는 유권자 한 사람 한 사람이 참여할 수 있게끔 하는 선거를 꿈꾸어왔고, 딘을 만나고 나서야 그 꿈을 이룰 수 있었다. 그리고 유권자들이 직접 참여할 수 있는 인터넷 공간을 정치에 접목시킴으로써 그는 단숨에 인터넷 선거운동 전문가로 자리매김했다.

트리피는 딘을 지지하는 사람들의 모임인 웹사이트 미트업닷컴을 조사해 1년 동안 딘의 선거운동에 열정적으로 참여할 의사가 있는 사람이 60만 명이나 된다는 점을 알게 됐다. 이 유권자들은 기존의 낡은 정치는 물론 낡은 선거운동 방식에 염증을 느끼고 있었다. 정치개혁을 원하는 그들은 인터넷 게시판, 채팅, 블로그 같은 새로운 방식이 새로운 정치문화와 정치판을 만들어줄 것이라고 기대했다.

트리피는 변화하는 유권자들의 욕구를 읽었다. 웹을 통해 후보와 유권자를 직접 만나게 한다면 경쟁 후보의 네거티브 전략도, TV의 막강한 영향력도 막아낼 수 있다고 판단한 것이다. 양방향 대화가 이뤄지는 인터넷 시스템이 정치에도 새로운 패러다임이 될 수 있다고 그는 믿었다.

새로운 패러다임, 온라인 정치

| 후보자 죽이기, 네거티브 캠페인 |

네거티브 캠페인이 최근에 생겨난 것이라고 믿는다면 오산이다. 심지어 미국의 세 번째 대통령을 선출한 1800년대의 선거에서도 이전투구 식 밀싸움은 찍시 않았나. 존 애넘스는 라이벌인 토머스 제퍼슨을 가리켜 '이교도', '무신론자', '반역자'라고 깎아내렸고, 심지어 "제퍼슨이 당선된다면 살인, 강도, 강간, 간통, 근친상간이 난무할 것"이라고 주장하기까지 했다. 유권자가 믿어주기만 한다면 아무 근거 없는 흑색선전이라도 효과가 있다고 생각하는 정치인은 수세기 전부터 존재한 셈이다. 한 후보가 사람을 고용해 경쟁자가 죽었다는 소문을 내면, 그 죽었다는 사람이 말을 타고 다니면서 사실무근임을 몸소 보였다는 일화도 있다.

TV의 영향력이 커지면서 네거티브 전략은 더 확대될 조짐을 보였다. 1988년의 대통령 선거는 네거티브로 얼룩진 선거라는 평을 받았다. 그해 6월 민주당 후보로 선출된 마이클 듀카키스는 현직 부통령이자 공화당 후보인 조지 H. W. 부시에게 쉽게 이길 것으로 예상되었다. 선거 초반 여론조사 결과 듀카키스가 52퍼센트의 지지율을 얻으며 38퍼센트의 지지를 얻은 부시를 크게 앞질렀기 때문이다.

다급해진 부시 진영에서는 30초짜리 TV 광고의 효과에 주목했다. 부시 측은 곧바로 네거티브 광고를 내보냈다. 듀카키스의 범죄자 휴가 법안이 시행된 결과 휴가 중인 살인범이 범죄를 저지르고 다닌다는 내용의 광고도 전파를 탔다. 즉 듀카키스가 당선되면 범죄자가 활개를 치고 다니면서 미국인의 목숨을 위협할 것이라는 메시지를 내보낸 것이다.

또한 듀카키스가 정신병자라는 루머도 떠돌았다. 이런 광고는 사실과는 무관했지만, 듀카키스에게는 치명적이었다. 결국 네거티브 광고의 효과로 인해 부시는 초반의 열세를 딛고 대통령에 당선되었다.

대대적인 전쟁과도 같았던 이런 네거티브 선거전은 후보들 자신에게 치명상을 입힌 것은 물론 유권자들이 정치에 염증을 느끼는 결과를 낳았다. 그러나 이 선거로 인해 네거티브 공격의 효과를 맛본 정치 컨설턴트들은 이후 대통령 선거에서 부정적이고 파괴적인 네거티브 공격전을 벌이게 되었다. 파괴적 언어의 힘을 빌려 상대를 무력화하고, 유권자에게 상대 후보의 부정적인 이미지를 은밀하게 속삭이는 정치 싸움판으로 변한 것이다.

이런 네거티브 전략은 전통적인 언론 매체의 힘을 기반으로 한다. 인터넷이라는 매체 변화와 새로운 매체를 사용하는 유권자들의 확산, 즉 유권자의 세대 교체가 이루어지고 사회가 변화함에 따라 네거티브 전략은 이전과 같은 힘을 발휘하기 힘들어졌다. 이는 인터넷 매체에 주목하고 선거에 적극적으로 활용하기 시작한 조 트리피 같은 선거 전략가들의 등장으로 가능해졌다. 비밀도, 뒷거래도, 조작도 없는 완전히 개방된 선거운동이 탄생한 것이다.

| 하워드 딘, 민중 속으로 뛰어내리다 |

2002년까지 네 차례에 걸쳐 버몬트 주지사를 지낸 하워드 딘은 임기 동안 인기가 높았다. 딘은 연설력과 화술이 뛰어날 뿐만 아니라 실용주

의자였고 책임을 반드시 완수하는 인물로 평이 높았다. 그는 특출난 모금활동이나 강력한 선거운동 조직을 가지고 있지 않고도 주지사에 당선될 수 있었다.

그러나 대선은 달랐다. 대통령 후보 예비선거에만 해도 약 1, 2년 이상 조직을 꾸리는 과정이 필요하며 실제 대통령 선거에서는 상상을 초월하는 선거 자금과 조직이 필요했다. 당시 딘의 어머니는 그의 대선 출마를 "무모하고 비상식적이며 어리석은 짓"이라고 공개적으로 비판할 정도였다. 빈털터리인 그가 대선에 도전한다는 것 자체를 무모하게 여긴 것이었다.

그러나 상황은 역전됐다. 후보자 자신이 선거 전략 본부장을 겸했던 이 초라한 선거운동 본부에 조 트리피가 합류한 것이다. 트리피는 첫 회의에서 선거운동에 미트업닷컴을 이용해야 한다고 제안했다. 미트업 닷컴은 우표 수집, 스타트렉, 야구 등 다양한 취미와 관심사에 따라 사람들끼리 모일 수 있게 한 일종의 인터넷 카페다. 공통의 관심사에 따라 인터넷상에 모인 사람들은 미트업닷컴을 통해 오프라인에서 모임을 이어갔다. 사람들은 이메일을 통해 만날 장소를 예약하고 시간을 정해 모임을 진행했다.

당시 미트업닷컴은 개설된 지 얼마 안 된 상태였지만 이미 많은 사람들이 이를 통해 선거 후보를 위한 조직을 우후죽순 만들고 있었다. 특이한 점은 민주당 후보 가운데 꼴찌를 면하지 못하던 하워드 딘이 유독 미트업닷컴에서만 선두를 달린다는 것이었다.

오랫동안 인터넷 선거를 꿈꿔왔던 트리피는 바로 이 점에 주목했다. 비록 전국적으로 432명에 불과했지만, 이들은 누가 시켜서가 아니라 자

발적으로 '딘'이라는 하나의 키워드로 뭉친 것이다. 당시 존 케리의 지지자는 310명, 존 에드워즈는 141명에 그쳤다. 대부분의 여론조사에서 미국인의 95퍼센트가 모른다고 답했던 하워드 딘이 유독 인터넷상에서 강력한 지지를 받고 있다는 사실을 트리피는 놓치지 않았다.

트리피의 제안에 따라 딘의 선거운동 본부는 미트업닷컴을 공식 선거운동 홈페이지에 링크했다. 결과는 놀라웠다. 몇 주 지나지 않아 딘을 위해 모이겠다는 네티즌이 2,700명으로 늘어났다. 같은 기간 미트업닷컴에서 케리의 지지자는 330명으로 20명이 늘어났을 뿐이었다.

이 방법으로 딘과 연결된 네티즌은 실제 선거운동에 열정적으로 참여했다. 미트업닷컴 회원은 몇 주 만에 8,000명으로 치솟았다. 값비싼 돈을 들여 TV 광고와 대대적인 현장유세를 하지 않고 오직 인터넷 링크 한 번으로 이루어진 일이다.

미트업닷컴 최초의 딘 지지자인 432명은 이후 핵심 인터넷 특보 노릇을 했다. 딘의 선거운동 본부와는 별개로 자체적인 선거운동 조직을 꾸린 것도 이들이었다. 그들은 온·오프라인을 오가며 새로운 지지자를 모았다. 이런 자발적인 모집책이자 지지자들의 존재 역시 인터넷 선거운동이라는 특성에서 새로 탄생한 유권자 층이었다.

인터넷에서만 딘의 인기가 올라간 것은 아니었다. 전국 각지에서 대학을 휴학하고 회사를 그만두고 버몬트에 있는 딘의 선거운동 본부로 찾아오는 젊은이들도 생겨났다. '딘의 아이들Dean Kids'이라 불리는 이 젊은 유권자들은 TV가 일방적으로 제공하는 이미지 정치에 염증을 느끼던 사람들이었다. 이들은 수동적으로 받아들이기보다는 적극적으로 참여하는 정치를 원했다. 이런 열망에 차 있던 이들이 딘을 지지하기 위

새로운 패러다임, 온라인 정치

해 한 일은 무궁무진했다. 누가 시킨 것도 아닌데 대학생을 중심으로 딘을 지지하는 선거운동 조직이 생겨났다. 그 결과 딘의 캠프에서 전혀 모르는 사이에 이런 학생 조직이 전국적으로 180개나 조직됐다.

젊은 사람뿐만 아니라 누구든 인터넷을 이용해 토론에 참여할 수 있나면 그것이 바로 딘을 위한 선거운동으로 간주될 정도로 인터넷 토론은 딘의 지지로 이어졌다. 트리피의 예견처럼 선거전은 자발적인 블로거들의 활약에 힘입어 더 성공적으로 진행됐다.

트리피는 여기에서 멈추지 않았다. 자원봉사자들을 각자의 지역사회 활동원으로 활용했다. 그는 젊은 블로거들을 고용해 '콜 투 액션Call to Action' 이라는 블로그를 만들었다. 대통령 선거 역사상 최초의 블로그였다. 이 블로그는 훗날 딘의 선거 캐치프레이즈인 '미국을 위한 딘Dean for America' 을 본떠 '미국을 위한 블로그Blog for America' 로 발전했다.

2003년 3월 5일, 미트업닷컴의 오프라인 모임이 예정돼 있었다. 2월 말까지 참석 의사를 밝힌 사람들의 숫자를 근거로 미트업닷컴 운영진은 '미국을 위한 딘' 행사를 치르기 위해 뉴욕과 LA 같은 도시의 커피숍을 예약했다. 그런데 참석자가 점차 늘기 시작하더니 행사 이틀 전에는 300명으로 급증했다. 커피숍에서 수용하기 힘든 인원이었다.

여기에 오프라인 모임 하루 전날 일부 자원봉사들에게 하워드 딘이 참석할 것이라는 소식이 전해졌다. 이메일이 전송된 지 몇 시간 만에 뉴욕 모임의 참가 희망자만 500명으로 늘었다.

마침내 미트업닷컴 행사 당일, 하워드 딘은 벌어진 입을 다물지 못했다. 오직 인터넷만으로 이렇게 많은 사람을 모을 수 있으리라고 상상조차 못한 것이다. 결국 딘은 연설을 마칠 무렵 이렇게 말했다.

"무엇인가 하고자 하면 미트업닷컴으로 가보라."

이튿날 미트업닷컴에 등록된 모든 회원들에게 이메일이 발송됐다. 하워드 딘의 열렬한 지지자 중 한 명이 쓴 메일 내용은 다음과 같았다.

"미트업닷컴의 하워드 딘 지지자가 2만 2,000명이 되었습니다. 우리 모두 딘에게 10달러씩만 보내도 선거운동에 큰 도움이 될 것입니다. 저는 이렇게 제안하고 싶네요. 10달러에 1페니씩 더 보태 보내는 거죠. 그럼 선거운동 본부에서 10달러 1페니 기부금은 미트업닷컴 사람들이 보낸 걸 알 수 있을 테니까요."

이메일 한 통으로 딘의 선거운동 본부에는 1페니가 붙은 기부금이 40만 달러나 송금됐다. 이후 딘은 매달 첫 번째 수요일을 미트업닷컴 행사에 참석하는 날로 정했다.

미트업닷컴의 딘 지지자들은 이처럼 스스로 선거운동을 하고 50달러, 100달러씩 기부금을 냈다. 미트업닷컴의 딘 지지자 가운데 한 명이 "아이오와와 뉴햄프셔의 유권자에게 편지 5만 통을 보내자."라고 제안하자 즉각 편지 6만 통이 발송된 것은 널리 알려진 일화다. 선거운동 본부가 할 일을 인터넷에서 만난 자원봉사자들이 알아서 끝낸 것이다.

젊은 자원봉사자들은 모임 자체도 축제로 즐겼다. 정치 자금 모금행사가 파격적으로 나이트클럽 같은 곳에서 열리기도 했다. 젊은 조직이다 보니 정치권 밖의 신선한 아이디어도 잘 활용했다. 모금행사 참석 티켓을 팔면서 친구들의 이메일을 알려주면 무료로 표를 나누어주었다. 이는 미국 음반회사가 주로 쓰는 프로모션 전략 중 하나다. 이처럼 젊은 층의 언어로 젊은 층의 호응을 이끌어내면서 선거운동 방식과 유권자의 세대 교체가 이루어졌다.

새로운 패러다임, 온라인 정치

2003년 한 해 동안 딘이 모은 선거 자금은 4,000만 달러를 넘어섰다. 공화당 후보인 조지 W. 부시 대통령의 자금력에는 미치지 못하지만 주목해야 할 것은 액수가 아니라 기부금을 낸 사람의 숫자다. 딘의 선거 운동에서는 55만 명 이상의 유권자가 기부금을 냈다. 유권자 1인당 기부금을 비교하면 더 명확하다. 부시 대통령은 유권자 1인당 평균 1,200달러의 기부금을 받았지만 딘은 77달러에 불과했다. '큰 손'이 없어도 '십시일반'의 효과로 얼마든지 거대 조직과 막강한 자금을 물리칠 수 있다는 것을 보여준 셈이다.

당시 딘의 선거운동 본부에서는 이런 지지자가 60만 명가량인 것으로 추정했다. 딘의 뉴욕 주 선거 책임자를 맡았던 이산 게토는 "미국 정치사에서 처음 벌어진 새로운 실험"이라고 평했다. 어떤 후보도 이런 열정적인 자원봉사 조직을 거느려본 적이 없었다.

트리피도 《혁명은 TV로 중계되지 않는다》에서 이 무렵의 에피소드를 몇 가지 공개했다. 당시 그는 정치부 기자들에게 미트업닷컴 행사의 취재를 요청했지만, 기자들은 이를 철저하게 외면했다. 여론조사 순위가 바뀐 것도 아니고, 선거 자금이 획기적으로 늘어난 것도 아니었기 때문에 미트업닷컴의 영향력을 우습게 본 것이었다. 인터넷에서는 이미 최신 선거전이 한창 벌어지고 있었지만 주류 언론은 그 흐름을 파악조차 하지 못하고 있었다.

반면 트리피는 달랐다. 그는 이때 이미 '인터넷은 제4의 권력'이라고 평가했다. 그는 인터넷이 정치뿐만 아니라 모든 것을 바꿨다면서 "하워드 딘은 인터넷 후보가 되어 미국 국민에게 권력을 돌려줄 것"이라고 강조했다.

대통령을 만드는 사람들

그러나 트리피 이전에도, 그리고 당시에도 다른 후보들이 웹사이트를 전혀 활용하지 않은 것은 아니었다. 그들 역시 미트업닷컴에 지지자가 있었고 공식 홈페이지도 관리했다. 다만 그들은 인터넷 역시 TV처럼 일방적인 매체로 생각했다. 선거운동 본부에서 정한 메시지를 보내는 통로 중 하나라고 폄하한 것이다. TV가 그랬듯 인터넷 역시 어떤 후보를 선택해야 하는지 '지시'하는 또 하나의 바보상자라고 오판했기 때문이다.

다른 후보와 주류 언론이 인터넷 선거운동의 위력을 간과하고 있을 때, 트리피는 다시 새로운 시도를 했다. 그는 전통적인 언론매체가 일방적으로 쏟아내는 선거 보도를 제압하고자 했다. 굳이 대선주자가 아니라 햇병아리 정치인도 TV와 신문 같은 전통적인 매체를 통해 비춰지는 이미지와 메시지를 통제하기를 원한다. 입는 옷, 걸음걸이, 말투까지도 철저하게 계산하고 연습한 후 내보이는 것이 정치인의 습성이다. 하지만 트리피의 생각은 조금 달랐다.

그는 차라리 딘의 일거수일투족을 모두 대중에게 보여주고자 했다. 카메라를 한 대를 딘에게 붙여 TV 안과 밖의 모든 상황을 공개하자고 제안했다. 이런 전략은 평소 하워드 딘이 이미지 포장을 별로 탐탁지 않게 여겼기에 가능했다. 딘이 미리 작성된 원고를 보고 연설한 것은 전체 선거운동 기간 중 단 두 번뿐이었다.

마침내 트리피는 웹사이트에 '하워드 딘 TV'를 개설했다. 선거운동 본부에서 제공하는 딘의 연설 장면과 유세 현장 영상은 물론 전국의 열광적인 '딘 매니아'들이 앞다투어 홍보 동영상을 만들어 공유했다. 이 사이트에는 일일 5만 명가량이 접속해 딘의 하루를 지켜봤다. 이 역시

새로운 패러다임, 온라인 정치

포장된 이미지라고 평가할 수 있겠지만, 딘의 지지자들 사이에서는 대단한 인기를 끌었다. 지원자들이 만든 광고, 지지 연설, 공중에서 포착한 딘의 연설 장면 등 생생한 동영상에 지지자들은 더욱 열광했다.

트리피가 한 일은 CNN이나 FOX, 〈뉴욕 타임스〉, 〈워싱턴 포스트〉 같은 진통적인 언론이 세팅하는 프레임에서 벗어나 유권자 스스로 보고 싶은 것을 택하고 직접 제작도 할 수 있도록 새로운 환경을 제공한 것이다.

트리피는 이런 자발적인 지원자들을 잘 활용했다. 만약 딘이 어떤 도시에서 수백 명의 사람을 동원해 연설을 해야 한다면, 트리피는 그 지역의 딘 지지자들에게 이메일을 보냈다. 실제로 시애틀의 행사를 앞두고 트리피가 보낸 이메일에 1,200명이나 되는 사람이 행사장으로 모여든 일도 있다. 예상보다 사람이 너무 많이 몰려 주최 측은 출입문을 봉쇄해야 했다. 텍사스 오스틴에서는 같은 방법으로 3,000명이 모였다. 조직력이 탄탄하다는 평을 받았던 존 케리 후보가 무료 식사를 제공하고도 500명을 모으는 데 그쳤다는 점을 생각하면 놀라운 숫자이다.

또 선거운동 본부가 새로운 선거운동 홍보물을 웹사이트에 올리면 누구나 다운받아 몇 분 안에 새롭게 수정해서 다시 올렸다. 지지자가 이것을 블로그에 게시하면, 또 다른 이가 새로운 버전을 작성한다. 누군가 딘의 캐치프레이즈를 활용해 '딘을 위한 아이오와', '딘을 위한 뉴햄프서' 하는 식으로 미국의 50개 주 이름을 전부 적은 자동차 표지판을 웹사이트에 올린 적도 있었다. 다운로드 횟수는 그날 하루 만에 8만 7,000건이나 기록됐다.

이렇게 딘의 '인터넷 캠프'는 누구나 참여할 수 있게 문호를 개방하

되 특정인 한 명이, 혹은 일부가 '명령하달' 식으로 메시지를 전달하게 하지 않았다. 사실 미리 이를 통제할 필요도 없었다. 그저 여기저기에서 아이디어가 튀어나와 새로운 방향으로 '스스로' 굴러갈 뿐이었다.

그러나 인터넷 선거운동이 장점만 가득한 것은 아니었다. 그중 가장 큰 고민거리는 해킹 문제였다. 당시 선거운동 본부는 공개하지 않았지만, 전체 선거 기간 동안 딘의 홈페이지는 세 차례 해킹을 당했다. 특히 정치 자금 모금 마지막 날에도 해킹 시도가 있었는데, 여벌의 서버를 구축해둔 덕에 사이트는 3분 만에 회복됐다. 트리피는 "즉각 백업 서버로 교체해 거의 손해보지 않았다."고 말했다.

미트업닷컴이 2003년 여름에 개발한 소프트웨어 '겟 로컬Get Local'은 유용했지만 동시에 위험했다. 겟 로컬에 우편번호를 입력하면 가장 가까운 딘 모임이 검색됐다. 선의로만 사용한다면, 딘의 자원봉사자들이 가까운 동네의 다른 봉사자를 찾아내 함께 홍보 전단을 돌리고 지지를 호소할 수 있다. 하지만 다른 뜻을 품고 미트업의 딘 지지 모임에 등록하고 겟 로컬을 사용하는 사람이 생길 가능성도 전혀 배제하기는 어려웠다. 정치 성향을 숨기고 다른 정당, 다른 지지 후보 진영의 웹사이트에 등록해 실제 지지 후보에게 유리한 투표를 하는 등의 '역선택'도 얼마든지 가능한 것이기 때문이다.

모든 자료의 공개가 기본 원칙인 인터넷의 또 다른 약점은 악의적인 댓글과 무조건적인 비난마저 다 공개해야 한다는 점이다. 특히 트리피는 인터넷에 올라온 비판적인 글도 삭제하지 않는 것을 원칙으로 삼았다. 건설적인 비판은 괜찮았지만 무조건적인 욕설, 비아냥거림, 꼬투리 잡기식 댓글이 문제였다. 이라크 전쟁, 낙태, 의료보험 같은 민감한 이

슈에 대한 토론이 인터넷 사이트에서 활발하게 벌어지는 사이 몇몇은 '엿 먹어, 딘' 처럼 온통 욕으로만 된 글을 수백 개 올려 사이트를 마비시키기도 했다.

그러나 이런 문제점에 대한 해결책도 딘을 지지하는 블로거들 사이에서 나왔다. 한 블로거가 '딘 팀'을 구성하고 야구방망이른 본떠 '트롤무조건적인 욕설이 들어간 글을 올리는 문제의 블로거 방망이' 를 게시했다. 그래서 아이디 '엿 먹어, 딘' 이 올린 글 때문에 사이트가 마비될 때마다 딘 지지자들은 그 트롤의 이름으로 기부를 했고, 그에게 '당신 덕에 딘의 선거 자금이 또 1만 달러 늘었다' 라는 식으로 이메일을 보냈다. 당황한 '엿 먹어, 딘' 이 다시 블로그에 무턱대고 딘을 폄훼하는 욕설을 올리지 못했음은 물론이다. 이 방식으로 딘의 블로그는 자체적으로 정화되었다.

딘 선거운동 본부는 2003년 8월 말, 단 나흘 안에 10개 도시를 순회하는 유세를 통해 100만 달러를 모금하는 계획을 세웠다. 선거운동 본부에서는 10개 도시에 연단 10개를 세우는 것으로 준비를 마쳤다. 사람을 모으고, 후원금을 내도록 독려하는 일은 모두 그 지역의 딘 지지자들에게 일임했다. 마지막 날인 8월 26일, 유세 일정은 뉴욕이었다.

바로 전날까지 모금액은 80만 달러에 그쳤다. 그러나 선거운동 본부보다 블로거들의 걱정이 태산 같았다. 한 블로거는 애초에 선거운동 본부가 모금액을 너무 높게 잡았다고 우려하는 글을 올렸다. 그러자 다른 블로거가 아이디어를 냈다. 딘이 마지막 날 유세 연단에 오르기 전에 모금액 100만 달러를 달성한다면 그가 붉은 방망이를 들고 "여러분이 해냈습니다."라고 외치도록 하자는 것이다. 이 아이디어 덕분에 하루 만에 20만 달러가 보태져 딘이 연단에 오르기 직전 전광판에는 100만

3,630달러가 기록됐다. 마침내 딘이 연단에 오르자 한 젊은이가 붉은색 방망이를 던져줬고, 딘은 한 손으로 방망이를 잡은 후 "여러분이 해냈습니다."라고 외쳤다. 트리피는 이 순간을 가리켜 "결코 잊을 수 없는 순간이었다."라고 말했다.

아이오와 코커스를 한 달 앞두고 2000년 대선 후보였던 앨 고어 전 부통령이 딘을 지지한다는 성명을 발표했다. 즉각 다른 후보들이 딘을 비방하는 광고를 쏟아내기 시작했다. 그러자 전국에 퍼져 있던 딘의 헌신적인 지지자 3,500명이 아이오와로 몰려가서 20만 세대를 가가호호 방문한 사실도 있다. 오렌지색 털모자를 쓰고 활동한 이 3,500명의 유권자들은 스스로를 '퍼펙트 스톰'이라고 지칭했다.

그러나 의문은 남는다. 이렇게 열성적인 지지자들에도 불구하고 딘은 2004년 1월 아이오와 코커스에서 3위에 그쳤다. 1월 27일 뉴햄프셔 예비선거에서 딘은 26퍼센트의 득표율을 보인 케리보다 12퍼센트나 뒤진 채 패배했다. 그를 지지하는 목소리로 인터넷은 들끓었지만 실제 투표 결과는 참담했다.

딘은 마침내 아이오와와 뉴햄프셔에서의 잇단 패배를 문제 삼아 선거운동 본부장을 전격 교체했다. 인터넷 선거운동을 제안해 '딘 돌풍', '딘 마니아'를 만들어낸 일등공신이었지만, 트리피도 뉴햄프셔 예비선거의 패배는 비켜가지 못했다.

이후 트리피 해임을 두고 격론이 벌어졌다. 한쪽에서 "2000년대 초반 반짝했다 식어버린 닷컴 열풍과 마찬가지로 트리피의 전략이 실패했다."고 깎아내린 반면 한쪽에서는 "무명의 후보를 선두 주자로 부각시키고 4,000만 달러나 모금했다."며 트리피를 높게 평가했다. 일부는 딘

지지자들이 지나치게 극성스러웠다고 지적했다. 딘 지지자들이 오렌지색 모자를 쓰고 '그들만의 선거운동'을 벌여 일반 민주당 유권자들의 반감을 샀다는 것이다.

인터넷에서 불붙은 선거 전략을 적절한 시점에 기존 언론매체로 옮기지 못한 데서 실패의 원인을 찾는 시가도 있다. 존 케리는 딘서럼 싸릿한 '전기충격'은 주지 못했지만, 처음부터 끝까지 일관된 모습으로 지속적인 메시지를 주는 데 성공했다는 것이다.

하지만 이런 비판에도 트리피가 주창한 인터넷 선거 전략은 높이 평가할 만하다. 기존의 미국 대선이 지나치게 언론매체 위주로 진행되면서 발생된 문제점들을 감소시켰고, 눈덩이처럼 불어난 선거 비용을 획기적으로 줄였으며, 무엇보다 그동안 소외됐던 유권자를 불러내 직접민주주의라는 '이상'을 실현할 수 있는 계기를 마련했다.

딘에게 쏠린 인터넷의 폭발적인 열기는 4년 전인 2000년 존 매케인 캠프와 비교하면 10배는 더 폭발적이었다. 앞으로 정치인과 유권자가 완벽하게 교류하는 거대한 커뮤니티가 생성된다면 그 폭발력은 더욱 확대될 것이다. 만약 딘이 2004년 민주당 대선 후보로 지명되었다면 그는 이미 보유하고 있었던 60만 명의 온라인 지지자는 물론이고, 그 규모가 5배, 10배 확대된 600만 명 이상의 지지를 받았을 지도 모른다. 그리고 그들은 아마 모두 인터넷으로 연결됐을 것이다. 트리피는 여전히 그런 날을 꿈꾸고 있다.

로브는 공개적인 작전과 비밀스러운 작전을 혼합해
상대 후보를 집중적으로 공략한다. 그는 비열한 방법을 사용하는
애트워터나 겸손하고 순박한 카빌과는 달리 뒤에서 모든 일을 움직이는
신중한 참모형이다. 항상 뒤에 물러서 있었기 때문에
상대 선거운동 본부는 종종 그를 과소평가하곤 했다.
뒤늦게 그의 존재를 상대 진영이 알아차렸을 때는
이미 상황이 끝나 있다.

칼 C. 로브Karl Christian Rove는 공화당 정치 컨설턴트 출신으로 2007년 8월 31일까지 조지 W. 부시 대통령의 비서실 차장으로 재직하면서 정치 담당, 커뮤니케이션과 전략 개발 등을 담당했다. 그는 조지 W. 부시의 1994년과 1998년의 텍사스 주지사 선거와 2000년과 2004년의 대통령 선거, 1994년 존 애쉬크로프트John Ashcroft의 연방 상원의원 선거, 1986년 빌 클레멘츠Bill Clements의 텍사스 주지사 선거, 2001년 존 코닌John Cornyn의 연방 상원의원 선거와 필 그램Phil Gramm의 1982년 연방 하원의원 선거 및 1984년 연방 상원의원 선거 등을 맡았다.

로브는 1968년부터 정치활동을 시작했다. 2002년 〈데저트 뉴스Desert News〉와의 인터뷰에서 올림퍼스 고등학교 재학 시절 자신은 당시 월레스 베네트Wallace F. Bennett의 연방 상원의원 3선 운동에 참여하면서 베네트

의 아들 밥 베네트^{Bob Bennett}와 친구가 되었다고 말했다. 밥 베네트는 후에 유타 주 연방 상원의원이 되었다. 다음 해 유타 대학 정치학과에 입학하며 월레스 베네트의 도전자였던 유타 대학 정치학 교수 J. D. 윌리엄스를 만난다. 로브는 윌리엄스가 자신의 정신적 지주라고 말했다. 대학 시절 유타의 공화당 사무실에서 인턴을 했고, 1970년 릴프 다일러 스미스^{Ralph Tyler Smith}의 일리노이 연방 상원의원 선거운동 본부에 취직해 재선을 도왔으나, 민주당 후보인 아들라이 E. 스티븐슨 3세^{Adlai E. Stevenson III}에게 패했다.

1970년 가을, 로브는 가짜 증명서를 가지고 일리노이 주의 회계관에 출마한 민주당 앨런 J. 딕슨^{Alan J. Dixon}의 선거사무소에 들어가서 선거운동에 사용하는 공식 편지지를 훔쳤다. 그는 딕슨의 선거운동을 방해하기 위해 '무료로 맥주, 음식을 제공하고 아름다운 여자들이 많은 재미있는 파티'에 초대한다는 가짜 락 콘서트 안내장을 작성해 학교 기숙사와 노숙자 숙소 등에 배포했다. 그러나 이 선거에서는 딕슨이 승리했다. 이러한 로브의 행동은 1973년 8월까지 알려지지 않았다. 후에 그는 1999년 〈댈러스 모닝 뉴스^{Dallas Morning News}〉와의 인터뷰에서 "열아홉 살의 객기였고, 후회한다."라고 말했다.

1971년 6월, 로브는 대학을 중퇴하고 공화당 대학생 전국위원회의 상임이사가 되었고, 회장 조 어베이트^{Joe Abate}가 그의 후견인이 되었다. 그는 대학생 보수단체들의 주말 세미나에 강사로 초청받아 전국을 여행했고, 1972년 닉슨의 재선운동에도 적극적으로 참여했다. 로브는 후에 워터게이트 사건으로 구속된 도널드 세그레티^{Donald Segretti}와 같은 식의 비열한 속임수를 쓰는 데 일인자였다. 이 선거에서 그는 닉슨의 상대인

조지 맥거번 민주당 대통령 후보가 제2차 세계대전 중 유능한 B-24 폭격기 조종사였음에도 그를 '좌익 평화주의자'로 낙인찍는 네거티브 캠페인을 펼쳤다.

로브는 1973년에 조지 메이슨 대학에 진학해 그곳에서 공화당 전국위원회 남부 지역 책임자인 리 애트워터를 만나게 된다. 이들은 1973년 봄, 공화당 전국 대의원의 지지를 확보하기 위해 자동차를 몰고 대륙을 횡단했다.

1973년 여름, 미주리 주의 오자크스 호에서 공화당 대학생 전국위원회 선거가 열렸다. 로브의 상대 후보는 미시간 출신 로버트 에지워드 Robert Edgeworth였다. 선거 결과 대의원들은 두 사람 모두를 회장으로 인정했고, 이에 두 사람 사이에서 격렬한 논쟁이 벌어졌다. 결정은 공화당 전국위원회 의장인 조지 H. W. 부시에게 돌아갔고, 결정이 지연되면서 에지워드를 지지하던 테리 돌란Terry Dolan이 로브가 상대 후보의 쓰레기통까지 뒤지는 등 파렴치한 짓을 서슴지 않았다고 비난했다. 그는 선거운동 전략과 훈련 세미나 기록들을 가지고 〈워싱턴 포스트〉에 익명으로 이 사건을 폭로했다. 워터게이트 스캔들을 한창 조사 중이던 1973년 8월 10일, 〈워싱턴 포스트〉는 〈공화당의 지도부는 더러운 수법의 원조〉라는 제목으로 공화당 대학생들의 내분을 기사화했다.

닉슨의 지시에 따라 FBI는 로브를 조사했다. 애트워터는 1973년 8월 13일에 FBI에 소환되어 〈워싱턴 포스트〉의 기사 내용에 언급된 1972년 7월의 일화에 대해 커피를 마시면서 우스갯소리를 한 것뿐이라고 진술했다.

닉슨의 백악관 고문으로 워터게이트 침입 사건과 관련해 검사 측 중

언자가 된 존 딘John Dean은 1972년 워터게이트 담당 검사들이 로브의 비열한 활동에 큰 관심을 가지고 있었지만 워터게이트 사건에 밀려 다소 소극적으로 취급되었다고 말했다.

1973년 9월 6일, 공화당 전국위원회 의장 조지 H. W. 부시는 로브의 혐의에 대해 철저히 조사할 것을 언명하고, 3주 후 공화당 대학생 전국위원회 의장으로 로브의 당선을 선포했다. 부시는 로브가 전당대회에서 공정하게 당선된 것이라는 결론을 내렸다고 에지워드에게 편지를 보냈다. 에지워드는 부시에게 그 결론을 내리게 된 과정에 대한 해명을 요구하는 답장을 보냈다. 그리고 부시에게서 온 답장에 화를 내며 이를 〈워싱턴 포스트〉에 알렸다. 에지워드는 이 사건으로 공화당에서 영구 제명당했다.

공화당 대학생 전국위원회 의장이 된 로브는 상임이사직을 맡은 애트워터를 부시에게 소개했고, 그 후 애트워터는 부시의 선거 전략가로 활약하게 되었다.

부시는 로브를 공화당 전국위원회의 특별보좌관으로 임명했고, 로브는 공화당 전국위원회의 공동 의장인 리처드 D. 오벤쉐인Richard D. Obenshain의 상임보좌 역으로 옮길 때까지 그 활동을 계속했다. 로브는 특별보좌관으로서 부시의 개인적인 일들까지 살폈다. 이를테면 1973년 부시는 로브에게 하버드 경영대학원에 재학 중이던 아들이 방학을 맞아 집에 왔을 때 자동차 열쇠를 가져다줄 것을 부탁했다. 이것이 로브와 조지 W. 부시와의 첫 만남이었다. 로브는 이때를 회상하며 "조지 W. 부시는 아주 멋진 카우보이 부츠와 조종사 재킷을 입고 있었다. 그는 카리스마와 멋진 미소를 가지고 있었다."라고 술회했다.

1976년 로브는 계획대로 버지니아의 공화당 자금 담당 책임자가 되어 버지니아의 리치몬드 시로 이사했다. 그리고 1년 만에 다이렉트 메일을 통한 모금운동으로 40만 달러를 모금했다.

결혼 후 텍사스로 이주한 1977년, 로브의 공식적인 직업은 텍사스 주의회 의원인 프레드 애그니치Fred Agnich의 법률보좌였다. 1977년 말, 로브는 후에 조지 H. W. 부시 대통령 시절 국무장관을 역임한 제임스 A. 베이커James A. Baker가 책임자로 있는 정치행동위원회인 제한적 정부를 지지하는 기금모금회The Fund for Limited Government의 상임이사로 취직했다. 이 정치행동위원회는 1979년과 1980년의 부시를 대통령으로 만들기 위한 조직Bush for President의 핵심 조직이 되었다.

1978년 텍사스 주지사 선거에서 로브는 빌 클레멘츠의 선거운동을 도와 텍사스 100년 역사상 처음으로 공화당 후보가 당선되는 데 일조했다. 로브는 1979년과 1980년에 클레멘츠의 청년위원회 부책임자로 임명되었고, 1980년과 1981년에는 텍사스 주지사의 비서실 차장으로 재직했다.

1981년, 로브는 오스틴 시에서 컨설팅 회사 칼 로브Karl Rove&Co. 사를 설립했다. 이 회사의 첫 번째 고객은 텍사스 주지사인 빌 클레멘츠와 민주당에서 공화당으로 이적한 필 그램이었다. 로브는 이 회사를 1999년까지 운영했으며, 조지 W. 부시의 대통령 선거운동에 전담하기 위해 매각했다. 1981년부터 1999년까지 로브는 이 회사에서 수백 건의 선거운동을 다루었지만, 대부분 우편 모금운동과 관계된 작은 역할이었다.

2004년 11월,《월간 애틀란틱Atlantic Monthly》은 로브가 41개 주의 상·하원의원 및 전국적인 대통령 선거에 관여했으며 31명의 당선자를 만들

새로운 패러다임, 온라인 정치

어냈다고 보도했다.

로브는 조지 H. W. 부시가 자신의 1980년 대통령 후보 예비선거에서 고용한 첫 번째 인물이다. 그러나 부시는 대통령 후보가 되지 못했고 부통령으로 당선되었다. 레이건과 부시가 대통령 선거에서 승리한 후 로브는 언론에 정보를 유출했다는 이유로 해고되었다. 1978년에는 젊은 조지 W. 부시의 텍사스 연방 하원의원 선거를 주도했으나 패배했다. 1982년에는 클레멘츠의 텍사스 주지사 재선운동을 도왔으나 민주당 후보인 마크 화이트Mark White에게 패배했다. 1984년에는 1983년 공화당으로 이적한 필 그램의 연방 상원의원 선거를 관장해 민주당 후보인 로이드 도제트에 승리했고, 레이건-부시 대통령 선거운동에서 다이렉트 메일 발송 분야를 담당했다.

1986년 그는 클레멘츠의 텍사스 주지사 재선에 결정적으로 기여했다. 선거운동 전에 클레멘츠에게 보고한 로브의 전략적 메모는 현재 텍사스 A&M 대학 도서관에 클레멘츠 관련 자료로 보관되어 있다. 이 메모에서 로브는 나폴레옹을 인용하면서 "전쟁의 기술은 명분 있고 용의주도한 방어에 따른 전격적이고 담대한 공격이 가장 중요하다."고 기술했다. 1986년 텍사스 주지사 선거의 토론대회가 개최되기 전 로브는 민주당이 자신의 사무실을 도청했다고 주장했다. 경찰과 FBI의 조사 결과 도청장치의 배터리가 몇 시간마다 교체해야 할 정도로 작은 것으로 보아 혐의가 없다고 판단하고 사건 수사를 마무리했다. 혹자들은 로브가 백중지세인 주지사 선거에서 동정표를 유발하기 위해 스스로 사무실에 도청장치를 설치한 것이라고 의심하기도 한다.

1988년 로브는 공화당원으로 최초로 톰 필립스Tom Phillips를 텍사스 대

법원장에 당선시켰다. 필립스는 1987년 11월 클레멘츠 주지사에 의해 대법원장으로 임명되었고 1990년, 1996년 및 2002년에 연속으로 재선에 성공했다.

1989년에는 조지 W. 부시의 텍사스 주지사 선거 출마를 권유했다. 그리고 정책에 관한 전문가를 개인교사로 초빙하고 지방 일간지와 방송국 기자들을 소개해주었다. 이때 부시는 출마하지 않았고, 로브는 다른 후보자의 선거운동을 도왔지만 예비선거에서 패배했다.

1990년, 로브는 훗날 텍사스 주지사가 되는 릭 페리Rick Perry를 농업위원에, 케이 베일리 허친슨Kay Bailey Hutchinson을 주정부 회계관으로 당선시켰다. 1990년의 선거는 연초 FBI가 텍사스의 모든 민주당 출신 관료들을 조사한 것으로 인해 주목을 받았다.

1991년 헬리콥터 추락으로 존 하인즈 상원의원이 사망하고 펜실베이니아 연방 상원의원 선거가 열렸다. 로브는 전직 법무장관 딕 손버그Dick Thornburgh의 선거운동을 관장했으나 민주당 후보 해리스 워포드에게 패배했다. 그 후 로브는 손버그가 자신의 임금을 지불하지 않는다는 이유로 소송을 걸었다. 이미지 실추를 우려한 공화당 전국위원회는 로브에게 소송 취하를 요청했으나 로브는 거부했다. 공화당 전국위원회는 케네스 스타Kenneth Starr 변호사를 선임했으나 소송 결과 로브가 승소했다. 칼 로브와 손버그의 재판은 1991년 조지 H. W. 부시 대통령에 의해 임명된 미 연방 판사인 샘 스파크스Sam Sparks가 담당했다.

로브는 1992년 조지 H. W. 부시 재선 모금운동의 총책임자 로버트 모스바커Robert Mosbacher Jr.에 대해 칼럼니스트인 로버트 노박Robert Novak과 함께 부정적인 이야기를 유포시킨 혐의로 부시 선거운동 본부에서 해임

당했다.

　노박의 칼럼은 전 연방 상원의원이었던 필 그램이 모스바커를 해고하는 데 결정적인 요인을 제공했다. 정치 컨설턴트인 로브는 모스바커가 선거운동에서 자신을 소외시켰다고 말했고, 노박은 로브가 비밀을 유출하지 않았다고 주장했다. 그러나 모스바커는 이런 비밀을 유출할 동기를 가진 사람은 그뿐이라고 주장했다.《내셔널 저널National Journal》기자 머리 워스Murry Waas에 의하면 CIA 비밀 유출 조사위원회에 출석한 로브는 1992년 선거운동에서의 비밀 유출에 노박이 관련되었다는 사실을 분명히 인정했다고 밝혔다.

　1993년 6월 로이드 벤슨Lloyd Benson이 클린턴 행정부의 재무장관으로 임명되면서 연방 상원의원직을 사임했다. 로브는 공석이 된 텍사스 연방 상원의원에 출마한 허친슨의 선거운동을 관장해 민주당 후보인 밥 크루거Bob Krueger를 누르고 당선시켰다.

　1994년 앨라배마기업가협회Business Council of Alabama가 주 최고재판관 선거에서 공화당 후보의 당선을 돕기 위해 로브를 고용했다. 앨라배마는 100년 이상 공화당 후보가 당선된 적이 없는 지역이었다. 선거가 끝나고 부재자투표에 대한 법정싸움이 11개월이나 지속되었다. 지방 판사는 부재자투표는 인정할 수 없고, 앨라배마 주 국무장관에게 공화당 후보인 페리 후퍼Perry Hooper가 당선되었음을 선포하라고 판결했다. 이 판결에 불복한 민주당 후보는 며칠 후 대법원에 제소했으나 며칠 후 대법원은 기각 판결을 했다. 결국 공화당 후보인 후퍼가 262표 차이로 승리했다.

　로브의 다른 후보인 해롤드 시Harold See는 조지 월레스 앨라배마 전 주

지사의 사위이자 현직 판사인 민주당 후보 마크 케네디Mark Kennedy에게 도전했다. 이 선거의 쟁점은 케네디가 자신이 관여하는 비영리 어린이재단의 자금과 선거 자금을 혼용해 사용한 혐의였다. 로브의 보좌관은 로브가 시의 선거운동을 하면서 마크 케네디가 동성연애자라는 소문을 퍼뜨렸다고 폭로했다. 선거 결과 케네디가 1퍼센트 미만의 차이로 당선되었다.

앨라배마 대법원 판사 선거 당시 운동원으로 활동했던 직원은 로브의 지시에 따라 익명으로 자신의 후보인 시를 공격하는 홍보물을 제작해 제3자로 하여금 배포시켰다고 폭로하기도 했다. 이에 따라 민주당 후보 측은 네거티브 홍보물을 작성했다는 오해를 받아 그에 대해 공개적으로 부정하는 데 모든 에너지를 소비했다. 앨라배마 최고판사직을 은퇴하는 페리 후퍼Perry Hooper의 자리를 놓고 벌어진 선거에서 시 판사를 당선시키기 위해 로브는 앨라배마의 주요 공화당 인사들을 집결시켰다. 그 결과 시가 판사에 당선되었다.

1993년 11월 조지 W. 부시가 텍사스 주지사 출마를 공식적으로 선언했다. 그동안 부시의 주지사 출마에 대해 조언을 해온 로브는 선거운동을 시작했다. 그는 이 선거에서 경쟁자인 앤 리차즈Ann Richards에 대한 강제유도 여론조사를 실시했다. "만일 앤 리차즈의 참모들이 동성애자로 구성된 것을 알게 된다면 리처드에게 투표할 것인가?"라는 식의 질문이었다. 이 선거에서 부시의 지역 선거운동 본부장은 앤 리차즈가 주정부 관료로 동성애를 지지하는 이들을 많이 채용한 점을 지적했는데, 이러한 주장은 로브가 실시한 강제유도 여론조사자료에 의해 제기된 것이다. 로브는 부시의 1998년 텍사스 주지사 재선운동에서도 자문으로

활동했다.

1999년 초 로브는 20년 이상 선거운동에서 다이렉트 메일 발송 사업을 한 칼 로브 사와 프래시스 리스트 사를 자신의 직원이었던 테드 델리시Ted Delisi와 토드 올슨Todd Olsen에게 매각했다. 조지 W. 부시가 자신의 대통령 후보 예비선거에서 로브를 최고전략가로 임명하는 조건으로 회사 매각을 내걸었기 때문이었다.

2000년 사우스캐롤라이나 공화당 대통령 예비선거에서도 로브는 부시의 경쟁자인 존 매케인 상원의원의 지지도를 깎아내리기 위해 "만일 매케인이 흑인 아이를 사생아로 가지고 있는 사실이 밝혀진다면 계속해 그를 지지할 것인가?"라는 등의 강제유도 여론조사를 이용해 인종 감정을 자극했다.

2003년에 발간된 《부시의 두뇌Bush's Brain: How Karl Rove Made George W. Bush Presidential》의 저자들은 이런 강제유도 여론조사는 로브가 지시한 것이라고 폭로했다. 이 책은 다음 해 동명의 영화로도 만들어졌는데, 영화에서 매케인 선거운동 책임자였던 존 위버John Weaver는 "나는 이러한 방법을 사용하는 것을 누가 결정했는지 알고 있다. 그는 부시 선거운동 본부의 최고 책임자다."라며 은근히 로브를 지목하기도 했다. 또한 매케인 선거운동 본부장이었던 릭 데이비스Rick Davis는 "누가 이러한 여론조사를 주도하고, 누가 돈을 지불하고, 얼마나 많은 조사를 실시했는지는 알 수 없다."라고 말했다. 그러나 로브는 이에 대해 강력히 부인했다.

조지 W. 부시는 2001년 1월 미국 대통령으로 취임한 후 로브를 부시 행정부의 대통령 특별자문으로 임명했다. 부시는 로브를 2003년 5월 14일 노무현 한국 대통령과의 정상회담에서 안보 담당 보좌관인 콘돌

리자 라이스와 함께 배석시켰다. 로브는 백악관 정책 수립에도 중요한 역할을 했다. 일례로 2004년 대통령 선거 시 민주당 후보 존 케리의 지지율이 상승하자 '테러에 대한 경고'를 강화시킨 것을 들 수 있다.

로브는 2006년 4월에 정책 개발 담당에서 전략과 전술 계획 개발로 역할을 바꾸었다. 이때 조슈아 볼튼Joshua Volten이 해임된 앤드류 카드Andrew Card 대신 백악관 비서실장으로 임명되었다.

2002년과 2003년에 로브는 백악관의 이라크대책위원회WHIG, White House Iraq Group 회의를 주재했다. 이 백악관 내부 비밀조직은 2003년 이라크 침공 8개월 전인 2002년 8월에 조직되었다. CNN 뉴스와《뉴스위크》에 따르면 WHIG는 사담 후세인 이라크 대통령이 미국에 위협적인 인물이라는 백악관의 주장을 널리 홍보하기 위한 전략을 개발하는 조직이었다. 이 WHIG의 존재와 구성원들은 2003년 8월 10일 자〈워싱턴 포스트〉에 의해 세상에 알려졌다.

WHIG의 구성원은 부시의 비서실장 앤드류 카드, 안보보좌관 라이스, 안보보좌관보 스테픈 하들리Stephen Hadley, 딕 체니 부통령의 비서실장 루이스 리비Lewis Libby, 의회 연락 담당 니콜라스 E. 칼리오Nicholas E. Calio, 홍보전략가 메리 매탈린, 카렌 휴즈Karen Hughes, 제임스 윌킨슨James Wilkinson 등이다.〈워싱턴 포스트〉는 이 위원 중 한사람의 말을 인용해 사담 후세인의 위협을 대중에게 교육시키고 이라크와의 대결에 따른 단계별 대응전략을 수립하는 것이 위원회의 목적이라고 보도했다. 특히 WHIG 내에서 로브가 담당하는 전략적 홍보 팀은 2002년 9월 이라크의 핵무기 개발 및 위협을 강조하면서 부시 행정부 고위층의 연설문을 작성하거나 도움을 주었다고 했다.

새로운 패러다임, 온라인 정치

WHIG의 존재는 CIA 정보 유출 사건을 담당하는 패트릭 피처랄드 검사가 2004년 1월에 WHIG 회의록, 이메일, 참석자 기록 등을 제출하라는 명령서를 보내기 전까지는 대중에게 거의 알려지지 않았다. 이러한 사실이 언론에 보도되자 백악관은 2004년 3월 5일 정식으로 WHIG의 존재를 인정했다.

2005년 6월, 공화당의 뉴욕 시 모금활동 장소에서 로브는 말했다.

"보수주의자는 9·11의 잔혹함을 국가 안보의 위협이라고 생각하여 전쟁을 준비하는 반면 자유주의자들은 우리를 공격한 자들에 대한 기소유예와 치유, 이해를 주장한다."

이러한 발언에 따라 민주당은 로브의 사과와 동시에 그가 백악관에서 사임할 것을 요구했고, 이에 더불어 상원에서 9·11공격에 따른 알 카에다에 대한 보복 공격을 반대했다. 그러나 민주당은 두 가지 모두 성공하지 못했다.

2001년 9월, 9·11희생자가족모임Families of September 11이 설립되었는데, 이 단체는 로브에게 '다른 사람들의 비극적 불행을 이용해 정치적 이익을 추구하려는 것을 중단하라' 고 요청했다. 이와 반대로 부시 행정부는 테러에 대한 전쟁에서 승리하기 위한 기본 철학에 차이가 있음을 지적했다. 따라서 로브의 발언은 매우 정확한 것이며, 로브에게 사과를 요청하는 것은 어불성설이라고 말했다.

부시 대통령은 2004년 대통령 선거에 민주당 후보인 존 케리에게 승리한 후 2004년 승리 연설에서 로브를 선거의 '설계자' 라고 지칭하고 공개적으로 감사 표현을 했다.

대통령 선거 기간 중 민주당은 로브가 존 케리의 베트남 전쟁 참전기

록 및 참전병사에 대한 공개비판 등을 비난하는 스위프트 보트^{Swift Boat} Veterans for Truth의 TV 광고를 제작한 프로듀서들과 관련이 있다고 주장했다. 그러나 구체적인 증거를 제시하지는 못했다.

대통령 선거가 끝난 후 뉴욕 주 출신 연방 하원의원 모리스 힌치^{Maurice Hinchey}는 로브가 부시의 베트남 전쟁 중 군복무에 대해 대중의 관심을 돌리기 위해 CBS 뉴스에 가짜 반^反부시 자료들을 제공한 킬리안^{Killian} 자료 논쟁을 조작했다고 공개적으로 폭로했다. 그러나 역시 추측 이상의 근거는 발견되지 않았고 로브는 조작설에 대해 자신의 결백을 주장했다.

2003년 8월 29일, 전직 대사 조셉 윌슨 4세^{Joseph C. Wilson IV}는 부시가 2003년 연두교서에서 이라크 전쟁의 정당성을 주장하자 이를 비판하는 의견을 〈뉴욕 타임스〉 독자 투고란에 실었는데, 이에 대한 보복으로 로브가 자신의 아내 발레리 플레임이 CIA 요원이라는 정보를 유출시켰다고 주장했다. 그러나 검사들은 로브에게는 잘못이 없기 때문에 기소할 수 없다고 발표했다.

2006년 8월 말, 이 사건은 국무차관보 리처드 아미티지^{Richard Armitage}에 의한 것이라고 밝혀졌다. 그 결과 체니 부통령 비서실장인 루이스 스쿠터 리비가 법 집행 방해와 위증 혐의로 구속기소되었다.

| 조지 W. 부시의 브레인 |

1998년 텍사스 주지사 조지 W. 부시는 대통령 가능성 탐사위원회의 ^{Exploratory Committee} 구성을 발표하고 대통령 출마를 선언했다. 부시가 대통

령 선거에 출마함에 따라 텍사스에서 25년간 정치 컨설팅 비즈니스를 해온 칼 로브 역시 미국 정치계에서 주요 인물로 부상했다. 텍사스 사람들은 로브를 '부시의 브레인'이라고 불렀고, 부시는 그를 '천재 소년'이라고 불렀다.

조지 H. W. 부시의 대통령 당선 뒤에 애트위터가 있었고, 클린턴의 대통령 당선 뒤에 카빌이 있었던 것처럼 텍사스 주지사 조지 W. 부시에게는 천재 소년 칼 로브가 있었다. 그리고 그 어느 때보다 정치와 공공정책의 방향을 결정하는 데 정치 컨설턴트의 역할이 매우 커진 상태였다.

TV의 발전과 대중화에 따라 새로운 정치기법들이 속속 등장했다. 유권자들과의 대화는 거의 TV를 시청하는 거실에서 이루어지게 되었고, 후보자는 언제든지 TV를 통해 유권자들과 접촉할 수 있게 되었다. 또한 면밀한 여론조사와 타깃 집단을 겨냥한 후보자의 메시지를 담은 타깃 우편물도 정교하게 발달했다. 또한 이런 방법들의 효과는 하루면 추적여론조사Overnight Tracking Poll를 통해 알아낼 수 있었고, 후보자는 결과를 바탕으로 더욱 정교한 정치적 대화를 시도할 수 있게 되었다.

풍부한 자금을 바탕으로 방송, 다이렉트 메일, 여론조사 및 미디어 조작, 광고 등을 시행하며 선거를 담당하는 정치 컨설턴트가 오늘날의 정치적 실세가 된 것이다. 정치 컨설턴트들의 수단과 방법은 모두 다를지라도 그들의 목표는 같다.

현재 정치 컨설턴트 중 로브에 필적할 만한 인물은 없다. 그는 현재 선거운동의 주요 요소인 방송, 우편, 여론조사, 자금 모금, 메시지, 상대 후보 조사, 선거 인구 통계 등 모든 분야의 전문가이며, 추진력 또한 남

다르다. 로브는 선거운동을 전쟁이나 체스 게임에 비유하고, 전체 체스판을 분석해 20수 이상 앞을 내다봐야 한다고 말한다.

그는 자신의 행동에 따른 위험을 감수하는 것도 결코 주저하지 않는다. 자신의 후보자의 이미지를 높이는 방법에 있어서 그의 기량은 남다르다. 조지 W. 부시가 공격을 받을 때 로브는 체스판의 말을 움직이듯이 자신의 후보자를 공격 위치에 놓고 상대방 후보를 수세로 모는 능력을 발휘했다. 정치 초보자였던 부시는 로브를 만난 행운, 정치의 보수화 추세, 빈틈 없는 선거 전략 등을 바탕으로 마침내 정상에 도달했다.

로브는 공개적인 작전과 비밀스러운 작전을 혼합해 상대 후보를 집중적으로 공략한다. 그는 비열한 방법을 사용하는 애트워터나 겸손하고 순박한 카빌과는 달리 뒤에서 모든 일을 움직이는 신중한 참모형이다. 항상 뒤에 물러서 있기 때문에 상대 진영은 종종 그를 과소평가하곤 한다. 뒤늦게 그의 존재를 상대 진영이 알아차렸을 때는 이미 상황이 끝나 있다. 로브는 텍사스 서부 지역의 연방 하원의원 선거에서조차 낙선했던 후보를 끝내 미국의 대통령으로 당선시켰다.

텍사스에서 22년 동안 정치 선거운동에 전념해온 로브는 조지 H. W. 부시의 요청에 따라 그의 정치행동위원회에서 활동했다. 텍사스는 전통적으로 민주당이 초강세인 지역이었으며, 100년간 공화당 주지사가 나오지 않았다. 그러나 이러한 텍사스의 상황 속에서도 로브는 공화당의 승리 가능성을 읽어냈다. 자유주의 성향의 민주당 지도부에 불만을 가지고 있는 사람들과 보수주의적 백인 민주당원, 점점 독립적이고 보수적이 되어가는 중산층 히스패닉 유권자들, 그리고 다른 주에서 이주해온 공화당원들을 모두 흡수한다면 불가능하지 않을 것이라고 생각한

것이다.

로브는 변화의 기수가 되어 올바른 공화당 후보의 등장을 기다리기보다 자신이 직접 발탁해 승리를 만들기로 결심했다. 그는 조직적이고 잔인한 방법을 동원해 민주당을 무너뜨리기로 하고 낙선 가능성이 있는 민주당 정치인들을 겨냥했다. 이와 동시에 경쟁력이 있는 공화당 후보를 발굴했다. 또한 민주당 현직 정치인들에게 보다 나은 지위와 조건을 제시해 공화당으로 변신하도록 만들었다. 특히 로브는 하수인을 통해 상대 후보의 성격에 의문을 제기하는 중상모략Whispering 방식의 대가였다.

대부분의 유명 정치 컨설턴트들은 전략, 언론 및 여론조사 등 각자의 분야에 전문성을 지니고 있다. 그리고 이보다 사소한 예산 책정, 일정 관리, 다이렉트 메일, 모금활동 등에는 대부분 취약하다. 이것은 자동차 운전은 능숙하지만 자동차가 고장 났을 때 고장 부위를 진단하고 수리할 수 있는 능력은 없는 것에 비유할 수 있다.

로브는 정치가 전쟁과 똑같다고 생각했다. 전쟁에서 승리하기 위해서는 모든 수단을 동원해야 하며 전력을 기울여야 한다. 또한 승리를 위해 계산된 모험을 시도할 줄도 알아야 한다. 이것이 선거를 대하는 입장에서 로브와 다른 전략가들이 지닌 차이점이었다.

조지 H. W. 부시의 아들 조지 W. 부시는 텍사스 연방 하원의원 선거에 출마했다. 이 선거에 출마하기 전까지 젊은 부시는 석유 관련 사업을 하던 젊은이였다. 본 선거에서 민주당 후보는 부시를 "아버지의 후광으로 예일 대학과 하버드 대학원을 다닌 애송이"라고 표현하며 "그에게 미국의 미래를 맡길 수는 없다."고 주장했다. 젊은 부시는 선거에

서 패배했다.

이 선거는 어떻게 하면 선거에서 패배할 수 있는지를 보여주는 전형적인 사례가 되었다. 급조된 선거 조직, 자금 낭비, 상대 후보가 자신의 이미지를 규정하도록 방치했으며, 자신의 정체성조차 확보하지 못했다. 그 결과 상대 후보의 네거티브 공격에 완전히 노출되었고, 정책보다 인신공격에 완전히 무너졌다. 이 선거에서 로브는 자문 역할의 자원봉사자 정도였지만 젊은 부시와 그에게 선거의 교훈은 통렬하게 새겨졌을 것이다.

1992년 대통령 선거에서 현직 대통령인 조지 H. W. 부시가 민주당 후보인 빌 클린턴에게 패배해 재선에 실패했다. 조지 W. 부시는 아버지의 대통령 재선 실패에 당혹할 수 밖에 없었다. 부시는 걸프 전쟁의 승리로 90퍼센트 이상의 지지율을 기록하고 있었는데, 불과 몇 달 사이에 대선에서 패배한 것이다. 그는 클린턴이 아버지를 패배시켰다고 인정하지 않았다. 단지 공화당 대통령 후보 예비선거에서 패트릭 뷰캐넌 Patrick Buchanan의 끔찍하고 공격적인 연설과 로스 페로의 과장된 공격이 패배의 원인이라고 판단했다.

1994년, 조지 W. 부시는 70퍼센트 이상의 지지율을 유지하고 있는 앤 리차즈 텍사스 현 주지사에게 도전하겠다고 공식 선언했다. 리차즈 주지사 측은 조지 W. 부시가 애송이에 불과했지만 '부시'라는 이름이 지닌 전국적인 명성을 고려하여 신중하게 대처했다. 또한 로브가 정치적 이데올로기를 선점하고 선거를 주도하게 될 것을 우려했다.

로브는 부시에게 청소년 범죄 예방, 공공교육 개선, 재산세 완화 , 민사소송법 개혁 등 네 가지 이슈를 건의했다. 부시는 중소도시를 집중적

으로 방문해 유권자들과 직접 접촉하고 지방 라디오 방송 출연과 신문과의 인터뷰 등을 통해 큰 효과를 보았다. 또한 미식축구의 명문인 댈러스 카우보이스의 전설적인 쿼터백 로저 스타벅과 프로야구 팀 텍사스 레인저스의 전설적인 삼진왕인 놀란 라이언와 함께 선거유세를 했다. 그러나 부시의 언설력은 수준 미달이었으며, 때로는 준비한 원고조차 제대로 읽지 못했다. 상대 후보인 리차즈가 부시를 '태엽 감는 인형'이라고 조롱할 정도였다.

로브는 부시를 언론의 공격으로부터 철저히 보호했다. 선거를 전쟁이라고 생각한 로브는 죽기 살기로 선거에 임했다. 선거가 끝날 때까지 긴장을 풀지 않고 선거요원들의 개인행동까지 금지시켰다. 부시는 상대 후보를 정중하게 대해 교양 있는 신사의 면모를 보였고, 기독교인들의 지지를 얻기 위해 신앙에 기초한 사회봉사와 생명 애호를 주장했다. 그리고 이런 맥락에서 민주당 후보인 리차즈의 선거 참모 중에 동성애자들이 대거 포진해있다고 주장해 텍사스 보수주의자들의 분노를 일으켰다. 그리고 이것을 부시에 대한 지지로 연결시켰다.

마침내 조지 W. 부시는 현직 주지사인 리차즈를 53퍼센트 대 47퍼센트로 물리치고 텍사스 주지사에 당선되었다. 이 선거의 승리를 발판으로 로브는 부시의 끊임없는 신뢰를 받으며 전국 무대, 즉 대통령 선거를 준비했다.

1999년 초, 조지 W. 부시는 대통령 출마 가능성을 검토했다. 로브는 부시가 텍사스와 워싱턴 D.C.를 벗어난 미국의 상황과 세계 정세에 지나치게 무지한 것을 걱정했다. 아버지인 조지 H. W. 부시는 주중 미국 대사, 유엔 대사, CIA 국장, 부통령, 대통령을 역임했지만 조지 W. 부시는 외교 문제에는 전혀 관심이 없었다. 뿐만 아니라 텍사스 외에는 국내 문제에도 관심을 갖지 않았다.

그러나 부시는 대통령 선거에 출마했다. 로브는 후보자의 약점을 강점이나 미덕으로 변화시키는 선거운동을 구상했다. 그는 부시를 신비롭게 포장하고 대중의 시각에 맞추어 언론에 자주 등장하게 했다. 메시지는 간단했다. 세계 최강국인 미국이 직면한 중요한 국내 문제와 국제적 이슈에 대해 많이 언급하는 것이다. 텍사스 주지사로서 부시는 정책을 시시콜콜하게 파악하고 있지 않은 레이건의 스타일을 닮았다고 선전되었다.

로브는 부시의 대통령 출마 선언 이전부터 이미 조직에 대한 계획을 수립해놓고 있었다. 그리고 각 주의 선거 캠페인 사무소 책임자들을 선정해 선거가 시작되면 바로 선거운동 본부가 가동될 수 있도록 준비를 해두었다.

대통령 가능성 탐사위원회는 조지 H. W. 부시와 관련된 세대를 제외하고 대부분 40~50대로 구성해 젊은 부시가 공화당의 새로운 지도자임을 부각시켰다. 로브는 공식적인 예비선거가 실시되기 1년 전에 대담하게 공화당 지도부에게 부시에 대한 지지를 요구했다. 이에 따라 공

화당 소속 주지사들, 연방 상·하원의원들의 지지 발표가 잇따랐다. 그리고 이 지지 발표를 매달 적당한 간격을 유지하며 발표해 극적인 효과를 연출했다. 또한 의회 지도자들의 텍사스 방문을 추진하고, 영국 보수당 당수 윌리엄 헤이그William Hague, 캐나다의 전 총리 브라이언 멀로니Brian Mulroney, 카타르 외무장관 하마드Hamad 왕자 등 외국 지도자들을 주지사 관저로 초청했다. 이를 통해 부시의 약점인 국내 정책 및 외교 문제에 무지한 점을 보완함과 동시에 부시가 이들과의 대화를 통해 국제 문제 등에 대해 관심을 가지고 배울 수 있는 기회를 주었다.

그리고 선거운동에서 가장 중요한 자금 준비에 나섰다. 로브는 일평균 300회 이상의 전화와 팩시밀리를 통해 모금활동을 했고, 자신의 전문 분야인 다이렉트 메일을 적극 활용했다. 부시의 경쟁자인 댄 쾌일Dan Quayle이 200만 달러, 존 매케인John McCain이 160만 달러를 모금하는 동안 부시는 700만 달러를 모금해 초반부터 기선을 제압했다. 1999년 6월 말, 부시는 3,800만 달러의 천문학적인 금액을 모금했다. 자금 확보 면에서는 부시가 압도적으로 승리한 것이다. 그리고 이는 2000년 대통령 선거에서 가장 결정적인 요인이 되었다.

선거의 전초전이 치열해지면서 로브는 부시의 정치 이벤트를 텍사스 변방에서 중앙 무대로 옮기기 시작했다. 주요 언론과의 인터뷰에서 부시는 이미 공화당 소속 연방 하원의원 114명, 연방 상원의원 14명 및 대부분 주지사들의 지지를 확보했고, 여론조사 결과 다른 후보들보다 10퍼센트 이상 높은 지지율을 보이고 있다고 말하면서 지금 당장 선거가 실시되면 압도적인 승리를 자신한다고 했다.

1999년 3월, 부시는 자신의 선거운동에 전념해주기를 바라며 로브에

게 칼 로브 사의 매각을 요구했다. 이에 따라 로브는 회사를 매각했고 부시 선거운동 본부의 정식 직원이 되어 선거운동을 완전히 장악했다. 그리고 의견 일치를 보지 못하는 중요한 문제를 모두 모아 확실하게 처리했다. 그러나 자신의 공로를 주장하지 않고 모든 공을 부시에게 돌렸다. 부시는 가끔 로브의 대머리를 만지면서 자신의 정치적 화술을 만들어준 로브에게 감사한다고 말했다.

로브는 부시를 공화당 대통령 후보로 만들기 위해 두 가지 기본 전략을 계획했다.

첫째, 기존 공화당 지도부의 힘과 권위를 자신들 편으로 끌어들인다.
둘째, 워싱턴 정치의 현 상태를 변화시킬 수 있는 후보, 워싱턴 정계와 관계없는 후보임을 유권자들에게 부각시킨다.

이는 부시가 역사상 가장 자격에 미달되는 대통령 후보라는 주장을 불식시키기 위한 것이었다. 클린턴의 애매한 삼각형 구도 정책과 문란한 사생활에 싫증이 난 유권자들에게는 부시가 기존의 워싱턴 정치를 개혁하고 분명한 도덕성을 가진 인물이라고 생각되었다.

로브는 더 많은 저명인사들과 유권자의 지지를 확보하기 위해 전국 50개 주에 선거운동 본부를 설립했다. 선거운동 초기부터 로브는 전국적으로 조직을 구성하고 모든 사항을 관리 감독했다.

그리고 부시를 곤경에 빠뜨릴 가능성이 있는 부시 반대 웹사이트인 '부시를 반대하는 사람들www.georgebushsucks.net'을 돈을 주고 구입해 부시의 선거 홈페이지에 연결되도록 했다.

새로운 패러다임, 온라인 정치

부시는 여러 지역을 방문했는데, 특히 예비선거를 일찍 실시하는 아이오와, 뉴햄프셔, 사우스캐롤라이나를 집중 방문해 선두 주자의 면모를 과시했다. 현직 텍사스 주지사였던 부시는 지방을 방문할 때 경호원과 경찰의 호위를 받으며 도착했고, 호위 속에서 지지 연설을 하고 떠났다. 이것은 유권자들에게 차기 대통령이 방문과 같은 느낌을 주었다. 이는 또한 부시가 전국적인 인물이라는 인상을 주는 데다 부시의 황당한 말실수를 최소화할 수 있는 방법이기도 했다.

1999년 9월, 존 매케인 연방 상원의원이 공화당 대통령 후보 선거에 출마 선언을 했다. 그는 부시를 겨냥해 참모들이 작성해준 브리핑 자료나 원고에 의존하는 인물이 어떻게 미국을 이끌어갈 수 있겠느냐고 주장했다. 그리고 매케인이 등장하면서부터 부시의 대규모 모금활동이 중요한 논쟁거리가 되었다. 당초 부시는 워싱턴 정치에 물들지 않은 참신한 아웃사이더 후보라는 이미지를 구축했으나, 대기업 등에서 천문학적인 액수의 모금을 받은 것이 발목을 잡았다. 또한 다른 후보들도 서로 워싱턴 정계의 아웃사이더임을 강조하면서 그 전략 역시 효용성을 잃어가고 있었다.

매케인의 정치 컨설턴트 존 위버는 1986년 빌 클레멘츠의 텍사스 주지사 선거와 1988년 조지 H. W. 부시의 대통령 선거운동의 동료로 로브와 함께 일한 경험이 있었다. 그러나 둘은 자금 문제로 크게 싸우고 헤어진 터라 사이가 굉장히 좋지 않았다. 위버와 로브는 1993년 텍사스 연방 상원의원 보궐선거에서 맞부딪쳤다. 이 선거에서는 로브가 승리했고, 위버는 로브가 악랄한 루머를 퍼뜨려 선거에서 승리했으며 자신을 독불장군이라고 소문내는 바람에 직업을 구하기 어렵게 만들었다고

비난했다. 두 사람의 관계는 정책 대결보다 개인적인 증오심으로 가득 차 있었다.

부시의 거대한 자금력에 대항해 매케인은 '직접 대화Straight Talk Express'라 고 이름 붙인 버스 유세 차량으로 각 지역 유세를 다니며 동행하는 기 자들을 설득해 자신과 부시의 차이점을 부각시키는 데 노력을 집중했 다. 매케인은 승산이 희박한 아이오와 코커스보다 첫 번째 예비선거 지 역인 뉴햄프셔를 공략하기 위해 수많은 타운미팅Town Meeting, 미국 식민지 시대에 생긴 주민총회. 직접민주정치의 한 형태로 미국의 민주주의를 발전시킨 기초가 되었다에 참석하는 등 최 선을 다했다.

이때 매케인이 베트남 전쟁 포로 시절에 당한 고문으로 정서적으로 불안하기 때문에 대통령이라는 직책의 압박을 견디지 못하고 자멸할 것이라는 소문이 퍼지기 시작했다. 언론 기자들은 이런 소문의 진원지 로 '중상모략 캠페인'의 선구자인 로브를 지목했다.

그러나 뉴햄프셔 공화당 예비선거에서 예상을 깨고 매케인이 부시에 게 18퍼센트 이상의 차이로 승리를 거두었다. 이 패배의 충격에서 벗어 나기 위해 로브는 재빨리 다음 예비선거 지역인 사우스캐롤라이나에 집중하여 선거국면을 전환시켰다.

사우스캐롤라이나 공화당 예비선거는 아이오와와 뉴햄프셔에서 기 세를 얻은 반대파 후보를 물리치는 '공화당 방화벽Fire Wall'의 역할을 한 다는 명성을 가지고 있었다. 이 방화벽 개념은 현대 선거 전략 중 하나 로, 로브의 동료인 애트워터의 작품이었다. 로브는 모금, 당지도부의 지지, 풀뿌리 조직 및 부시 가문의 인적 네트워크를 동원해 방화벽을 구축했다.

뉴햄프셔 예비선거에서 예상 밖의 승리를 거둔 매케인은 사우스캐롤라이나 예비선거에서 계속 실수를 범했다. 그는 미국 남부연방Confederate 깃발을 수호하는 사람들과 종교적 권리 및 낙태 문제를 모독하는 발언을 했다. 이에 따라 부시는 자신의 업적을 소개해 이 지역 유권자들에게 매케인보다 훨씬 개혁적인 인물이라는 인상을 심어주게 되었다.

그런데 이번에도 역시 매케인에 대한 황당한 소문이 퍼지기 시작했다. 매케인이 동성애자라는 것이었다. 또한 베트남 전쟁 포로 시절 베트남 여인에게서 난 딸이 있다거나(실제로 매케인은 방글라데시에서 입양한 딸이 있었다) 세금 인상에 찬성한다거나 매케인 부인이 자선단체에서 무상으로 제공한 의약품을 횡령했다거나 장애인인 첫 번째 부인을 버렸다는 등 다양하고 엄청난 소문들이 떠돌았다. 언론은 이번 선거가 어느 누구도 책임지지 않는 사상 최악의 네거티브 선거이며, 100퍼센트 '빌어먹을Sucks 매케인'이라는 악소문 네거티브 선전만 있었다고 평가했다.

부시는 이 예비선거에서 매케인에 대승을 거둠에 따라 기사회생의 기회를 만들었다. 그러나 이 선거로 부시와 매케인의 관계는 돌이킬 수 없게 되었다. 이 지역 선거에서 패배를 인정한 매케인은 자신은 대통령이 되기 위해 최악의 방법을 사용하지는 않을 것이라고 부시를 간접적으로 비난했다. 그의 정력적인 모습은 많은 청중을 모았다.

반면 부시의 선거운동은 조직 선거였다. 부시에 대한 지지를 선언한 다수의 주지사, 연방 상·하원의원들의 연설을 통해 지지를 호소하고 각자 지역의 말단 조직들을 모두 가동했다. 매케인의 선거운동은 후보자의 개인 인기에 의해 진행되었기 때문에 한꺼번에 한 지역 이상 유세

를 할 수 없었다. 그러나 부시에게는 그가 직접 나타나지 않아도 잘 움직이는 조직이 있었다.

부시는 그 후 실시된 노스다코타, 워싱턴, 슈퍼 화요일 선거 및 뉴욕, 캘리포니아에서 승리함에 따라 공화당 대통령 후보로 확정되었다. 부시는 '개혁Reform'을 주장하고, 온정적인 보수주의적 가치관을 담은 메시지를 개발했다. 그리고 민주당 대통령 후보로 확정된 고어 부통령과의 대결을 준비해 클린턴-고어 행정부를 비판하기 시작했다. 로브는 매케인을 지지했던 유동층 유권자들을 포섭하기 위해 부시의 정책의 재정립시켰다.

로브의 선거운동의 특징은 상황윤리에 기초해 먼저 온갖 수단을 사용해 승리하고, 그 후 발생한 문제점들을 처리한다는 것이다. 이 경우 매케인에 대한 무차별 공격으로 공화당 예비선거에서 승리한 후 온건한 정책 변화로 매케인 지지자들을 자기편으로 이끄는 것이었다.

특히 로브는 매케인의 전략가인 릭 데이비스가 필리핀의 이멜다 마르코스나 나이지리아의 아바차Abacha 장군 등 외국 독재자들을 위해 워싱턴에서 로비스트로 활동했다고 폭로하면서, 데이비스에게는 보호자가 필요하다고 혹평했다. 부시는 필라델피아에서 개최된 공화당 전당대회에서 공식적으로 대통령 후보로 확정되었으며, 기독교 우파 세력과 공화당 성향의 가톨릭 신자들의 지지를 확보했다. 또 흑인, 남미계 히스패닉들의 절실한 욕구를 충족시켜주기 위해 '온정적 보수주의'를 주장했다.

로브는 공화당 전당대회 이후 1980년대의 남부 전략은 더 이상 효과적이지 못한 구식 패러다임이라고 주장하고 현재의 유권자들은 고정된

이슈보다 긍정적인 의제를 더욱 선호한다고 판단했다. 백인, 흑인, 히스패닉, 아시아 인 등을 모두 만족시킬 수 있는 온정적 보수주의를 주창하며 교육, 고용, 인종 평등을 포함한 의제를 한 바구니 안에 집어넣어 해결하겠다고 했다. 부시는 자신의 부통령 후보로 보수주의자인 딕 체니를 선정했다. 국방장관, 포드 대통령 비서실장, 연방 하원의원 등을 역임한 경험 많은 정치인 체니가 대통령직 수행에 많은 도움이 될 뿐 아니라 종교적 우파와 보수주의자들의 지지를 얻어낼 수 있을 것으로 판단했기 때문이다. 뿐만 아니라 부시는 매케인의 지지자와 콜린 파월Collin Powell 및 콘돌리자 라이스 등 흑인 지도자들까지 등장시키면서 언론에 기삿거리를 제공했다.

민주당 대통령 후보 고어의 선거 참모들은 대통령 후보 토론대회에서 부시를 '저능아 부시Bush a moron theme'로 규정하며 자신들의 압승을 자신했다. 그러나 로브는 토론대회에서 부시의 실수를 최대한 줄이고 생존만 하자는 작전을 세웠다. 그는 이번 선거에서 가장 중요한 승리 전략은 인구 분포와 지역 구도를 세밀히 검토하는 것이라고 판단했다.

전통적으로 민주당은 전국적인 선거운동을 전개할 때 노동조합, 자유주의자, 흑인, 여권운동가 및 환경보호론자들의 지지를 주요 기반으로 두었다. 그러나 공화당은 지역 간의 특성 차이로 인해 민주당의 전통적 전략 자체만으로는 선거에서 승리할 수 없다고 확신했다. 예를 들면 민주당의 총기규제법 찬성안은 몬태나 주에서 극약으로 작용하는 반면 뉴욕 주에서는 유리하게 작용하는 것이다. 따라서 로브는 대통령 선거는 50개 주의 독자적 선거로 주 간의 대결이고 승자가 전부 차지하는 것이라고 판단했다. 후보자는 미주리와 플로리다에서 동일한 주장

을 해서는 안 되며, 각 주의 특성에 맞추어 강조해야 할 점을 달리 해야 한다고 말했다. 로브는 이에 따라 광고매체 선정과 각 주별 선거운동에 할애할 시간을 결정했다.

로브는 2000년 현재의 선거인단 분포를 면밀히 검토했다. 그리고 비록 힘든 승부지만 민주당 절대 지지 지역인 뉴욕 주와 캘리포니아에서 막강한 자금력을 바탕으로 부시의 선거운동을 강하게 추진했다. 이와 동시에 부시의 절대적 기반인 텍사스 및 록키 산맥 주변의 주에 대한 지지 기반을 다지고, 동생인 제브 부시^{Jeb Bush}가 현직 주지사로 있는 플로리다를 집중 공략했다. 부시는 중서부 지역을 확보하기 위해 심혈을 기울여 미시간, 일리노이, 미주리, 오하이오 및 펜실베이니아를 거의 확보했다. 부시는 유동적 유권자인 가톨릭 신자, 라틴계 미국인 및 교외 지역에 거주하는 중산층의 지지를 획득했는데, 이것은 지역적 정치와 인종분포 정치가 혼합된 결과였다.

고어는 균형 있는 경제 성장과 환경보호에 대해 관심을 가지고 있는 교외 지역 거주 유권자들의 지지를 호소했다. 부시도 이러한 문제의 해결에 동의하면서 더 나아가 교외 거주 중산층의 세금 감소 정책을 약속해 세금에 허덕이는 사람들의 지지를 확보했다. 고어는 부시의 세금 감소 정책이 위험한 세금 음모라고 비난했으나 부시는 고어의 세금 정책은 특정한 계층에만 혜택을 주는 정부 시혜책일 뿐이라고 맞대응했다.

로브는 1992년과 1996년의 선거 결과를 분석하여 민주당을 지지했던 주에 TV 광고를 집중하고 부시의 유세를 강화했다. 또한 인종적 투표 성향에 따라 특히 라틴 계통의 지지를 확보하고자 '부시의 친구들^{Amigos de Bush}' 캠페인을 시행해 스페인 어로 작성된 홍보물을 배포하고 라틴

새로운 패러다임, 온라인 정치

계통 방송국에 광고를 했다. 그리고 이들에게 '교육 기회가 있는 곳에 기회가 있다' 라고 정책을 홍보했다.

선거 전망이 백중지세임을 파악한 로브는 이번 선거는 선거 마지막 주의 마지막 날, 마지막 지역에서 결판이 날 것이라고 생각했다. 특히 플로리다 주에 의해 결정될 것이라고 판단한 그는 플로리다의 시시늘 획득하기 위해 부시의 동생인 제브 부시 주지사의 영향력을 최대한 활용했다. 고어는 자신의 부통령 지명자인 조셉 I. 리버만Joseph I. Liberman 연방 상원의원의 유대계에 대한 지지 확보에 총력을 기울였다.

플로리다 투표 마감 후 방송국에서 실시한 출구조사에 따라 사람들은 고어의 승리를 예상했다. 로브는 자체 여론조사에 의해 부시의 승리를 확신하고 있었으나 돌발상황에 충격을 받았다. 그러나 부재자투표율에 희망을 걸었다. 부시와 고어는 서로의 승리를 장담하면서 승리 연설을 준비하고 있었다. 플로리다의 선거 결과는 백중세여서 출구조사로는 정확히 파악되지 않았고, 때문에 방송국들도 예상 승리자 발표를 지연하고 있었다.

FOX TV 뉴스는 새벽 2시에 부시 후보가 5만 8,000표 차이로 고어를 앞서고 있다고 발표했다. 부시 선거운동 본부와 고어의 선거운동 본부는 모두 플로리다의 결정은 법적인 문제와 프로모션에 달려 있다고 판단했다. 고어는 재검표를 준비하기 위해 전직 국무장관 워렌 크리스토퍼Warren Christopher와 변호사들을 플로리다의 탈라하시로 파견했다. 이러한 민주당의 행동에 대응하여 부시는 아버지 부시 행정부에서 국무장관을 지낸 변호사 제임스 베이커 3세를 파견했다.

플로리다의 선거 결과는 전적으로 법적 판결에 달려 있었다. 고어는

11월 15일 기자회견을 통해 플로리다 전체 투표에 대한 전면적 재검토를 주장했으나 부시는 이 제안을 즉각 거절했다.

양쪽 진영은 선거 결과가 타이tie가 될 경우 법원 판결과 함께 헌법에 따라 연방 하원의 투표에 따른 대통령 결정을 대비했다. 대통령 선거가 실시된 지 36일 후인 12월 10일 오전 10시, 공화당 정부에 의해 지명된 다섯 명의 대법원 판사들의 지지에 따라 미국 대법원은 5대 4로 부시의 대통령 당선을 확정했다. 고어는 결과에 승복하지 않았고, 정계를 은퇴했다.

2000년 대통령 선거는 역대 대통령 선거 사상 가장 치열한 선거였고, 유권자들에게 간접민주정치에 대한 회의를 느끼게 한 선거였다. 이 선거의 진정한 승자가 누구인지에 대해서는 많은 말들이 오갔다. 부시는 전체 유권자 투표 수에서 고어에게 패배했으나 선거인단에서 다수표를 차지해 대통령에 당선된 것이었기 때문이다.

조지 W. 부시가 대통령에 취임함에 따라 로브는 대통령의 선임 자문으로 임명되었다.

그러던 2001년 9월 11일 세계무역센터가 알 카에다 테러 조직에 의해 폭파되었다. 이는 미국 본토가 직접적인 공격을 받은 역사상 최초의 사건이었다. 부시 대통령은 11월 6일 아프카니스탄의 탈레반 세력과 알 카에다 테러 조직을 소탕하기 위해 군대를 파병했다. 당시 부시에 대한 국민의 지지율은 90퍼센트를 넘었다. 2002년 중간선거에서 공화당은 부시의 높은 지지율에 힘입어 민주당을 압도하고 대승을 거두었다. 많은 언론은 이 중간선거의 진정한 승리자는 로브였다고 보도했다.

대통령 취임 후 불과 8개월이 지난 시점에서 발생한 세계무역센터의 공격으로 부시는 갑자기 전시 상황의 대통령이 되었다. 한 달 후 미국은 9·11테러이 주범으로 지목된 오사마 빈 라덴Osama Vin Laden이 숨어 있는 아프가니스탄을 침공해 탈레반을 축출하고, 친미 성향의 정부를 수립했다. 그 후 이라크의 사담 후세인이 핵무기와 생화학무기 등 대량살상무기를 보유하고 있다는 정보에 따라 이라크 침공을 강행해 사담 후세인을 축출했다.

5월의 갤럽 여론조사에서 부시는 66퍼센트의 높은 지지를 받았으나 오래 지속되지는 않았다. 이유는 두 가지였다.

첫째, 이라크 전쟁은 미국인의 지지를 받았으나 이라크 내부 정세의 불안정과 사망하는 미군 병사가 계속 증가했다.
둘째, 이라크 전쟁의 명분이었던 대량살상무기가 발견되지 않았다.

하지만 부시는 전시 중 대통령으로서 자신의 지지 기반을 공고히 했고 도전자 없이 대통령 재선을 위한 공화당 후보로 지명받았다. 이와 반대로 민주당 대통령 예비선거에는 매사추세츠 연방 상원의원 존 케리, 노스캐롤라이나 연방 상원의원 존 에드워즈, 전 버몬트 주지사 하워드 딘 등 여러 명이 팽팽히 대립하고 있었다.

2003년 여름, 조 트리피의 인터넷 선거운동과 모금활동을 통해 무명의 하워드 딘이 민주당 대통령 예비선거에서 돌풍을 일으켰다. 딘의 선

거 운동은 '딘의 아이들Deanites'로 알려진 개인 지지자들에 의해 무서운 속도로 세력화되었다. 주지사 시절 중도실용주의자였던 딘은 좌파 대중영합주의자left-wing populist로 변신해 부시의 이라크 침공을 정면으로 공격하고 이를 반대하지 않는 민주당을 비판하면서 젊은 세대의 열광적인 지지를 이끌어냈다.

2002년 10월, 부시 대통령이 제안한 이라크의 대량살상무기 조기 제거에 대한 결의안이 연방 상·하원에서 다수로 통과되었다. 이 투표에서 민주당 대통령 예비선거 후보자인 존 케리, 에드워즈, 리버만 연방 상원의원 등은 찬성투표를 했다. 그러나 이라크 전쟁이 미국의 계획대로 조기에 끝나지 않고 미군 사상자가 많이 발생하자, 여론은 반전 분위기로 변했다. 반전 분위기 덕분에 하워드 딘은 민주당 후보 중 선두를 차지하고 거액의 모금에 성공해 기존 민주당 정치인 후보들을 위협했다.

케리는 이라크 전쟁 지지에 대한 변명과 반전 입장을 분명히 천명해 딘의 공격에 대응했다. 그러나 이런 입장 선회에 대해 공화당으로부터 사람에 따라 움직이는 '팔랑개비'라는 별명을 얻고 국가 안보 문제에 있어 나약한 인물이라는 집요한 공격을 받았다.

하지만 2004년 1월에 실시된 아이오와 민주당 코커스에서 케리 38퍼센트, 에드워즈 32퍼센트, 딘 18퍼센트로 케리가 선두 주자로 승기를 잡았다. 아이오와 코커스 후 딘은 지지자 집회에서 지지자들의 열광적인 환호에 고무되어 거의 고함을 지르며 연설했다. 그러나 각 방송사들은 뉴스에서 지지자들의 함성을 제거하고 딘의 고함만 보도해 '감정을 억제하지 못하는 경박스러운 인물'로 비춰지게 했다. 반면 케리는 선거

새로운 패러다임, 온라인 정치

운동의 주도권을 장악하고 '돌아온 케리Comeback Kerry'라고 선전하며 뉴햄프셔 예비선거에서도 승리했다. 딘은 2위를 했으나 사우스캐롤라이나 예비선거 후 후보에서 사퇴했다.

3월 슈퍼 화요일에 케리는 에드워즈에 압도적으로 승리하면서 2004년 대통령 선거에서 민주당 후보로 확정되었다. 민주당 전당대회 한 달 전 케리는 민주당 부통령 후보로 예비선거 경쟁자였던 에드워즈를 선택하고, '강한 미국, 존경받는 미국'으로 새롭게 슬로건을 정했다.

부시는 자신이 국가 안보를 위한 결단성 있는 지도자인 반면 케리는 경박하고 우유부단하다는 것을 강조하는 선거운동을 했다. 자신은 테러리즘에 강력히 대응하고 있지만 케리는 위험에 대해 불확실한 입장을 가지고 있다는 것이었다. 또한 케리를 미국 사회의 주류가 아닌 동부의 자유주의자로 낙인찍는 데 주력했다.

부시는 9·11 테러에 대한 강력 대응과 2003년 봄의 이라크 전쟁 성공, 후세인 이라크 대통령 체포 등으로 최고의 지지율을 누리고 있었다. 이에 대해 케리는 이라크 전쟁에서 미군 사상자 숫자가 증가하고 있고, 계속되는 전쟁에 따른 국민들의 반전 의식을 강조하는 선거운동을 수행했다. 또한 이라크 전쟁이 베트남 전쟁에 비유되면서 케리는 베트남 전쟁의 참전용사로서 스위프트 작전 성공에 따라 무공훈장을 받은 자신과 베트남 전쟁 참전을 기피하기 위해 텍사스 주 공군방위군에서 복무한 부시를 비교함으로써 미군 총사령관의 자질에 대해서도 공격했다. 베트남 참전 후 귀국한 젊은 케리는 적극적으로 반전운동을 전개하며 저항의 표시로 자신이 수여받은 일곱 개 이상의 무공훈장을 내던졌고, 1971년 상원 청문회에서 반전과 관련된 증언을 한 경력을 내세

웠다.

그러나 공화당을 지지하는 단체인 스위프트 진실위원회Swift Vets and POWs for Truth는 케리가 자신의 공적을 과장했으며, 스위프트 작전 경험의 성격과 효과에 대해 잘못된 제시를 했다는 공격적 TV 광고를 계속해 케리를 비난했다. 광고 내용은 다음과 같다.

"케리 상원의원은 4개월 동안의 베트남 전쟁 참전을 대통령 출마에서 가장 중요한 자산으로 만들고 있다. 우리는 베트남 전투에 참여한 부대원들로서 직접 겪은 경험을 말하려고 한다. 우리는 다른 배경에서 성장했고 다른 정치적 의견을 가지고 있지만, 분명히 케리가 베트남 전쟁 중 자신의 공적과 우리들의 역할을 왜곡하고 있으며, 베트남 전쟁 참전에 대한 험담을 하는 것을 참을 수 없다는 공통점을 가지고 있다.

지난 30년간 많은 베트남 참전용사들은 외톨이로 취급받아왔고, 약물중독자에 유아살해자라는 비난에도 침묵을 지켰다. 그러나 이러한 치명적인 이미지를 창조한 인물인 케리가 미국 대통령이 되려 하므로 우리는 오랜 침묵을 깨고 진실을 밝힌다."

로브의 선거운동에는 몇 가지 뚜렷한 패턴이 있다. 보통 익명으로 정보를 흘리거나 제3자로 하여금 공격을 시켜 상대 후보에게 치명적인 해를 입힌다. 로브는 이러한 악역을 하는 사람과 자신 사이에 몇 단계의 장벽을 쌓아 절대로 자신의 존재가 노출되지 않게 했다. 그래서 각종 루머에 대해 그가 개입한 증거를 거의 찾을 수 없다. 절대적 부정은 로브의 특기로 아마 명백한 증거를 제시하더라도 진실한 고백을 받아내기는 어려울 것이다. 로브는 승리를 위해서라면 윤리 및 법적 기준을 무시하는 데도 망설이지 않았다.

11월 선거 결과 부시 286명, 케리 251명의 지지로 부시는 재선에 성공했다. 그러나 선거 당일 밤까지 오하이오$^{선거인단\ 20명}$, 펜실베이니아^{21명}, 플로리다^{27명}의 투표 결과는 백중세였다. 3개 주의 선거인단이 각각 20명이 넘었기 때문에 선거 결과에 커다란 영향을 미칠 수 있었다. 케리는 펜실베이니아, 부시는 플로리다에서 승리했다. 그러나 선거 다음 날 아침까지 오하이오와 뉴멕시코, 아이오와, 네바다 주의 결과가 발표되지 않고 있었다.

만일 케리가 뉴멕시코, 아이오와, 네바다에서 승리하고 부시가 오하이오에서 승리를 하면 선거인단 수는 269대 269가 된다. 이러한 상황이 발생하면 대통령 선거는 미 연방 하원에서 각 주에서 한 표씩 투표해 대통령이 결정된다. 그러나 선거 다음 날 오후, 오하이오의 국무장관은 부시의 승리를 선언했다. 케리는 선거 결과에 승복하고 패배를 인정했다. 만일 케리가 오하이오에서 승리를 했다면, 전국 투표에서 300만 표를 뒤졌지만 선거인단 투표에서 승리하는 이변을 만들 수 있었다. 오하이오 선거에서 로브는 동성결혼을 이슈화해 보수적 기독교인을 부시의 지지 세력으로 만드는 데 성공했다.

대통령을 만드는 사람들

액설로드는 2004년에 하워드 딘의 선거운동에서 사용된
인터넷 선거방법 중 효과적인 방법들을 찾아
자신의 전략에 대입했다. 그리고 버락 오바마의
개인적인 목표에 일반 대중이 자발적으로 참여하도록
북돋는 선거 전략을 개발했다.

데이비드 액설로드는 일리노이의 시카고를 기반으로 활동하는 미국의 정치 컨설턴트다. 2008년 민주당 대통령 후보인 버락 오바마의 최고 자문 역을 맡았으며, 오바마의 2004년 일리노이 연방 상원의원 선거와 2008년 대통령 선거 역시 주관했다. 그는 AKP 미디어AKP Message&Media 사의 선임 파트너이며 〈시카고 트리뷴Chicago Tribune〉의 정치 기고가로 활동하기도 했다.

액설로드는 어린 시절부터 정치에 대한 관심이 많았다. 그는 열세 살 때 로버트 케네디 민주당 대통령 예비선거 후보를 위해 선거 배지를 팔기도 했다. 그는 〈로스앤젤레스 타임스〉와의 인터뷰에서 "나는 어린 시절 배운 이상주의를 실현하기 위해 정치계에 입문했다."고 말했다.

그는 시카고 대학 재학 중에 〈하이드 파크 해럴드Hyde Park Herald〉에 정치

기사를 기고하기도 하고, 대학을 졸업한 후에는 〈시카고 트리뷴〉에서 시청 출입기자를 하면서 8년 동안 시카고, 일리노이 등의 정계를 취재했다. 그러나 신문기자로서의 장래에 대해 회의를 느낀 그는 일리노이 연방 상원의원 폴 사이먼의 선거운동에서 홍보 담당 책임자로 들어갔고, 몇 주 후 공동 선거운동 본부장이 되었다.

1985년 그는 선거 컨설팅 회사인 액설로드 앤드 어소시에이츠Axelord& Associates를 설립했다. 1987년에는 시카고 사상 처음으로 흑인 시장 해럴드 워싱턴Harold Washington의 재선운동을 맡아 그를 당선시켰다. 그 후 디트로이트의 데니스 아처Dennis Archer, 클리블랜드의 마이클 R. 화이트Michael R. White, 워싱턴 D.C.의 앤소니 A. 윌리엄스Anthony A. Williams, 휴스턴의 리 P. 브라운Lee P. Brown과 필라델피아의 존 F. 스트리트John F. Street 등 흑인 시장 선거운동에서 큰 역할을 했다.

2004년, 액설로드는 존 에드워즈의 대통령 예비선거를 담당했다. 이때 광고 제작 책임자 직책에서는 물러났지만 선거대변인으로는 계속 활동했다. 존 에드워즈가 대통령 예비선거에서 실패한 요인에 대해서 그는 이렇게 말했다.

"나는 존 에드워즈에게 전폭적인 존경을 표했다. 그러나 에드워즈는 후보자로서 어느 정도 타협하는 법을 몰랐다."

그러나 2006년 액설로드는 뉴욕 주지사 선거에서 엘리어트 스피처Eliot Spitzer의 당선, 매사추세츠 주지사 선거에서 드발 패트릭Deval Patrick의 당선을 포함해 많은 선거운동에서 승리를 이끌어냈다. 또한 민주당 하원 선거운동 위원장인 람 이마누엘Rahm Emanuel 하원의원의 정치 고문으로 활동하면서 연방 하원의원 선거에서 민주당이 31석을 얻는 데 매우 큰 역할

을 했다.

액설로드와 버락 오바마의 교류는 10년이 넘었다. 액설로드는 1992년 이래 오바마의 정치 자문 역할을 했고, 2002년에는 오바마의 유명한 반전 연설과 자서전 《담대한 희망》에 다양한 조언을 했다. 그는 버락 오바마의 민주당 대통령 예비선거에서 최고 선거 전략가로 활동하면서 미디어 계획을 세웠다.

그는 처음에는 2008년 선거운동에 참여하지 않으려고 했다. 예비 후보인 버락 오바마, 힐러리 클린턴, 존 에드워즈, 크리스 토드, 톰 빌색 등이 모두 그의 고객이었기 때문이었다. 그러나 액설로드는 궁극적으로 오바마의 대통령 후보 출마는 역사적 사건이라고 평가했다. 그는 오바마를 로버트 F. 케네디에 비유하며 〈워싱턴 포스트〉와의 대담에서 말했다.

"만일 오바마가 대통령으로 당선되어 백악관에 입성한다면 내 인생에서 가장 중요한 것을 성취한 것이다."

그는 정치광고에서 친근함과 진정성을 창출하기 위해 보통 사람의 모습을 보여주는 오바마의 전기 영상을 제작했다. 힐러리 클린턴이 경험 있는 정치가라는 전략을 구사하는 동안 액설로드는 '변화'를 주요 슬로건으로 하는 선거 전략을 구상했다.

액설로드는 힐러리가 유능한 정치가지만 그의 정책 방향은 유권자들이 변화를 요구하는 현시점에서는 설 자리가 없다고 보았다. 따라서 '변화'를 추구하는 자신들에게 승리가 돌아올 것이라고 확신했다. 결국 변화를 주장하는 오바마의 메시지는 아이오와 코커스의 승리를 가져왔다. 아이오와 코커스에 참가한 민주당의 과반수 이상이 후보자 결

정의 제1요소로 '변화'를 꼽았다. 그리고 CNN 뉴스의 정치 평론가 빌 슈나이더Bill Schneider는 이러한 유권자의 51퍼센트 이상이 오바마에게 투표했다고 분석했다. 변화를 요구하는 유권자의 19퍼센트만이 힐러리 클린턴에게 투표했다.

액설로드는 2004년에 하워드 딘의 선거운동에서 사용된 인터넷 선거 방법 중 효과적인 방법들을 찾아 자신의 전략에 대입했다. 그리고 버락 오바마의 개인적인 목표에 일반 대중이 자발적으로 참여하도록 북돋는 선거 전략을 개발했다.

액설로드는 《롤링 스톤즈》와의 인터뷰에서 밝혔다.

"우리가 경선에 참가했을 때, 오바마는 그가 원하는 조직에 대중이 참여하고 대중에게 배당을 주는 경마와 같은 선거운동을 원했다."

이것에는 웹 2.0 기술과 시각적 미디어를 사용해 풀뿌리 유권자를 결집시키는 전략이 포함되어 있다.

오바마의 웹 전략은 지지자들이 각자 자신들의 개인 페이지를 만들 수 있으며, 심지어 집에서 폰뱅킹을 할 수 있도록 만들어졌다. 액설로드는 인터넷 사용 방법을 개량하여 30대 이하의 유권자를 결집시키고, 100달러 이하의 모금자들에게 호소하는 방식으로 27만 5,000명의 소액 모금자를 모았다. 이러한 오바마의 모금 방법은 힐러리가 자신의 유명세와 민주당 내 실력자의 지지 및 거액을 기부하는 사람들에 의한 것과는 뚜렷한 대조를 이루었다.

| 미국 역사상 최초의 흑인 대통령 - 2008년 대통령 선거 |

　2008년 대통령 선거에서는 누구도 예상하지 못한 후보인 버락 오바마가 혜성처럼 등장해 당선되었다. 그는 미국 역사의 새로운 페이지를 장식했다. 오바마의 당선은 그가 미국의 인종 문제와 성별 문제에 대한 새로운 변화의 기수라는 점도 작용했지만 한편으로는 대통령 선거운동의 효율성에서 나온 결과이기도 하다.

　오바마의 선거 전략가인 데이비드 액설로드는 이렇게 말했다.

　"우리는 누구도 이루지 못한 위대한 일을 해냈다. 그러나 다음 번 사람은 훨씬 쉽게 이룰 수 있을 것이다."

　오바마 이전에도 정치선거에 도전한 흑인 후보자들은 존재했다. 이런 흑인 정치 지도자들의 존재는 미국 정치 변화의 새로운 흐름을 만들었다.

　1984년 대통령 선거에서 제시 잭슨Jesse Jackson 목사가 흑인 최초로 민주당 대통령 예비선거에 출마해 인종을 초월한 '희망의 힘Power of Hope'을 주장했다. 잭슨은 비록 선거에서 패배했지만 '인종차별을 반대하는 잭슨 운동Jackson Movement'을 성공시켰다.

　1982년에는 로스앤젤레스 시장인 흑인 출신 톰 브래들리Tom Bradley가 캘리포니아 주지사 선거에서 공화당의 백인 후보 조지 듀크미지언George Deukmejian을 여론조사에서 최고 22퍼센트 차이로 제치면서 승리를 예상했지만 본 선거에서 패배했다.

　이 선거 결과를 '브래들리 효과Bradley Effect'라고 부른다. 즉 백인 유권자들이 인종차별의 본심을 감추고 거짓으로 여론조사에 답변한다는 것이

새로운 패러다임, 온라인 정치

다. 그러나 '브래들리 효과'는 여론조사의 실수와 선거 당사자들의 희망 섞인 예상에서 나타난 것이라고 주장하는 전문가들도 있다. 또한 오바마는 브래들리 효과에 대해 구식 사고방식이며 과장된 것이라고 평가했다.

2008년 오바마의 대통령 당선은 다인종 국가인 미국의 국민적 도취euphoria를 보여준 사건이라고 평하는 이들도 있다. 한편으로는 세계 경제 위기, 전쟁, 테러, 사회복지 기반의 붕괴에 따라 유권자들이 인종보다는 변화를 선택한 것이라는 긍정적인 견해도 있다.

과거 흑인의 정계 진출은 인권운동을 통해 흑인 집단 거주 지역을 중심으로 하원 등에 진출하면서 시작되었다. 그러나 초기의 흑인 정치인들과 달리 2세대, 3세대의 흑인 정치인인 제시 잭슨, 콜린 파월, 오바마 등은 자신들의 인적 네트워크와 아이디어를 바탕으로 변화하는 선거 풍토에 맞추어 새로운 정치적 개념을 만들며 정치계에 등장했다.

오바마의 선거 전략가인 액셀로드와 데이비드 플루프는 흑인인 매사추세츠 주지사 드발 패트릭Deval Patrick의 선거운동을 한 경험이 있었다. 이들은 이 경험을 통해 흑인 후보가 당선되기 위해서 인종 문제를 거론하는 것은 전혀 도움이 되지 않는다는 것을 알고 있었다. 그리고 후보자가 흑인들만의 후보에서 탈피하려면 다른 인종의 지지를 획득할 수 있는 매력을 가질 필요가 있다고 말했다. 또한 지도자는 도덕적 용기, 정치적 기반, 자신의 무지를 인정하는 겸양의 미덕, 그리고 다른 사람을 통해 지혜를 배울 줄 아는 덕성이라는 자질을 지니고 있어야 한다고 생각했다.

2008년 3월, 민주당 예비선거 중 오바마가 다니는 교회의 목사 제레

미아 라이트Jeremiah Wright jr.가 '갓 뎀 아메리카God Damn America' 라는 설교를 하는 바람에 오바마는 선거운동에서 탈락할 뻔했다. 이 나라의 시민인 흑인을 인간 이하로 대접하는 '망할 놈의 미국God Damn America' 이라는 독설이 문제가 된 것이다. 라이트는 오바마에게 기독교 정신과 공동체 조직을 가르친 스승이고 오바마 부부의 결혼 주례까지 맡은 인물이었다.

오바마는 미국인들이 자신의 미래 지도자를 인종적 관점이 아닌 지성, 경험 및 신념에 의해 평가하고 선출해야 한다고 호소하여 정면돌파했다. 라이트 목사가 일으킨 파문을 분열이 아닌 통합의 계기로 전환시킨 것이다. 이로써 오바마는 미국을 여러 인종이 화합해 살아가는 보다 완전한 연합을 만들 수 있는 지도자로 부각되었다.

그러나 이후 오바마는 인종 문제에 대한 언급을 회피했다. 액설로드 역시 오바마가 흑인 후보이기 때문에 선거운동을 하는 것이 아니고 자신의 후보자가 단지 흑인이었을 뿐임을 강조했다.

2008년 대통령 선거운동은 인종과 성별의 장애물을 극복한 변화의 가능성에 의해 결정되었다. 특히 오프라 윈프리Oprah Winfrey가 오바마에 대한 공개 지지를 선언했을 때, 그녀의 웹사이트는 분노와 비난의 글로마비 상태에 이를 지경이 되었다. 왜 정치에 개입하는가? 어떻게 여성을 제치고 남성을 지지하는가? 같은 흑인이라 지지하는가? 등이 주된 내용이었다.

캘리포니아 예비선거 바로 직전, 여성대회에 참석한 윈프리는 "자신은 결코 여성을 배반하지 않았다. 다만 자신의 양심과 진리에 따라 오바마를 지지했다."고 심경을 밝혔다. 오바마와 힐러리의 선거운동은 미국을 인종과 성별의 차별에서 벗어나 보다 건강하고 안정되고 성숙

새로운 패러다임, 온라인 정치

하게 변화시키고 있었다.

미국 역사상 최초의 여성 대통령이 될 가능성으로 점쳐졌던 힐러리 클린턴이 최초의 흑인 대통령이 될 가능성으로 여겨지는 오바마에게 점점 밀리게 되었다. 여기에는 여성 해방운동이 아직 흑인 여성들을 여성 후보의 지지자로 만들지 못했다는 것이 가장 큰 요인으로 꼽힌다. 오바마는 정치적 인종차별을 넘어선 좌파 성향이 강한 학자들과 인종 문제가 전혀 없는 또 다른 세상인 블로그와 인터넷 채팅방을 거침없이 드나드는 젊은 세대의 '희소식 전달자'였다.

| 오바마 온라인 |

민주당 대통령 후보 선거운동 중반, 오바마는 힐러리에게 고전하고 있었다. 힐러리는 엄청난 금액을 모금한 데다 영향력 있는 지지자들의 후원과 언론을 조정할 수 있는 전문 정치 컨설턴트들의 지원을 받고 있었다. 이때까지만 해도 대부분의 정치 전문가들은 힐러리의 당선을 예상했다.

이때 스물다섯 살 약관의 크리스 휴즈라는 청년이 등장했다. 하버드 대학을 졸업한 후 친구인 마크 주커버그와 함께 웹사이트 페이스북을 만든 인물이었다. 뉴햄프셔 민주당 예비선거에서 힐러리에게 패배한 오바마는 이 인터넷 전문가를 영입했다. 휴즈는 선거운동 본부에 합류하자마자 마이보Mybo.com, Mybarackobama.com 사이트를 개설했다. 이 사이트는 페이스북처럼 회원들이 개인 페이지를 만들고 그룹을 형성하면서 서로

정보와 사진을 주고받을 수 있는 사이트로 유권자들이 선거 캠페인에 참여해 직접 다른 유권자들에게 전화 홍보를 할 수 있도록 했다.

휴즈는 기존의 모든 지역에 선거운동원을 보내 면대면 커뮤니케이션으로 직접 홍보하는 일을 온라인상에서 가능하도록 만든 것이다. 그는 웹 기반의 사회적 네트워킹을 사용하여 정치적 온라인 시스템을 구축하는 방식으로 풍부한 인적 자원을 확보했다. 이 시스템은 일반 시민들을 온라인 행동가로 변신하도록 만들었고, 오바마의 선거운동원들은 지지 가능성이 있는 수많은 유권자들과 손쉽게 직접 커뮤니케이션을 할 수 있게 되었다. 오바마의 선거운동 본부장인 데이비드 플루프는 이렇게 말했다.

"이전의 온라인 기술은 조직의 확장보다 선거운동 과정에서 유권자를 낚는 그물 역할을 했을 뿐이었다. 그러나 휴즈는 다른 사람들과 달리 온라인 네트워크 기술을 이용해 조직을 만들었다."

휴즈는 지역 사회의 행동 영역을 확장하고 지원해 실체적인 선거 조직 메커니즘을 구축했다. 반면에 힐러리 클린턴과 존 매케인의 선거운동 본부는 이러한 새로운 수단을 활용하는 데 있어서 오바마 진영보다 한참 뒤처져 있었다.

휴즈의 주요한 웹 도구인 마이보는 재미있게 구성된 네트워크였다. 오바마 지지자들이 조직을 만들고, 이벤트를 계획하고, 모금활동을 하고, 선거운동 도구를 다운받고, 서로를 연결하는 일종의 페이스북과 같은 것이었다.

마이보는 지역, 직업, 취미 등 공통의 취향에 따라 3만 5,000개의 소규모 그룹으로 이루어진 1,500만 명의 회원을 가지고 있었다. 이 회원

새로운 패러다임, 온라인 정치

들은 15만 번 이상의 캠페인 이벤트를 열어 6억 3,900만 달러라는 거액을 모금했다. 대통령 선거 후반부에는 320만 명 이상의 유권자들이 자원봉사자로 등록했고, 20만 번의 집회가 계획되었으며, 3만 5,000개의 조직이 만들어졌다. 마이보는 오바마의 메시지를 퍼뜨리는 하나의 거대한 전자 확성기 노릇을 했다. 오바마의 입장을 밝힌 이메일이 회원들에게 발송되었고, 회원들은 인터넷 사이트에 그 이메일을 게시했다. 선거 자금으로 수십억 달러가 모금되었고, 수백만 통의 전화와 수만 번의 조직화된 이벤트가 열렸다. 이 모든 것이 대통령 선거의 향방을 결정지었다.

오바마가 미국 대통령이 된 후 휴즈는 2008년 3월 제너럴 캐털리스트 General Catalyst Partner 사의 벤처 비즈니스 담당 이사로 취임했다. 이 회사는 디지털 미디어와 사회 네트워크 시스템을 개발하는 회사이다. 휴즈는 인터넷이라는 매체를 통해 이전에는 상상할 수 없었던 새로운 사회적 네트워크 시스템을 만들었고, 이를 통한 선거운동의 혁명을 이끌었다.

| 철저한 선거 전략의 승리 |

오바마는 텍사스 민주당 예비선거에서 2,000만 달러를 사용했으나 힐러리 클린턴에게 패했다. 오바마는 텍사스 예비선거에서의 패인을 침착하게 분석하고 문자 메시지를 대규모로 활용해 다음·예비선거에서 승기를 잡았다.

민주당 예비선거 후보 토론대회에서 힐러리 클린턴은 오바마가 경험

과 외교 능력이 없다고 지적했다. 이에 오바마는 워싱턴 정치를 변화시킬 수 있고 세계 평화를 위해 적성국 지도자들과 만날 수 있다는 유연한 입장을 견지하여 자신이 합리적인 지도자임을 부각시켰다. 결국 오바마는 힐러리 클린턴을 이기고 역사상 최초로 흑인 대통령 후보가 되었다. 공화당에서는 베트남 전쟁영웅인 존 매케인이 대통령 후보로 지명되었다.

그때 월스트리트에서 금융 위기가 불어닥치자 은행권의 구제금융안이 쟁점이 되었다. 액설로드는 정치적으로 유리한 구제금융 반대 전술이 금융계와 미국 전체 경제에 커다란 위험을 초래할 수 있다는 것을 인식했다. 오바마는 자신의 눈앞에 보이는 정치적 이익보다 국가 운영을 전체적으로 생각하는 대통령의 모습을 유권자에게 심어주었다.

매케인은 자신의 부통령 후보로 알래스카 주지사 세라 페일린Sarah Palin을 선택하는 대담한 도박을 했다. 오바마 진영은 페일린을 공격적이고 미숙한 부통령 후보라고 평가절하했으나 예상 밖으로 페일린이 인기를 얻자 매케인에게 고전을 면치 못했다.

오바마 진영은 민주당 듀카키스와 존 케리가 패배한 대통령 선거의 악몽이 되살아날 것을 우려했다. 액설로드는 세라 페일린이 대통령 선거에서 주연이 아니라 조연인 것을 강조하고 그녀의 인기 거품이 조만간 빠질 것으로 보고 매케인의 공격에 초점을 맞추었다.

액설로드는 이에 따라 오바마의 선거운동의 관리 방향과 마케팅 방법을 제시했다.

1. 명확한 목표를 설정하라. 즉 목표가 오마바의 대통령 당선임을 잊지 마라.

새로운 패러다임, 온라인 정치

2. 상황을 면밀히 검토하라. 과거의 성공 사례와 실패 사례를 샅샅이 검토하라. 어떤 유효한 전략들을 수행하고, 어떤 상황이 도래할지 자료를 통해 예측하라. 또한 과거의 선거운동을 조사하고, 상대 후보의 활동에 주시하라. 자신의 강점에 더욱 초점을 맞추고, 도전자를 면밀히 파악하여 기회를 포착한다.

3. 자신만의 브랜드를 구축하라. 자신의 핵심 가치와 특성이 무엇이며 어떠한 경험을 가지고 있는지 결정하라. 즉 자신만의 성장담을 만들어야 한다.

4. 타깃 유권자를 명확히 규정하라. 미국 유권자의 50퍼센트 이상의 지지를 획득하기 위한 전체 틀에 부합하는 틈새 조직들을 조사하고 판단해 이끌어야 한다.

5. 감동적인 메시지를 개발하라. 유권자들의 적극적이고 감정적인 상태를 반영하는 희망, 개혁, 변화, 진보, 우리는 할 수 있다yes, we can 등에 대한 목표와 브랜드를 전달할 수 있는 커뮤니케이션 수단을 개발한다.

6. 전략적 파트너를 찾아라. 자신의 목표와 브랜드를 지지하는 단체와 자신의 목표 유권자에 접근을 도울 수 있는 단체와 관계를 맺어야 한다. 자신의 목표를 향해 단계별로 전진할 때마다 도움을 주는 이러한 파트너들에게 감사의 인사를 잊지 말아야 한다.

7. 성실한 마케팅 캠페인을 운영하라. 창조성을 고취시키고, 능력을 집중적으로 발휘할 수 있도록 비즈니스 목표를 중심으로 마케팅 방법을 개발하라.

8. 업무 진행 과정에서 유연성을 보여라. 멋진 계획을 세웠다 하더라도 예산 문제나 더 좋은 아이디어가 생기면 진로를 변경하는 유연성을 발휘해야 한다.

9. 업무 결과를 평가하라. 지금 사용은 올바로 하고 있는가? 선거유세장에 얼마나 많은 청중을 모았는가? 웹사이트에 얼마나 많이 접속하고 있는가? 지속적으로 업무 결과를 평가하여 다음 행보에 적용해야 한다.

10. 항상 감사를 표현하라. 긴 선거운동 기간 동안 도움을 주는 모든 사람들에게 항상 감사하는 마음을 표현해야 한다.

결국 오바마는 2008년 대통령 선거에서 매케인을 7퍼센트 차이로 따돌리고 승리해 미국 역사상 최초의 흑인 대통령이 되었다.

새로운 패러다임, 온라인 정치

플루프는 선거운동에서 정보 유출 문제를 가장 큰 쟁점으로 생각하여
커뮤니케이션과 정보가 소통되는 경로를 철저히 관리했다.
이에 더해 자신의 개인적인 측면이 대중에게 노출되는 것 역시 꺼려했다.
그는 오바마 선거운동 본부의 내부적 업무를 완벽히 장악함으로써
종종 다른 선거운동에서 발생하는 여러 가지 정보 문제나
관리 계통 문제가 발생하는 것을 미연에 방지했다.

| 해롤드 M. 아익스 |

해롤드 M. 아익스Harold M. Ickes는 민주당의 그림자 정당Democrats' Shadow Party
의 조직자로 알려져 있다. 이 단체는 전국적으로 5개 이상의 비영리단
체와 이념적으로 좌파 성향이 있는 씽크탱크들을 보유한 전국적인 조
직으로 선거 때 민주당을 지지하며 선거운동에 관여한다.

2004년 대통령 선거 중 민주당 선거 전략가인 하워드 울프는 존 케리
선거운동 본부 조직 재편에 가장 중요한 인물은 아익스라고 말하기도
했다.

아익스는 유력 정치가 가문에서 태어났다. 아버지 해롤드 L. 아익스
Harold L. Ickes는 프랭클린 루스벨트 대통령 행정부에서 1943년부터 1946년

까지 내무장관을 역임했다. 아익스는 스탠포드 대학에 입학한 후 로엔슈타인 교수의 권고에 따라 1964년과 1965년 여름 동안에 미시시피의 비폭력학생운동조직SNCC, Student Non-Violent Coordinating Committee과 루이지애나의 인종평등단체CORE, Congress of Racial Equality의 활동을 돕기 위해 미시시피와 루이지애나의 흑인 유권자 투표 등록운동을 했다. 이 운동 도중 백인 극우주의자에게 폭행을 당해 신장을 잃기도 했다. 그러나 이런 어려운 상황 속에서도 도미니카 공화국으로 가서 축출된 좌파 대통령인 후안 보쉬Juan Bosch의 대통령직 복귀를 도왔다.

보쉬는 콩고 공화국에서 2년간의 망명생활을 마치고 도미니카 공화국으로 돌아와 군사 쿠데타를 통해 자신을 대통령으로 추대하는 좌파 단체들의 지지를 얻었다. 이에 대해 미국 정부는 해병대 2만 2,000명을 파병해 군사 쿠데타를 저지했다. 이때 아익스는 도미니카에 있었다. 이후 아익스는 도미니카를 떠나 남아메리카 여행을 했으나 그의 정신적 지주인 로엔슈타인 교수의 지시에 따라 뉴욕 시로 가서 베트남 전쟁 반대운동에 가담했다.

그는 연방 하원의원에 출마한 로엔슈타인 교수의 소개로 정치에 입문하게 되었고 1972년 민주당 대통령 선거의 유진 매카시와 조지 맥거번을 위시한 많은 선거운동에 관여하면서 민주당의 정치 전략가가 되었다.

아익스는 1970년 빌 클린턴을 만났으며 두 사람은남 베트남 정부에 모든 군사적 원조를 중단시키자는 운동 1970년 하트필드-맥거번Hartfield-McGovern 수정안을 통과시키려는 풀뿌리 조직의 로비 활동 단체 OPOperation Pursestrings에서 활동했다. 맥거번의 법안은 부결되었으나 그 후 에드워드 케네디 상원의원이 발

의한 후속 법안에 의해 향후 3년 동안에 남 베트남에 대한 군사 원조액을 80퍼센트 감축하는 데 성공했다.

그 후 아익스는 1994년 1월 4일 클린턴 대통령의 비서실 차장으로 임용되어 3년간 정치 문제와 정책을 담당했다. 그는 이른바 '팀스터 게이트Teamster gate'의 중심 인물로 부상했다. 이 스캔들은 직접적으로 형사처벌을 피한 민주당의 고위 지도자들과 노동조합 임원 간에 이루어진 복잡한 돈 세탁 사건이었다. 스캔들의 주역은 아익스와 SEIUService Employees International Union의 스턴, 클린턴 대통령과 고어 대통령 재선운동 책임자인 AFSCMEAmerican Federation of State, County and Municipal Employees의 수장인 제럴드 매칼리프 등이었다.

이 외에도 아익스는 클린턴 행정부의 스캔들을 담당하는 백악관 자문위원회의 특별 임무를 맡았다. 《힐러리 클린턴》의 저자 데이비드 브록은 아이스의 임무를 '그림자 위원회'라고 지칭했고, 그는 클린턴 스캔들의 피해를 최소화하는 모든 임무를 맡았다. 클린턴의 정치 컨설턴트였던 딕 모리스는 1997년 9월 《배니티 페어》와의 인터뷰에서 "클린턴은 해결하기 어려운 일이 생길 때마다 아익스에게 도움을 요청했다."고 말하기도 했다.

아익스는 클린턴 대통령의 선거 자금 모금활동의 책임자로 사상 최대의 소프트 머니Soft money, 미국의 정치 헌금을 지칭하는 말로 정치인 개인에게 주는 하드 머니(Hard Money)와 달리 정당에 주는 헌금을 의미한다를 모았다. 그는 노동조합을 협박하거나 무역협회와의 긴밀한 관계를 유지하고자 하는 기업인들 또는 미국의 군사기술 수출법을 완화하기를 원하는 중국인들과의 협상을 통해 자금을 모금한 것이었다.

1996년 연방수사관은 그와 클린턴 행정부에서 수천 건의 FBI 비밀문건을 불법적으로 수집, 징발한 파일 게이트^{Filegate}와 선거 자금을 받는 대신 중국에 군사기밀을 팔려고 한 차이나 게이트^{Chinagate}와의 관련성을 조사했다. 이러한 혐의는 클린턴에게 큰 부담이 되었고, 클린턴은 1996년 11월 재선이 확정되고 2개월 후 그를 해직시켰다.

1999년, 뉴욕 주 연방 상원의원 출마를 결심한 힐러리 클린턴은 그를 최고 선거 자문 역으로 임명했다. 아익스는 힐러리와 4시간가량 미팅한 후 이 직책을 수락했는데 이날 연방 상원은 빌 클린턴 대통령의 탄핵결의안을 투표했다. 후에 아익스는 AP 통신과의 회견에서 "자신이 힐러리의 선거 자문 역을 맡은 것은 오로지 힐러리 클린턴과의 우정 때문이며, 힐러리가 내게 도와달라고 사정했기 때문이다."라고 말했다.

힐러리 클린턴이 연방 상원의원으로 당선된 후, 아익스와 민주당 그림자 정당은 매케인–파인골드$^{McCain-Feingold}$ 법안 통과를 막는 데 중심 역할을 했다. 매케인–파인골드 법안은 미국의 연방선거운동법$^{Federal\ Election}$ $^{Campaign\ Act\ of\ 1971}$을 수정한 연방법으로 선거운동에 무차별적으로 뿌려지고 있는 소프트 머니를 규제하여 금권 정치를 막는 데 그 목적이 있었다. 그는 이 법안 중 소프트 머니 금지 조항을 폐기하기 위해 민주당의 그림자 정당을 통해 조지 소로스$^{George\ Soros}$ 및 다른 정당원들과 좌파 민주당원을 동원했다.

아익스는 2008년 1월까지 수많은 대통령 선거운동에 관여했으며, 빌 클린턴 대통령 시절 떠들썩한 대배심원의 조사를 받고 비서실 차장직을 사임했다가, 힐러리 클린턴의 민주당 대통령 후보 예비선거를 통해 정치 무대에 복귀했다. 30년 이상 대통령 선거운동에 참여한 그는 힐러

리 클린턴 선거운동 본부의 사람들과 잘 알고 지내는 사이였다. 선거운동 본부장의 자문 역을 맡은 그는 힐러리 클린턴의 선거 조직에는 전투 태세가 결여되어 있다고 비판했다. 막후 정치에 능숙한 그는 수석 전략가 마크 J. 펜Mark J. Penn이 계속되는 패배에 따라 사임 압박을 받으면서 선거운동 전면에 등장하기 시작했다.

그는 경쟁 후보인 버락 오바마 연방 상원의원을 물리치기 위해 후보 지명전에서 가장 커다란 영향을 미치는 슈퍼 대의원Super Delegates, 연방 상·하원의원과 민주당 지도자들의 힐러리에 대한 지지를 확보하고자 클린턴 대통령의 지지자와 자신의 인적 네트워크를 총동원했다. 이는 결코 쉬운 일이 아니었다. 대부분의 민주당 지도자들은 선거의 판세가 결정될 때까지 자신들의 입장 표명을 유보했기 때문이다. 그는 힐러리에게 대통령 자질이 충분히 있지만 선거 참모들의 전략 실패에 따라 어려움에 처해 있다고 판단했다.

아익스는 1960년대 초에 흑인 인권운동을 위해 남부 지역에 갔으며 흑인 최초의 대통령을 노렸던 제시 잭슨 목사의 수석 참모로 선거운동을 주도한 경험이 있었다. 그러나 아이러니하게도 이번에는 최초의 흑인 대통령이 되려는 오바마를 저지하는 입장이 된 것이다. 그는 자신이 힐러리의 선거운동에 관여하지 않았다면 기꺼이 오바마를 위해 일을 했을 것이라고 말했다. 그는 논리적이고 이성적인 사람이었지만 계산된 효과를 창출하기 위해서라면 공격적이고 저돌적으로 돌변했다. 그는 설득보다는 계산에 의한 정교한 작전을 수행하는 데 능숙한 정치 공학자였다. 그러나 선거운동 과정에서는 외부의 경쟁자들은 물론 내부의 동료들과도 자주 대립했다. 힐러리의 수석 전략가 펜과도 오랫동안

반목했는데, 백악관에서 함께 근무할 때 서로 대화도 나누지 않았을 정도였다. 이런 반목과 내부의 권력 경쟁 때문에 힐러리의 선거운동 본부는 분명한 권력체계가 없고, 선거 메시지의 일관성을 유지하지 못해 결국 오바마에게 패했다는 평가를 받기도 한다.

| 리처드 N. 본드 |

리처드 N. 본드Richard Norman Bond는 정부 홍보 관계 컨설턴트로 1992년 공화당 전국위원회 의장을 역임했고, 워싱턴 정계를 중심으로 연방 및 주 단위의 전략적 서비스를 제공하는 본드 앤드 컴퍼니Bond&Company를 운영하고 있다.

그는 1992년 공화당 전국위원회 의장으로 선출되기 전 포드, 레이건, 부시 행정부 시절에 공화당 전국위원회에서 여러 직책을 맡았다. 1992년 공화당은 조지 H. W. 부시의 대통령 선거 참패에도 불구하고 연방 상원의 의석 수를 유지했고, 하원의원 선거에서는 10석을 늘렸다. 대통령 선거에서는 패배했으나 의회 의석을 증가시킨 미국 역사상 최초의 기록이었다. 다음 해 그는 공화당 전국위원회 의장직을 사임했으나 후임자에게 400만 달러의 자금을 인계해 대통령 선거 패배 후 충격에 빠진 공화당을 재건하도록 했다.

본드는 20년 동안 다섯 번의 대통령 선거운동을 주도했으며 특히 1988년 조지 H. W. 부시 대통령 선거에서 전국 선거 조직 책임자로 50개 주의 선거 조직 관리를 책임지기도 했다. 또 부시의 비서실 차장, 의

회 공보비서, 미국 평화봉사단 이사를 역임했다. 또한 전국 시어도어 루스벨트 재단의 이사, 텍사스 A&M 대학 내에 설립된 조지 H. W. 부시 대통령 기념 도서관의 자문위원, 피닉스 대학의 이사를 지내기도 했다.

본드는 TV 방송과 라디오에 정기적으로 출연해 전국적인 정치 이슈와 정치 상황을 논평하면서 공화당을 옹호하는 대변인 역할을 했다. 또한 정치와 행정부에 대한 40여 편의 논문을 썼으며, 미국 내 유명 대학들에서 강연을 계속하고 있다.

| 찰스 블랙 |

찰스 블랙Charles Black은 BKSH 어소시에이츠BKSH Associates의 회장이며 미국 내에서 가장 유명한 공공정책 관련 컨설턴트 중의 한 사람이다. 그는 미국 공화당의 가장 유명한 정치 전략가이자 로널드 레이건 대통령과 조지 H. W. 부시 대통령의 최고 자문을 역임했다.

블랙은 1972년 공화당 대학생 전국위원회 의장 선출 선거에서 칼 로브의 비열한 선거운동에 대항하면서 위원회 의장이던 조지 H. W. 부시를 만나 부시 가문과 긴밀한 관계를 맺었다. 이후 1976년부터 1992년까지 로널드 레이건과 조지 H. W. 부시 등의 선거를 포함한 공화당 대통령 후보 선거운동에 관여했으며, 1972년 레이건 대통령 선거운동 당시 공화당 대학생 전국위원회에서 만난 리 애트워터를 처음으로 발탁했다.

블랙의 가까운 동료는 블랙과 애트워터에 대해 "만약 비 오는 날 부

인이 다른 남자와 우산을 같이 쓰고 있는 것을 보게 된다고 해보자. 블랙은 아마 먼저 남자의 우산을 빼앗아 부수고 쫓아낼 것이다. 그리고 1년 안에 그 남자를 살해할 것이다. 하지만 애트워터라면 즉시 집 자체를 폭파시킬 것이다."라고 비유하기도 했다.

1990년 블랙은 미국 공화당 전국위원회의 수석 대변인을 역임했고 1992년 대통령 선거에서는 부시 대통령의 주요 공공대변인으로 활약했다. 블랙은 조지 W. 부시 대통령의 2000년, 2004년 대통령 선거에서 자원봉사 성격의 정치 자문 역할과 대리인의 자격으로 대변인으로 활동했다.

정부기관, 공공정책 및 정치 분야에서 25년 이상의 경험을 가진 변호사 출신인 그는 약 10여 명의 연방 상원의원을 당선시켰고 12명 이상의 연방 하원의원을 당선시켰다. 그리고 연방 상원의원 제시 햄름스Jesse Helms, 밥 돌, 필 그램과 데이브 듀렌버거Dave Durenberger의 정치 컨설턴트로 일했고, 빌 블록이 의장인 공화당 전국위원회에서 정치 담당 책임자로 활약했다.

또한 블랙은 포춘 500 회사들 및 무역협회 등에 기본적인 입법과 공공정책 관련 자문 역할을 했다. 현재 블랙은 보수파 단체인 ACUAmerican Conservative Union, 미 공군사관학교재단the U.S. Air Force Academy Foundation, 밀스The Mills Corporation 사 등 여러 단체의 이사를 맡고 있다. 노스캐롤라이나 출신인 블랙은 변호사이자 플로리다 대학에서 정치학을 공부하고 아메리칸 대학에서 법학 박사학위를 받았다. 블랙은 시비타스 그룹Civitas Group, LLC.의 공동회장이며 링컨 그룹Lincoln Group을 대표하는 정식 로비스트로 등록되어 있다.

새로운 패러다임, 온라인 정치

2008년 3월 블랙은 공화당 대통령 후보 존 매케인의 선거운동을 전담하기 위해 BKSH 어소시에이츠를 사직했다. 매케인이 한 여성 로비스트와 부적절한 관계를 맺고 그녀의 로비를 도와주었다는 스캔들이 터졌을 때 블랙은 TV 방송에서 공식적으로 매케인을 옹호하기도 했다. 매케인 선거운동 본부의 최고 고문직을 맡은 블랙은 다른 데리 조직의 공격은 11월 대통령 선거를 매케인에게 크게 유리하게 만들 것이라고 말했다. 블랙의 이러한 발언에 대해 오바마는 국민들의 공포심을 자극하는 수치스러운 정치적 전략을 편다고 그를 비난했다.

2008년 5월 무브온닷컴Moveon.com은 매케인에게 블랙이 필리핀 독재자 마르코스 대통령, 자이르의 모부투 세코 대통령, 앙골라의 테러 반군 지도자 조나스 사빔비 등의 워싱턴 로비스트로 활동한 전력을 들어 그를 해고해야 한다고 주장하는 광고를 실었다. 그러나 매케인은 블랙을 옹호했고, 그는 2008년 매케인의 선거운동을 계속 관장했다.

| 도나 브라질 |

도나 브라질Donna Brazile은 민주당 소속의 정치활동가이자 선거 전략가다. 아프리카계 미국 여성으로는 최초의 선거 전략가로 미국의 주요 대통령 선거에 직접 관여했다. 뉴올리언스 출신으로 루이지애나 주립 대학을 졸업한 후 워싱턴에 있는 여러 시민단체에서 일했으며 특히 인권운동 지도자인 마틴 루터 킹 목사의 생일을 연방 공휴일로 만드는 운동을 벌이기도 했다.

그녀는 주로 민주당 대통령 후보의 선거운동에 참여했는데 1976년과 1980년의 카터-먼데일 대통령 선거, 1984년 제시 잭슨, 1984년 리처드 게파트의 민주당 대통령 예비선거 등이다. 1988년 게파트가 예비선거에서 패배하자, 브라질은 마이클 듀카키스의 대통령 선거에 참여해 선거운동 본부 부책임자로 활동했다.

그녀는 1988년 10월 조지 H. W. 부시 현 대통령의 확인되지 않은 혼외정사 가십을 기자들에게 발표해 논란을 일으켰다. 그녀는 바버라 부시가 백악관에서 부시 대통령과 같은 침대를 쓰는지에 대해 국민들이 알 권리가 있다고 주장했다. 이에 놀란 듀카키스 선거운동 본부는 그녀의 발언과 선거운동 본부는 관계없다고 발표하고 그녀에게 즉각 사퇴를 요구했다.

브라질은 1990년대에 워싱턴 시정부의 의회 담당인 노튼의 비서실장 겸 언론 담당으로 일하며 워싱턴 시의 예산 및 입법활동에 대해 의회에 로비 활동을 했다. 1992년 빌 클린턴 대통령 후보의 대통령 선거운동과 재선운동에서 참모로 활동했다.

2000년에는 앨 고어 현직 부통령의 민주당 대통령 후보 선거운동 본부장으로 발탁되어 흑인 여성으로 미국 역사상 최초로 대통령 선거를 관장하는 인물이 되었다. 그녀는 결과적으로 앨 고어를 당선시키는 데는 실패했지만 전국적인 유권자 득표에서는 앞선 결과를 만들었다.

플로리다의 투표에 대한 후유증 이후 브라질은 민주당 전국위원회 산하 유권자권리연구소Voting Right Institute의 위원장으로 임명되었다. 브라질은 메릴랜드 대학의 강사, 하버드 대학 정치연구소의 객원연구원 및 조지타운 대학의 정부학 겸임교수로 활동하기도 했다.

브라질은 현재 컨설팅 회사 브라질 앤드 어소시에이츠Brazile&Associates의 대표로 있으며 NPR의 정치 프로그램들과 ABC의 〈디스 위크〉 등의 프로그램에 자주 출연했다. 2004년에서는 《미국이라는 멜팅팟 휘젓기 Cooking With Grease》라는 회고록을 발간했다.

| 마크 J. 펜 |

마크 J. 펜은 현재 세계적인 광고회사 버슨 바스텔러Burson-Marsteller 사의 사장이며 1975년 창립된 여론조사회사 펜 앤드 버랜드 어소시에이츠 Penn&Berland Associates의 공동 사장이다.

그는 1996년 빌 클린턴 대통령의 재선운동에서 여론조사와 정치 자문을 맡으며 명성을 날렸다. 그 후 클린턴 행정부의 2기 집권 동안 커다란 영향력을 발휘했다. 또 연방 상원의원 힐러리 클린턴의 대통령 후보 예비선거에서 선거 전략가로 활약했다. 2000년 연방 상원의원 선거에서 여론조사와 메시지 작성을 담당했고 이후 6년간 힐러리과 함께 일했고, 신정책연구소New Politics Institute에서 연구위원으로도 활동했다. 영국 수상 토니 블레어의 3선을 돕기도 했다.

펜은 많은 정치 분야 외에 많은 단체와 기업의 이미지 재고, 신규 브랜드 출시, 마케팅 등과 관련된 일들을 컨설팅하고 있으며, 대표적으로 약 6년간 빌 게이츠Bill Gates와 마이크로소프트 사의 컨설팅을 담당했다.

펜은 오랫동안 민주당 모금 책임자를 지낸 낸시 제이콥슨과 결혼했다. 제이콥슨은 민주당 지도부의 전국 자금 담당 책임자다. 또한 온건

중도 성향의 민주당 상원의원 후보를 지원하는 정치행동위원회인 넥스트 제너레이션Next Generation의 창설자이며 회장인 연방 상원의원 에반 배기Evan Bagy의 최고 자문을 맡았다.

그는 현재 정유회사 쉘Shell, 에너지 회사 TXU 및 미국 참치협회에 자문을 하고 있다. 그는 이에 대해 개인 블로그에서 정치적 업무와 기업 컨설팅을 동시에 진행하는 것은 새로운 아이디어와 기술을 개발하는 데 풍부한 영감을 준다고 밝혔다.

그러나 《네이션》은 버슨 마스텔러의 아스트로터프Astroturf, 인조 잔디 회사 광고는 환경단체와 소비자단체를 공격하고 노동조합과 대립 관계를 만들었고, 또한 여론조사회사 펜 앤드 버랜드는 원자력발전소를 위해 일하고 있다고 비난했다. 그러나 펜은 〈워싱턴 포스트〉와의 인터뷰에서 "자신은 개인적으로 어떠한 로비 활동도 하지 않는다."고 밝혔다. 그러나 2007년 중반 버슨 마스텔러 사장으로서의 역할과 민주당 대통령 예비 후보인 힐러리의 최고 전략가로서의 역할은 노동조합 지도자에게 불신을 주었다.

〈뉴욕 타임스〉 보도에 의하면 노동조합의 지도자인 유나이티드 히어United Here의 바스 레이노와 팀스터 조합의 제임스 호파는 버슨 마스텔러 사의 반노조활동에 불만을 표시하는 편지를 힐러리 클린턴에게 보냈다. 팀스터 조합회장 호파는 "펜은 노조를 지지하는 후보와 노조를 반대하는 회사 등 상반된 두 가지 입장을 가진 인물이다."라고 평했다.

이에 대해 펜은 자신의 입장과 힐러리의 선거운동에 대해 설명하면서 힐러리의 친노조정책은 그녀의 자문 역인 펜의 회사에 아무런 영향을 받지 않는다고 말했다. 따라서 회사의 입장과 힐러리의 정책이 서로

새로운 패러다임, 온라인 정치

영향을 주는 일은 없다고 밝혔다. 또한 그는 경영자 위주의 업무를 처리하면서 노동 관계에 대한 일에서 멀어졌다고 변명하기도 했다.

그러나 《네이션》에 펜의 광고 경력에 대한 기사를 쓴 아리 버만은 이같은 펜의 언급에 의문을 품었다. 펜은 결코 노동 관계에서 얻어지는 금전적 이익을 포기하지 않았고 그의 회사인 버슨 마스텔러는 방위산업, 제약산업 및 에너지 관련 산업, 로비스트들과 밀접한 관계를 가지고 있다는 것이다. 또한 버만은 펜의 이러한 발언은 힐러리의 선거운동에서 보여준 노조 지도자들의 분노를 잠재우기 위한 거짓 제스처에 불과하다고 평가절하했다.

2008년 펜은 힐러리가 반대하는 미국과 콜롬비아 간 자유무역협정FTA의 비준 추진을 돕기 위해 콜롬비아 대표들과 만난 사실이 드러나 파문을 일으켰다. 그는 그해 4월 힐러리의 선거운동 본부를 완전히 떠났으나 선거운동 본부 측은 펜의 회사인 펜 앤드 버랜드가 계속 여론조사와 자문을 제공할 것이라고 발표했다.

| 데이비드 플루프 |

데이비드 플루프David Plouffe는 2008년 미국 민주당 대통령 후보인 버락 오바마의 선거운동 본부장이었다. 그는 오랫동안 민주당의 정치 컨설턴트로 활동했고, 2000년에 합류한 민주당 소속 정치 컨설팅 회사인 AKP 미디어AKP&DMessage and Media 사의 파트너로 재직하고 있다.

그는 1990년 톰 하킨 연방 상원의원의 재선운동에 참가하면서 정치

계에 입문했다. 이어서 1992년 민주당 대통령 예비선거에 출마한 톰 하킨의 델라웨어 지역 선거 책임자로 활동했으며 매사추세츠 연방 하원의원인 존 올리버John Oliver의 재선운동 본부장을 맡아 당선으로 이끌기도 했다.

1994년 플루프는 델라웨어 주 현직 연방 상원의원 윌리엄 V. 로스William V. Roth Jr.에 대항해 출마한 델라웨어 주 법무장관 찰스 오벌리Charles M. Oberly의 선거운동 본부장을 맡아 활약했으나 패배했다. 그 후 1995년 민주당 상원 선거위원회에서 선거운동 본부장으로 활약했으며 1996년 뉴저지 연방 상원의원인 빌 브래들리가 사퇴함에 따라 실시된 보궐선거에 출마한 밥 토리첼리Bob Torricelli의 선거운동을 맡아 당선시켰다.

1997년에서 1998년까지는 민주당 지도자인 리처드 게파트 연방 하원의원의 비서실 차장으로 근무했고, 1999년부터 2000년에는 민주당 하원의원 선거위원회의 상임이사를 지내면서 민주당 연방 하원의원들을 위한 전국 모금활동을 진행해 기록적인 9,500만 달러를 모았다.

2000년 겨울에는 AKP 미디어에 합류했으며 그 후 리처드 게파트의 민주당 대통령 후보 예비선거에서 선거 전략가로 활동했다. 2003년 초, AKP 미디어의 파트너인 데이비드 액설로드와 함께 버락 오바마의 일리노이 연방 상원의원 선거에 관여해 승리를 이끌었고, 그 후 2008년 민주당 대통령 후보인 버락 오바마의 선거운동 본부장으로 활동했다. 또한 액설로드와 함께 2006년 매사추세츠 주지사 선거에서 민주당 후보인 드발 패트릭Deval Patrick의 선거운동을 진행해 승리하기도 했다.

플루프는 2008년 민주당 대통령 후보 예비선거에서 오바마 진영의 선거운동을 맡았다. 그는 당시 힐러리에게 열세였던 오바마를 대통령

후보에 선출되게 하기 위해 첫 번째 예비선거인 아이오와 코커스와 대의원들의 지지 약속을 확보하는 전략을 구사해 경선 과정을 승리로 이끌었다. 이는 전체 예비선거와 전체 유권자 투표소에 중심을 둔 힐러리의 선거운동과 정반대의 전략이었다.

액설로드는 플루프에 대해 자신이 경험한 대통령 선거 전략가 중 가상 훌륭한 선거 관리 능력을 지니고 정책을 수립한 인물이라고 평하며 오바마 같은 거의 무명의 후보를 대통령 후보로 만든 것은 플루프가 아니면 불가능했을 것이라고 말했다.

플루프는 선거운동에서 정보 유출 문제를 가장 큰 쟁점으로 생각하여 커뮤니케이션과 정보가 소통되는 경로를 철저히 관리했다. 이에 더해 자신의 개인적인 측면이 대중에게 노출되는 것 역시 꺼려했다. 그는 오바마 선거운동 본부의 내부적 업무를 완벽히 장악함으로써 종종 다른 선거운동에서 발생하는 여러 가지 정보 문제나 관리 계통 문제가 발생하는 것을 미연에 방지했다.

| 짐 마골리스 |

짐 마골리스Jim Margolis는 GMMB 사의 파트너로 수년간 선거 입후보자, 재단, 공공기관과 기업 등에 광범위한 컨설팅을 제공해왔다. 그는 주로 정치광고나 정책 홍보 등에 관여했다.

그는 연방 상원의원으로 네바다의 리드Reid, 몬태나의 보커스Baucus, 캘리포니아의 박서Boxer, 노스 다코타의 콘로드Conrod와 도간Dorgan, 뉴저지의

메넌데즈Menendez, 오레곤의 와이든Wyden의 선거운동을, 주지사로는 버지니아의 워너Warner, 위스콘신의 도일Doyle 등의 선거운동을 진행했다. 이외에도 그는 미국 대통령 선거와 많은 외국 선거에서 중심적인 역할을 했다. 특히 남미, 아프리카, 중남미 및 아시아의 대통령 선거와 수상 선거에서 활약해 좋은 결과를 얻었다.

그는 2008년 민주당 대통령 후보인 버락 오바마의 고위 전략가로 활약했고, 그의 회사는 빌 클린턴 대통령 선거에서 주요 대행기관의 역할을 했다. 현재 그는 회사와 비영리단체 즉 협회, 재단 및 노동조합 등의 활동을 위한 컨설팅 업무를 하고 있다. 마골리스는 현재 시스코Cisco System, 보수유권자연합The League of Conservation Voters, 빌 게이츠 재단The Bill and Melinda Gates Foundation, AT&T, 연방저당권협회The Fannie Mae Foundation 등과 디스커버리 방송, 주정부기관과 연방정부기관 등에 자문을 하고 있다.

| 존 위버 |

존 위버John Weaver는 미국의 정치 컨설턴트로 2000년과 2008년 매케인의 대통령 후보 선거에서 활약하면서 유명해졌다. 위버는 매케인의 최측근 자문이었으며 매케인의 '직접 대화' 캠페인을 창안했다. 그러나 모금활동 실적이 저조하자 2007년 7월 선거운동 본부장인 테리 넬슨Terry Nelson, 정치 담당 책임자인 롭 제스머Rob Jesmer, 선거운동 본부장인 리드 갈린Reed Galen 등과 함께 매케인 선거운동 본부를 떠났다.

위버는 2004년 다큐멘터리 영화 〈부시의 두뇌〉에 출연하기도 했다.

새로운 패러다임, 온라인 정치

여기에서 그는 조지 W. 부시 대통령의 선거운동 본부장이자 백악관 비서실 차장으로 있는 칼 로브가 2000년 공화당 대통령 예비선거 당시 매케인의 지지율을 떨어뜨리기 위해 사용했던 방식을 비난했다. 이 선거에서 칼 로브는 "만일 매케인에게 흑인 사생아가 있다 해도 그를 지지하겠는가?" 등의 인종적 비유를 사용한 강제유도 여론조사를 실시했기 때문이다. 그는 이런 비열한 수법들은 부시 선거운동 본부의 최고위급 간부들에 의해 결정된 것이라고 주장하기도 했다.

| 스티브 슈미트 |

스티브 슈미트Steve Schmidt는 공화당 소속 선거 전략가이자 홍보 전문가로 특히 정치적 메시지를 개발하고 전략을 수립하는 데 탁월한 능력을 발휘한 인물이다. 그는 2008년 대통령 선거에서 공화당 후보 존 매케인의 수석 선거 전략가이자 고문으로 활약했다.

1995년 슈미트는 켄터키의 검찰총장 선거에서 윌 T. 스코트Will T.Scott의 선거운동 본부장으로 활약했으나 그를 당선시키지 못했다. 그러나 이때 슈미트가 주도한 켄터키의 선거 광고 전략은 매우 탁월해서, 케네디 대통령의 아들 케네디 주니어John F. Kennedy jr.가 발행하는《조지 매거진 George Magazine》에 특집으로 게재될 정도였다.

1998년에는 캘리포니아 부지사에 출마한 팀 레슬리Tim Leslie의 선거를 관장했으나 패배했다. 그 후 캘리포니아 연방 상원의원에 도전해 실패한 매트 퐁Matt Fong의 광고 홍보 책임자로 일했다. 1999년에는 공화당 대

통령 예비선거에 출마한 라마르 알렉산더Lamar Alexander의 광고 홍보 책임자로 활약했다.

2000년 말, 슈미트는 연방 하원 에너지 및 통상위원회의 홍보 책임자로 임명되었고 2002년에는 전국 공화당위원회의 홍보 책임자가 되었다. 슈미트는 조지 W. 부시 행정부에서 대통령 부보좌관이자 체니 부통령의 자문으로 백악관에서 근무했다.

2004년에는 조지 W. 부시의 재선운동을 주도하는 칼 로브의 전략기획 팀의 일원으로서 재선운동 전략실의 책임자가 되었다. 2006년에는 백악관 직책을 사직하고 캘리포니아 주지사인 아놀드 슈워제네거Arnlod Schwarzenegger의 재선운동 본부장으로 활약하며 슈워제네거의 재선을 승리로 이끌었다. 2008년 7월, 슈미트는 매케인 대통령 선거운동에 최고 책임자로 일하면서 선거운동 본부 내의 협조체제를 개선하고 메시지 개발을 주도했다. 그러나 당시 공식적인 선거운동 본부장은 릭 데이비스였다.

〈뉴욕 타임스〉는 슈미트의 탁월한 선거 관리 능력이 발휘됨에 따라 매케인의 선거운동이 저돌적이고 공격적이지만 잘 훈련된 조직의 면모를 갖추게 되었다고 평했다. 또 슈미트가 언론의 비판에 공격적으로 대처하고 언론을 조종하는 창조적 방법을 개발했다고 평했다. 한편 〈타임〉은 매케인 선거운동에서 그의 역할에 대해 "분노의 제왕Lord of Outrage 슈미트는 앞으로 오랫동안 훌륭한 정치 컨설턴트로 남을 것" 이라고 전망했다.

| 테리 A. 넬슨 |

테리 A. 넬슨Terry A. Nelson은 미국의 정치 컨설턴트이자 공화당의 전략가로 2004년 부시-체니 대통령 선거에서 정치 담당 책임자를 역임했다.

2006년 초, 매케인은 자신의 대통령 후보 선거를 위해 넬슨을 최고 자문 역로 임명했으며, 그해 말 매케인의 대통령 가능성 탐사위원회는 만일 매케인이 백악관을 향한 탐색전을 끝내고 집중적으로 선거운동에 돌입하면 넬슨을 전국 선거운동 본부장으로 임명할 것이라고 밝혔다.

넬슨은 아이오와 마셜 타운에서 태어나 1994년 아이오와 대학에서 정치학을 전공했다. 대학 졸업 2년 전인 1992년 미 연방 하원의원인 짐 너슬Jim Nussle의 선거운동 책임자로 활약했으며 졸업 후에는 너슬 선거운동 본부장을 역임했다.

그는 1995년부터 1996년까지는 전국 공화당 하원위원회의 선거현장 책임자로 활동했고 1997년에는 아이오와 상원의 공화당 다수당 대표의 최고 보좌관을, 그리고 2000년에는 전국 공화당 하원 위원회의 정치 담당 책임자가 되었다. 또 2002년 1월부터 2003년 7월까지는 공화당 전국 위원회의 비서실 차장으로 활동했다. 이 직책을 수행하는 과정에서 넬슨은 두 가지 형사 사건에 연루되었다.

첫 번째 사건은 넬슨의 부하이자 공화당 전국위원회 산하 뉴잉글랜드 지역의 정치 담당 책임자인 제임스 토빈James Tobin이 2002년 11월 민주당의 유권자 투표 독려 활동을 방해하기 위해 뉴햄프셔의 전화를 불통시키려는 계획을 모의한 혐의였다. 넬슨은 토빈의 재판에서 정부 측 증인으로 선정되었으나 재판정에 호출되지는 않았다.

두 번째 사건은 2006년 전직 공화당 하원 원내총무인 톰 딜레이[Tom Delay]가 회사의 자금을 후보자들에게 지원하는 것을 금하는 텍사스의 주법 위반으로 형사상 기소를 당했다.

기소장에 의하면 딜레이가 운영하는 정치행동위원회가 공화당 전국위원회에 수표를 보냈고 법률 위반을 피하기 위해 공화당 전국위원회는 같은 금액을 후보자들에게 배부했다. 이러한 요청과 제안은 2002년 9월 넬슨에게 전달되었으며 자금 지원을 받는 후보자의 명단과 수표는 이틀 후 넬슨에게 전달되었다는 것이다.

2003년 넬슨은 부시-체니 대통령 선거의 정치 담당 책임자로 임명되어 1년 반 이상 활동했다. 2006년 초에는 매케인의 공화당 대통령 예비선거 후보의 '직접 대화' 캠페인의 정치행동위원회의 수석 자문 역으로 임명되었다.

2005년 말, 넬슨은 《내셔널 저널[National Journal]》과의 인터뷰에서 2007년 초까지 공화당의 어떤 특정 후보를 지지할 것을 결정하지 않았으며 자신만의 생활을 즐기고 있다고 말했다.

2006년 12월 매케인의 대통령 추진위원회는 넬슨을 매케인 대통령 선거운동 본부장에 임명했다. 그러나 1년도 채 지나지 않아 그는 대통령 선거운동 전국 본부장직을 사임했다. 당시 넬슨은 매케인의 오랜 자문인 존 위버[John Weaver]와 함께 사임했는데 여러 달 동안 매케인 선거운동 본부의 문제점을 경험했기 때문이었다. 매케인은 두 사람이 해고된 것이 아니라 각자의 판단에 따라 사임한 것이었다고 해명했다.

넬슨은 2001년 공화당의 전략과 메시지, 광고를 개발하는 광고회사 도슨 매카시 넬슨 미디어[Dawson McCarthy Nelson Media]를 공동으로 설립했다.

2005년 넬슨 미디어는 대기업과 이익단체의 풀뿌리 선거운동을 위한 크로스링크 전략Crosslink Strategy Group 사를 설립했다. 이 회사의 웹사이트에서는 '정치행동위원회를 통한 모금운동 방법'과 '선거 자금법의 이해'에 관한 교육도 진행하고 있다. 크로스링크 임원 중 한 사람인 크리스 라시비타Chris LaCivita는 스위프트 보트 참전용사연합회를 만들어 민주당 대통령 후보인 존 케리를 공격했다.

월마트는 크로스링크를 고용했는데 2006년 4월 크로스링크의 임시 직원이 월마트 고객들에게 근로자협회Working Families의 회원에 가입하도록 권유하면서 전국적으로 대대적인 활동을 벌였다. 그 후 크로스링크는 머큐리 퍼블릭 어페어Mercury Public Affairs 사에 편입되었다. 넬슨은 머큐리의 파트너가 되었고, 워싱턴 D.C. 지역 책임자가 되었다. 머큐리는 선거운동에서 전반적인 전략 커뮤니케이션 방법을 제공하는 회사다. 모 그룹은 전 세계적으로 광고, 마케팅 및 기업 홍보를 하는 옴니콘 그룹Omnicon Group이다.

2006년 10월 넬슨은 스코트 하월Scott Howell과 함께 민주당 후보인 해럴드 포드가 플레이보이 파티에서 백인 여성을 만났다는 증언을 바탕으로 포드를 공격하는 광고를 제작했다. 이 광고의 내용은 여성이 카메라 앞에서 "해롤드, 나에게 전화해."라며 윙크하는 것이었다. 이 광고는 미흑인연합회NAACP와 다른 단체들로부터 인종차별 광고라고 거센 비난을 받았다. 이러한 사건으로 넬슨의 파트너인 하월은 정치광고계에서 칼 로브와 같은 인물로 낙인찍히게 되었다. 비난이 거세지자 월마트는 크로스 링크와의 계약을 공식적으로 파기했다.

| 릭 데이비스 |

릭 데이비스Rick Davis는 2008년 매케인 대통령 선거의 최고위 관리자로 활약한 인물이다. 그는 미국의 로비스트로 최근까지 버지니아 주 알렉산드리아에 소재하는 정치 컨설팅 회사 데이비스 마나포트 앤드 프리드먼Davis, Manafort&Freedman 사의 대표로 재직했다.

데이비스는 해군 가정에서 태어났으며 앨라배마 대학을 졸업했다. 앨라배마 주와 미시시피 주에서 선거운동 비즈니스를 배운 후, 1980년 로널드 레이건 대통령 선거운동 기간 중 공화당 대학생 전국위원회의 전국 선거현장 책임자로 활약했다. 그 후 레이건 행정부 당시 백악관에서 근무하다 사임하고 관록 있는 로비스트인 폴 J. 마나포트와 함께 로비 회사인 데이비스 앤드 마나포트Davice&Manafort 사를 설립했다. 그는 1996년 공화당 대통령 후보 전당대회를 지휘한 마나포트의 부책임자로 일했으며 그 후 즉시 공화당 대통령 후보인 밥 돌의 선거운동 본부에 합류했다.

돌의 대통령 선거운동에 관여했던 데이비스는 매케인의 평범하지 않은 정치 방식에 매력을 느껴 1999년 매케인의 첫 번째 대통령 후보 출마 선언 후 그의 선거운동에 참여했다.

2001년에는 매케인의 선거 자금 모금활동과 관련된 자금개혁위원회Reform Institute의 책임자로 일하면서 2003년부터 2005년까지 연봉과 컨설팅 비용을 포함해 39만 5,000달러를 받기도 했다.

2003년에 그의 회사는 운송회사 DHL과 에어본 익스트레스Airborne Express의 합병 당시 두 회사의 합병에 필요한 의회 승인을 받기 위해 로비 활

동을 했다. DHL은 에어본을 성공적으로 인수합병했다. DHL이 오하이오 윌밍턴의 화물 공항을 중심 공항으로 사용하지 않겠다는 계획이 발표되자 노동조합AFL-CIO은 매케인과 데이비스가 DHL의 인수합병을 촉진한다는 비난을 했다. 오하이오 윌밍턴 공항과 화물창고 시설은 에어본이 소유하고 있었다. DHL이 윌밍턴 공항의 이용을 준단하면서 이 지역 주민 8,000명은 직장을 잃게 되었다. 두 회사의 합병으로 1,000개 이상의 직업이 생길 것이라는 예상과는 반대였던 것이다.

2006년에는 매케인의 대통령 후보 선거운동의 기획을 맡아 부시의 2004년 재선운동 당시 사용했던 기업 경영 스타일의 선거운동 전략을 세웠다.

2006년 데이비스는 세계경제회의가 열리는 스위스에서 매케인과 러시아의 알루미늄 회사 사장인 올레그 데리파스카Oleg Deripaska와의 회담을 주선했다. 회담 후 데리파스카는 매케인과의 회담이 성사된 것에 대해 데이비스와 그의 파트너인 마나포트에게 감사 편지를 보냈다. 미 연방 상원의원 챔블리스Chambliss, 수누누, 매케인과 화기애애한 분위기 속에서 진행된 스위스 회담이 만족스러운 데 대한 편지였다.

데이비스는 매케인의 2008년 대통령 후보 선거운동 본부장을 맡았으나 2008년 7월 조직 재정비에 따라 직함만 유지하고 모든 권한은 스티브 슈미트Steve Schmidt에게 넘겼다.

대통령을 만드는 사람들

Alida Brill, Editor, A Rising Public Voices Women in Politics Worldwide ; The Feminist Press, New York. 1995

Andrew Dubrin, Winning Office Politics ; Prentice-Hall Inc. Englewood Cliff, NJ. 1990

Ann Delacy, Politics for Dummies ; IDG Books Worldwide, Inc., Foster City, CA. 1995

Barbara M. Trafton, Women Winning How to Run for Office ; The Harvard Common Press, Boston, MA. 1984

Barry Libert, Rick Faulk, Barack Inc. What business leaders can learn from the Obama Campaign ; Pearson Education, Inc. 2009

Ben Greenman, Kristin Miller, Net Vote Follow the 1996 Campaign Online ; Michael Wolff&Company, New York. 1996

Bluce E. Keith, Editor, The Myth of the Independent Voter ; University of California Press , Berkeley, CA. 1992

Bruce Barron, Politics for the People ; Intervarsity Press Downers Grove, IL. 1996

Bruce I. Newman, Editor, Handbook of Political Marketing ; SAGE Publications, Inc., Thousandaks, CA. 1999

Catherine M. Shaw, The Campaign Manager Running and Winning Local Elections ; West view Press, 2000

Charles Lewis, The Buying of the President ; Avon Books, New York. 1996

Dan Nimmo, The Political Persuaders The Technigques of Morden Election Campaigns ; Prentice-Hall, Inc., Englewood Cliffs, New Jersey. 1970

Dan Nimmo, James E. Combs, The Politics Pundits ; Praeger publishers, Westport, CT. 1992

Daniel M. Shea, Michael John Burton, Campaign Craft the Strategies, Tactics and Art of Political Campaign Managerment ; Praeger Publishers, West Port, CT. 2001

Daniel Yankelovich, Sydney Harman, Starting with the people ; Houghton Mifflin Company, Boston, MA. 1988

David Green, Shaping Political Consciousness The Language of Politics in America from McKinley to Reagan ; Cornell University Press Ithaca, New York. 1987

David R. Runkel, Editor, Campaign for President the Managers Look at '88 ; Auburn House Publishing Company, Dover, MA. 1989

David W. Moore, The Superpollsters How they measure and manipulate Public Opinion in America ; Four Walls Eight Windows, New York. 1995

Dennis W. Johnson, No Place for Amateurs ; Routledge, New York. 2001

Derek L. Phillps, Toward a just social order ; Princeton University Press, Princeton, NJ. 1986

Dick Morris, Behind the Oval Office Winning the Presidency in he Nineties ; Random House, new York. 1997

Dick Morris, Vote.com ; Renaissance Books, Los Angeles, CA. 1999

Dick Morris, Eileen McGann, Because He could ; Regan Books, New York. 2004

Dick Simpson, Winning Elections ; A handbook in Participatory Politics ; Ohio University Press, Athens, OH. 1981

Douglas J. Amy, Real choice/New Voices the Case for Proportional Representation Elections in the United States ; Columbia University Press, New York. 1993

Donna Brazile, Cooking with Grease Stirringthe Poto in America ; Simon& Schuster Paperbacks, New York. 2005

Drew Westen, The Political Brain. The Role of Emotion in Deciding the Fate of the Nation ; Public Affairs, New York. 2008

Edward Gillespie, Winning Right Campaign Politics and Conservative Policies ; Threshold Editions, New York. 2006

Edward Rollins with Tom Defrank, Bare Knuckles and Back Rooms My Life in American Politics ; Bantam Doubleday Dell Publishing Group Inc., New York. 1996

Edward Schwartzman, Political Campaign Craftsmanship a Professional Guide to Campaigning for Public Office ; Transaction Publishers, New York. 1994

Emmet H Buell, Jr., Lee Siglman Attack Politics Negativity in Presidential Campaigns since 1960 ; University Press of Kansas, 2008

E. J. Dionne, Jr., Why Americans Hate Politics ; Simon&Schuster, New York. 1991

E. J. Dionne, Jr., They only look dead : Why Progressives will Dominate the Next Political Era ; Simon&Schuster, New York. 1996

Ellen Condliffe Lagemann, The Politics of Knowledge ; The University of Chicago Press, Chicago, IL. 1989

Ernest Wittenberg, Elisabeth Wittenberg, How to win Washington very practical advice about lobbying, the grassroots and the media ; Basil Blackwell, Inc. Cambridge, MA. 1989

Filip Palda, How much is your vote worth? ; ICS Press, San Francisco, CA. 1994

Garrett M. Graff, The First Campaign Globalization, the Web, and the Race for the White House ; Farrar, Straus and Giroux, New York. 2007

George Stephanopoulos, All too Human ; Little Brown USA, New York. 1998

Gerald L. Curtis, Election Campaigning Japanese Style ; Columbia University Press, New York. 1971

Grant G. Gard, The Art of Confident Public Speaking ; Prentice-Hall, Inc, Englewood Cliffs, NJ. 1986

Gary C. Jacobson, Samuel Kernell, Strategy and Choice in Congressional Elections ; Yale Univeersity Press New haven, 1981

Gary W. Selnow, Electronic Whistle-stops the Impact of the Internet on American Politics ; Praeger Publishers, Westport, CT. 1998

Gary W. Selnow, High-Tech Campaigns Computer Technology in Political Communication ; Praeger Publishers, Westport, CT. 1994

Greg Mitchell, The Campaign of the Century Upton Sinclair' s Race for Governor of California and the Birth of Media Politics ; Random House, Inc., New York. 1992

Howard Kurtz, Spin Cycle, Inside Clinton Propaganda Machine ; The Free Press, New York. 1998

James A. Thurber, Candice J. Nelson, Editor, Campaign Warriors, The role of Political Consultants in Elections ; Brookings Institution Press, Washington D. C. 2000

James A. Thurber, Candice J. Nelson, Editor, Campaigns and Elections

American Style ; Westview Press, Inc., Boulder, CO. 1995

James A. Thurber, Candice J. Nelson, Editor, In Search of History a Personal Adventure ; Warner Books, Inc., New York. 1989

James Carville, We' re Right, They' re Wrong. ; A Handbook for Spirited Progressives, Random House New York. 1996

James Caville with Jeff Nussbaum, Had Enough? ; A Handbook for Fighting Back Simon&Schuster, New York. 2003

James J. Welsh, The Speech Writing Guide Professional Techniques for Regular and Occasional Speakers ; John Wiley&sons, Inc., New York. 1968

James Moore, Wayne Slater, The Architect karl Rove and the Dream of Absolute Power ; Three Rivers Press, New York. 2007

James S. Fishkin, The Voice of the People Public Opinion&Democracy ; Yale University Press, New Haven, CT. 1995

Jeremy Rifkin, Carol Grunewald Rifkin, Voting Green ; Doubleday, New York. 1992

Joanne Morreale, The Presidential Capaign Film a Critical History ; Praeger Publishers, Westport, CT. 1993

John Anthoney Maltese, Spin Control ; The University of North Carolina Press, Chapel Hill, NC. 1992

John McGinniss, The Selling of the President ; Penguin Book, New York. 1988

Joseph Napolitan, The Elevtion Game and How to win it ; Doubleday& Company, Inc. Garden City, New York. 1972

Joe Trippi, The Revolution will not be Television : Democracy, the Internet and Overthrow of Everything ; Harpercollins Publishers, New York. 2004

Judith S. Trent, Robert V. Friedenberg, Political Campaign Communication Principles and Practices ; Praeger Publishers, Westport, CT. 1995

Jules Witcover, Marathone The Pursuit of Presidency 1972-1976 ; The Viking

Press, New York. 1977

Kathleen Hall Jamieson, Packaging the Presidency, A History and Criticism of Presidential Campaign Advertising ; Oxford University Press, New York. 1992

Kathleen Hall Jamieson, Dirty Politics Deception, Distraction and Democracy ; Oxford University Press, New York, Oxford. 1992

Kathleen Hall Jamieson, Eloquence in an Electronic Age, The Transformation of Political Speechmaking ; Oxford University Press, New York, Oxford. 1988

Kenneth L. Hacker, Editor, Candidate Images in Presidential Elections ; Praeger P ublishers, Westport, CT. 1995

Kevin V. Mulcahy, Richard S. Katz, America Votes What you should know about elections today ; Prentice-Hall, Inc, Englewood Cliffs, NJ. 1976

Larry J. Sabato, The Rise of political Consultants : New Ways of Winning Elections ; Basic Books, Inc., Publishers, New York. 1981

Larry J. Sabato, PAC Power Inside the World of Political Action Committees ; W.W. Norton&Company, New York. 1984

Lou Dubose, Jan Reid, Carl M. Cannon, Boy Genius ; Perseus Books Group, New York. 2003

Lin Nofziger, Nofziger ; Reganery Gateway, Washington D. C. 1992

Martin Shuram, Running for President a Journal of the Carter Campaign ; Doket Books, New York. 1977

Mary Matalin and James Carville with Peter Knobler, All' s Fair Love, War and Running for President ; Touchstone New York. 1994

Melvyn H. Bloom, Public Relations and Presidential Campaigns : A Crisis in Democracy ; Thomas Y. Crowell Company, New York. 1973

Michael Nelson, Editor, The Election of 1996 ; Congressional Quarterly Inc., Washington D. C. 1997

Michael X, Delli Carpin, Scott Keeter, What Americans know about Politics and Why it Matters ; Yale University Press New Haven, CT. 1996

Nelson W. Polshy, Aaron Wildavsky, Presidential Elections Strategies of American ; Electorial Politics Charles Scribner' s Sons, New York. 1976

Norman H. Nie, Sidney Vera, John R. Petrocik, The Changeing American Voter ; Harvard University Press, Cambridge, MA. 1979

Paul F Boller, Jr., Presidential Campaigns ; Oxford University Press, New York, Oxford. 1984

Paul Simon, Wlnners and Losers. The 1988 Race for the Presidency- Dne Candidate' s Perspective ; Continuum Publishing Company, New York. 1989

Peter Goldman Thomas M. DeFrank, Quest for the Presidency 1992 ; Texas A&M University Press College Station, TX. 1994

Rich Becker, Get Elected, Make a Difference ; Leather Publishing Prairie Village, KS.1996

Richard B. Cheney, Lynne V. Cheney , Kings of the Hill Power and Personality in the House of Representatives ; Simon&Schuster, New York. 1996

Robert E. Denton Jr. Editor, The 2000 Presidential Campaign A Communication Perspective ; Praeger Publishers Westport, CT. 2002

Robert Shuram, No, Excuses, Concessions of a Serial Campaigner ; Simon&Schuster, New York. 2007

Richard M. Scammon, Ben J. Wattenberg, The Real Majority ; Donald I. Fine, Inc., New York. 1970

Ron Faucheux, Editor, The Complete Guide to Winning in Politics ; Kendall/Hunt Publishing Co. Dubuque, Iowa. 1995

Samuel L. Popkin, The Reasoning Voter Communication and Persuasion in Presidential Campaigns ; The University of Chicago Press, Chicago. 1991

Sara Diamond, Roads to Dominion, Righting Wing Movements and Political Power in the United States ; The Guilford Press, New York. 1995

Sammuel H. Barnes, Max Kaase Political Action Mass Participation in Five Western Democracies ; SAGE Publications Beverly Hills, CA. 1979

Seymour L. Halleck, MD, The Politics of Theraphy ; Science House Inc., New York. 1971

Scott C. Flanagan, Shinsaku Kohei, The Japanes Voter ; Yale University Press New Haven, CT. 1991

Stephen Ansolabehere, Santo Iyengor Going Negative How Political Advertisements Shrink&Polarize the Electorate ; The Free Press, New York. 1995

Stephen C. Shadegg, The new how to win an election ; Taplinger Publishing Company, New York. 1972

Stephen J. Wayne, The Road to the White House 1996. The politics of Presidential Elections ; St. Martin's Press, New York. 1996

Stimson Bullitt, To be a Politician ; Yale University Press, New Haven, CT. 1977

Theodore H. White, The Making of the President 1960 ; New American Library, New York. 1961

Theodore H. White, The Making of the President 1960 ; New American Library, New York. 1965

Warren E. Miller, J. Merrill Shanks, The New American Voter ; Harvard University Press, Cambridge, MA. 1996

W. Russel Neuman, The Paradox of Mass politics ; Harvard University Press, Cambridge, MA. 1986

William. L. Roper, Winning Politics ; A Handbook for Candidates and Capaign Workers ; ChitonBook Company, Randnor, PA. 1978